二十一世纪的不平等

只有这样做日本才会走向新生

〔日〕高桥琢磨 ／著

张同林 杨理亚 ／译

上海社会科学院出版社
SHANGHAI ACADEMY OF SOCIAL SCIENCES PRESS

前言

只有矫正不平等，日本才会走向繁荣

目前，以日本为代表的发达国家正面临着人口减少，即少子化（婴儿出生率低）问题。由于人口持续减少可能导致国家衰微，为此各国都实行了一系列政策措施。例如，新西兰在20世纪80年代初就废除了有关规定，制止每年超过0.5%的人口外流量；民主德国建立起柏林墙，有效地阻止了每年高达40万人离开，进而实现了经济发展的奇迹。可以说，这些事例都是应对人口急剧减少的具体措施。

与上述国家的情况略有不同，当前日本所要面对的则是人口慢性减少的问题。有关预测表明：自2010年，日本开始出现人口减少现象，今后将保持不变，业已陷入少子化困境，这将导致国家的衰微。尽管如此，日本政府却把这个问题仅仅当作人口的少子化、老龄化问题来认识，而且至今束手无策。

本来安倍经济学的使命理应是为解决人口慢性减少开出处方并加以贯彻落实。然而，在政府拟定的少子化、老龄化的纲要中，虽然把今后5年定位为"集中研究解决期间"，可是现行政策却停留在进行自我标榜的、旨在充实和进一步减轻每个有3个孩子以上的家庭经济负担措施的水平上，或者在背后对地方政府为减少未婚和晚婚现象，而进行支持的婚姻介绍的事业给予帮助而已。

毋庸置疑，不平等问题已经成为当今世界各国面临的共同问题。不久前，法国经济学家托马斯·皮凯蒂（Thomas·Piketty）刚出版了《21世纪的资本论》（Capital in the Twenty First Century）。特别值得一提的是，无论是在美国还是在日本，他的这部著作都引起了巨大反响。皮凯蒂在其著作中聚集1%的金融寡头和10%的顶尖富裕阶层人口，依照“r(资本收益率)>g(经济增长率)”的公式，分析和论述了“资本家将越来越富裕，他们与平民之间存在着的贫富差距将日益令人绝望”(这里的“资本”近似于“资产”的含义)。所谓的贫富差距亦即如此。

与欧洲相比，由于贫富的分布状态大相径庭，因此皮凯蒂理论不能在日本照本宣科、生搬硬套。但是，我们必须承认真正的不平等时代已经到来。即使上述少子化问题，若溯本求源，最终也将归结到不平等问题上来。其中，年轻人所面临的不平等问题更为严重。由于社会结构造成工资收入等方面的不平等，助长了年轻人的非婚和晚婚现象，从而加剧了有条件结婚的年轻人和无条件结婚的年轻人之间的贫富差距，其结果必然导致少子化现象的产生。

基于这种社会结构所带来的工资收入不平等，其根本原因恰恰是“正规、非正规就业”制度的产物。本书不但将详细论述两者之间不平等所造成的各种弊病，而且还会言及日本的企业，甚至企业本身也会给正规就业者带来各种危害。尽管终身雇佣制度事实上已经寿终正寝，但是企业却依然维持着年功序列式的资本体系，工资报酬依旧采用赊账式的空头支票支付给劳动者。更有甚者，因为现行的税务制度和社会保险制度只符合一小撮人的利益，所以它直接或间接地束缚和限制了年轻人的活动空间。

由此可见，一个巨大的不平等现象总是会引发连锁反应，从中衍生出形形色色的枝节问题。事实表明，我们必须从社会整体入手，细致地分析和研究产生不平等现象的各种原因和结果，制订出如何矫正不平等现象的政策方针。这样，才能打开一条通往搞活经济，让社会健全发展并引导国家走向光明未来的道路。

本书将一边参考皮凯蒂的逻辑理论，一边观察和分析日本社会特有的不平等问题。尽管我们可以想象，无论是谁，一旦深入触及不平等的问题，都可能引起富裕当权者的反感，使这些既得利益者产生不满情绪。但是，事实上解决好不平等问题，也同样会让这些人拥有光明的未来。消除社会的不平等才是回答国家繁荣兴盛问题的最佳答案。为此，我打算进一步提出一些相关的具体方法和策略。

下面简单地介绍一下本书的结构及其主要内容。

本书的绪论将对皮凯蒂批判盎格鲁-撒克逊资本主义的论点进行归纳、整理。

第一章的前半部分勾画出日本远远跟在欧洲之后追寻近现代化的轨迹，后半部分考察和分析了第二次世界大战后的平等社会理念以及不平等现象出现的来龙去脉。

第二章叙述的是，表面看来好像已经取得成功的安倍经济学也已产生了多种副作用，无论是在维持高水平经济增长，还是在实现财政健全化方面都日益举步维艰，并且说明那种让年轻人陷入艰难境地，加速非婚化和少子化的实际状态。然后论述安倍经济学中途夭折的真相，说明无法通过经济增长实现财政重新构建的事实，从而证明财政重建是目前最重要的课题。

第三章探讨安倍经济学从未论及的未来理想，以及讨论怎样做才能实现这一目标，乃至包括地方如何进行经济创意活动的具体方法。此外，虽然北欧各国与日本类似，在老龄化、工人要求加薪的春季斗争、劳动者的流动就业和女性参加工作等方面都存在着问题，但是他们却摸索出了一条通往成功的路径。所以笔者将参考和借鉴他们的经验，为那些应该考虑第二人生计划的日本人提取一些学习上的精粹。

在第四章中，笔者将以介绍国际机构对皮凯蒂的不平等论所引起反响的方式，思考他首先提出的“在持续发展过程中需要缩小不平等的差距”这一理论的意义，揭示出国际化过程与旨在实现社会平等的政策之间存在着的某种循环性。无论是与国际化的恩典最无缘的中东伊斯兰国家，还是接受国际化恩典最多的中国，事实表明他们的国家都面临着不平等这个共同的问题。因此，我们需要想办法构建一个世界性的组织体系，从而达到既能最大限度地获得国际化的恩惠，同时又能限制其负面影响的目的。

最后，在自由与平等的夹缝中，我们应当怎样驾驭那种制约不平等产生的不法谋利法规？这个问题作为本书“后记”，简单地做一下总结和概括。

笔者希望本书能够为日本今后何去何从指明前进的方向。

2015年6月

目录

导言

是皮凯蒂革命还是皮凯蒂现象

一、大数据显示的不平等真相

(一) 皮凯蒂带给美国的冲击

2015 年 1 月 3 日，美国经济学会年度大会在波士顿召开。这次会议的一个重要议题是邀请法国巴黎经济学院教授托马·皮凯蒂，围绕自己的畅销著作《21 世纪资本论》展开讨论。

大会期间，担任官方主讲人的哈佛大学教授尼可拉斯·格里高利·曼昆(Nicholas Gregory Mankiw)在开幕致辞时，就以一种挑战性的口吻，却用通俗易懂、富有魅力的文学性叙述语言称赞这本书是一部值得耐人寻味的著作。但是，随后他指出："作者认为，随着资本积累不断进行，经济上的不平等必然扩大下去。在这种情况下，需要某种站在乌托邦空想对立面的未来理想以及在全球范围内实行资本课税和递增式征税等相应措施的政策提案，对此本人实在是望尘莫及。"这段话表明他对《21 世纪资本论》的论述主题不敢苟同的态度①。

在此，所提到的皮凯蒂的论述主题，即指相对资本所盈利的资本回报率"r"

---

① 尼可拉斯·格里高利·曼昆(N. Gregory Mankiw)："是的，资本回报率超过经济增长率，又会怎样？"在美国经济学会波士顿会议上的发言。2015 年 1 月 3 日。

一旦超过经济增长率"g",收入差距就会呈现螺旋型扩大的规律。但凡是资本,即富人的收入,例如,如果他把财产收入全部用于投资,财富可根据"r"增加而增加。相反,以工资收入为主的普通人的收入,因为它与国内生产总值(GDP)同步增长,所以他们的收入可根据"g"的增长而增加,结果两者之间的不平等将会越来越扩大下去。我们把这个规律以不等式关系表示如下:

$$r > g$$

从这个不等式关系来看,可以说,资本的逻辑导致不平等扩大化理论正是皮凯蒂的论述主题。

于是,皮凯蒂推导出来的结论是:发达国家之所以会出现经济高速增长"辉煌的 30 年"(1945—1975 年)这种现象,是因为第二次世界大战时社会财富都在物理意义上遭到毁坏,通过战时动员财富分配发生改变的结果,可以说,现在的情况正在返回到第二次世界大战前的欧洲,当时被人们称为"美好时代",或者套用美国人的说法,即称之为"镀金时代"那样不平等的时代(见表 1)。

表 1　收入分配的不平等　　单位:%

分类	不平等程度较低(斯堪的纳维亚 1970—1980)	中度不平等现在的欧洲	高度不平等欧洲、美好时代、美国、现在
最上层人口的 1%	7	10	20
其次的 9%人口	18	25	30
再次的 40%人口	45	40	30
底层人口的 50%	30	25	20

资料来源:皮凯蒂著《21 世纪资本论》第 258 图表 7 - 3。

《21 世纪的资本论》的划时代意义在于,作者能够集中大量数据来说明,占 1%的最上层人口、其中特别是里面能够左右政治局势的 0.1%的人口正在不断集中财富的倾向。因为《21 世纪资本论》直逼 1%的最上层人口,阐述了连问卷调查都无法弄清楚的真实情况,所以普林斯顿大学教授保罗·克鲁格曼(Paul Robin Krugman)对此功绩感到心悦诚服。

他认为这本著作不仅对那些把分配问题视为禁忌、只关注经济增长的美国经济学会发出了警告,而且还提示通过实证研究能够把握和统一说明经济增长、收入以及财富等三者关系的理论框架。然后，他宣告："这就是皮凯蒂革命。"皮凯蒂主要是沿着欧美为中心的历史追本溯源，通过大量收集数据的方式，最终系统地寻找到位于最上层人口的收入，即财富的真相。

《21世纪资本论》指出，这种世袭资本主义，与其说在欧洲，倒不如说在美国更加盛行。这个结论无疑给予美国人巨大的打击。由此可见，皮凯蒂的主张伤害了美国人引以自豪地认为自己的国家才是平等国家的自尊心。

（二）曼昆反驳皮凯蒂

曼昆反驳说："即便是 r>g，那又如何？"还说："我认为皮凯蒂的著作精彩绝伦。但是他的论理不过是用一个脆弱的链环串联起来的而已，其他部分的内容即使经得起时间的检验，这种'灰暗的理想'也不会一直忍辱负重的。"换言之，因《21世纪资本论》而引起的社会反响并不是"皮凯蒂革命"，而只不过是"皮凯蒂现象"罢了。

令曼昆感到疑惑的是，在皮凯蒂与加利福尼亚大学教授伊曼纽尔·赛斯(Emmanuel Saez)的合著中，发现他们写作题目为通过美国的扣税前收入看到1%的最上层人口财富占有率正在扩大这篇论文的时间是2003年，而调查对象的时期却选择在1%的最上层人口迅速扩大财富占有率的1980—2000年。

事实上，即使看一下2003年皮凯蒂补充的数字，人们也会发现自从2000年以后，1%的最上层人口财富占有率一直处于徘徊不前的状态。尽管如此，作者当时并没有把贫富差距骤然扩大的现象视为问题，为什么时至今日"不平等"却被当作问题提出来呢？

对此，曼昆提出了可想象得到的两个假说。

(1) 当经济发展顺利的时候，人们不会意识到不平等问题。

(2) 美国存在着大声疾呼"不平等有问题"的总统。总之，政治思想的循环周期碰巧出现轮回。

于是，他在联想到占领华尔街的示威游行被皮凯蒂解释为对不平等问题进行抗议的活动时指出，如果不平等本身存在问题的话，那么为什么没有发生占领硅谷(Silicon Valley)、美国职业棒球大联盟这类示威抗议活动呢？示威抗议活动限于华尔街的理由是不是示威者认为金融界才是引起金融危机、造成经济混乱以及导致失业等各种实际受害的问题所在呢？

（三）财富集中是对民主主义的威胁吗

曼昆在此言及自己为什么不能接受皮凯蒂学说的理由。因为皮凯蒂认为必须杜绝不平等现象，并自以为是地在谁都应该接受这个观念的前提下展开论证。但是，他的观点对任何人来说，真的是理所当然的吗？曼昆在流露自己的政治信念时说："虽说财富存在不平等的因素，但是我不认为它本身有问题。"

因为在美国，1%处于最上层的人们需要做的特别重要的事情，就是通过提供选举资金、设立财团并援助那些按照各自理论学说进行研究活动的人等工作，表明有钱人无论对选举，还是对政治潮流的形成，都具有重大的影响力。

皮凯蒂认为，社会不平等的扩大化，特别是财富向1%可左右政治局面的最上层人口那里集中，已经对民主主义构成威胁。但是，曼昆对此再次感到疑问。然后，他展开论述"财富与民主主义并存、不平等本身没有问题"。

证据之一是美国的建国之父们都属于1%最上层的富人。这个事实案例可以证明：资本的积累与民主主义之间存在着共存关系。

证据之二，事实表明现代富人当中既有左派政治家，他们赞成奥巴马总统提议的累进所得税，也有与此相对立的政治派别。曼昆在论述中指出，在富裕阶层的消费形态当中，也包括给各种财团以及选举运动进行筹款捐赠的部分。

皮凯蒂在2015年召开的美国经济学会上登台讲演时，对曼昆的经济学理论讽刺说，难道把给财团以及选举的筹款捐赠都能说成消费吗？

曼昆也是经济学教科书的著名作者，他编写的教科书是世界各国使用最多的专业书籍，已经被翻译成20个国家的语言文字。在美国一个畅销的经济学教科书作者，按照日本式说法，即便只靠印花税收入也能成为亿万富翁。

皮凯蒂用辛辣的语言说："我们认为，美国的经济学者都属于最高收入阶层，其中大部分人又能够对美国的经济发挥相当大的作用，特别是因为它总是对才能和实力予以精确的回报。"

（四）不平等问题属于经济学范畴还是政治学范畴

新古典派经济学者自负地认为经济学是一门"科学"。曼昆在美国经济学会上的发言里，蕴含着超然于一向自负为经济学法则是这门科学之外的语气，如果我们依次观察美国经济学会主办的其他研讨会的情形，就会发现其中大部分主题都是有关经济长期停滞不前，或者在大学入学时出现的不平等现象之类的内容，这些讨论总是冠以某些形式演变为解决皮凯蒂在《21世纪资本论》中提出的问题，即不平等问题的主题。这种迹象难道不是意味着美国经济学会原有的学术潮流正在发生变化吗？

美国仅有的自由主义经济学者之一、哥伦比亚大学教授约瑟夫·斯蒂格利茨(Joseph Eugene Stiglitz)指出，不平等问题与其说是当今经济学的学术性问题，倒不如说是具有真正意义的政治现实问题。他的这番论述也许是一针见血。

皮凯蒂陪同夫人首次访问日本的时间是2015年1月末，即美国经济学会大会结束后刚过25天而已。皮凯蒂在日本仅仅停留了4天，却做了多场讲演，并且还举行了记者招待会。他通过与学生们的交谈，强调不平等问题的严重性以及不遗余力地寻求解决不平等问题的重要意义。其发言撼动了日本有关对不平等的讨论。

最精彩的压轴戏是1月30日下午，皮凯蒂在视频公开网站“NIKONIKO(微笑)直播”出场时的情景。仅仅15分钟的播送时间，该网站受到来自观众的感想、评语大约就有6 000条。皮凯蒂逐一回答了其中“为了经济发展，应该允许不平等吗？”等被挑选出来的提问。这个访谈节目的观众主要以20—30多岁的年轻一代为中心，包括录像回放在内共有17 000人收看。

观众也对他在讲演会上主张资产的不平等因世袭而固定化等论点反应敏锐。即使在其他专题座谈会上，针对皮凯蒂强调世袭社会正在卷土重来等发言，日本方面的同台讲演者在应答时指出，令人忧虑的是富人家的孩子与普通人家的孩子之间有可能产生深刻的不平等问题。

即使是专题座谈会，会场上的年轻人也济济一堂。他们中间也许有曾经学习过曼昆经济学的学子们吧，或者也可能有使用斯蒂格利茨编撰的教科书学习的学生们吧。因为斯蒂格利茨是一位与曼昆齐名的经济学教科书的作者。

其实，皮凯蒂也承认不平等能够带来公平竞争的结果。也许众多的年轻人在试图捕捉皮凯蒂尽在不言中的真正内涵时，也对这两位学者在教育的不平等问题上持有完全相反的见解，心中怀有复杂的感情吧。

曼昆在上届美国经济学会上，针对资产不平等可能通过教育的不平等达到世袭化的题目论述如下：虽说资本家与劳动者之间存在着不平等问题，但这与就业机会均等的原则毫不相干。为人父母者有权自由使用自己拥有的一切帮助儿女。但是，即便我们假设就业机会均等是终极目标，那么与其选择陷入贫困的机会均等，倒不如选择可能成为富人的机会不均等，难道这样做不是更有利吗？

一方面，斯蒂格利茨总是关注美国约有四分之一的儿童挣扎在贫困线上的问题。他非常忧虑地指出，如果国家对穷人不采取充分的措施，那么现在这一代人的贫困问题也必将牵连到下一代人。当然，几乎没有哪个国家能够完全达到机会平等的目标。

但是，他又不解地追问："为什么美国竟然会成为一个毫无顾忌地依靠父母的收入和教育决定年轻人一生的国家呢？"

二、阅读《21世纪的资本论》的理由

（一）要高值资产还是要高额报酬

实际上，法国自不必说，《21世纪资本论》为什么一方面被世界各国翻译出版，另一方面在美国和日本也拥有广泛的读者呢？

若说美国的情况，其理由明确简单。因为皮凯蒂的矛头直指美国，毫不含糊地强调指出，占1%的最上层人口持有财富骤然增加的地方就是盎格鲁撒克逊世界，尤其是美国。他认为，在多数场合下，不平等问题都是由于继承遗产而衍生出来的，但美国却与此相反，对企业经营者支付不当的高额报酬，即"超高薪金"，才是导致不平等现象急剧扩大的罪魁。

虽然，皮凯蒂指出超不平等社会的根源有两种，一类是没有劳动收入的生活者，另一类是超高收入的经营者，但是正如上述所见，曼昆却批判皮凯蒂的理论不过是依靠脆弱的链环连接起来的事项而已。在欧洲，资本盈利比率经历过两次世界大战后已经大大降低，大约自20世纪80年代起，再次开始呈现上升趋势，相反美国的资本盈利比率却一向变化不大。他的矛头指向的地方，也许是皮凯蒂始终未能说明产生这种差异的原因吧。

皮凯蒂到底应该怎样说明这个原因呢？他认为一个基本事实就是经营者领取的超高薪金不属于资本范畴，而是被计算在劳动收入里面，所以应该做如下说明即可。

假如从劳动分配当中扣掉占人口1%的最上层人口所得份额，对余下99%的劳动者实行真正的劳动分配的话，那么20世纪80年代水平高达60%的劳动

分配率，到 2010 年时却下跌至 50%[①]。反过来说，我们从中可以看到这样一幅结构图，即超高薪经营者们通过削减劳动者的工资获得报酬。

那么，问题是为什么美国的经营者竟然能够领取超高薪金呢？关于这一点，皮凯蒂总是指责经营者领取不合理的高额报酬，却没有阐述为什么出现这种现象的逻辑性。

于是，国际基督教大学客座教授岩井克人先生替他提示的答案是，美国的新古典派经济学主张所谓企业是"契约的捆绑体"的错误理论，拒不承认法人存在实体经济的事实。他指责特别是代理商理论是导致企业广泛实行错误的公司治理(corporate governanece)理念的罪魁祸首[②]。因为所谓法人不存在期间的代理商理论不过是私自契约而已。总之，可以说这是一种为自己谋取福利的理论，并不是公司治理的基本理念。

在美国的学者中也有人在不断地反省，指出："尽管我们拥有建立在法人实体学说上称为特拉华法案的优秀传统，为什么还要接受代理商理论这种错误的观点呢？所以建立在错误理论基础上的萨班斯・奥克斯利法案(Sarbanes-Oxley Act, SOX 法案)等必须早日废除"[③]。

正如岩井克人先生和美国的学者所指出的那样，如果我们设定法人存在的话(法人实体说)，经营者就如同医生诊治病人时一样，理应接受委托负责经营工作。换言之，法人便是企业与经营者的关系。

然而，以此说明超高薪金存在的理由还不够充分。其实，皮凯蒂自身已经给出有关的暗示理由。总之，他认为，因 1929 年的华尔街崩溃而陷入的经济危机与后来的危机相比，两者之间存在着本质上的不同，论述如下：

当今，政府和中央银行决不会允许金融体系崩溃，而是下决心救济银行。在这种情况下，如果换个表达方式的话，可以说在金融世界里，彻底追究自我责任的组织系统已经丧失，因此金融在全球化、高度化过程中，银行经营者・金融组织为了自身利益总是需要提供可以投机的环境。

在此借用斯蒂格利茨的一句话，就是"赚了钱是我的，出现意外的亏损，那可就是纳税人大家的了"。

---

① 保罗・克鲁格曼(Paul Krugman)：《我们为什么生活在一个新镀金时代》，2014 年 5 月 8 日。

② 迈克尔. W. L. 埃尔斯比、巴特. 霍布简(Bart Hobijn)、埃塞古尔. 沙欣(Aysegul Sahin)：《美国的劳动份额下降》，美国联邦储备委员会旧金山市，工作论文，2013，2013－27，http：//frbsf. org。

③ 岩井克人：《经济学的宇宙》，日本经济新闻出版社 2015 年版。

据前美国联邦储备委员会(FRB)议长保罗·沃尔克(Paul Volcker)证实,金融界的超高薪金的浪潮即将波及律师和经营者等人。在这个波及过程中起到推波助澜作用的,可以说是代理商理论。尤其是在20世纪80年代,投资者都把企业当作赚钱机器,即使牺牲公司员工的利益也要增加股东的利益,可见这种以此为是的情形便是企业经营的转折点。[①]

总之,由于雷曼兄弟的破产事件、欧洲金融危机的发生等原因,那么难道社会经济状况就改变了吗?确实如人们所知,金融稳定理事会(FSB)是7国峰会加上欧盟国家的财政部、中央银行和金融监管机构等有关政府当局,再加上以国际货币基金组织(IMF)为首的国际组织、瑞士、新加坡和中国香港等国家和地区的金融证券中心、中央银行,还有中国以及印度等G20峰会成员国的有关政府机关共同组建的国际性组织。金融稳定理事会(FSB)俨然成为调查雷曼兄弟破产事件、制定适当对策的指挥塔,并适时发表了一系列金融改革的计划项目和具体内容,其后演变成督查改革进行状况的国际机构,目前大部分的改革计划已进入收尾阶段。

此外,他们还首先提出"银行自救(Bail-in)"理念,让银行事先具备能够吸收全部亏损的能力(TLAC),即某种软垫效果,规定当银行面临破产的时候,可导入能够让股东以及债权人,即怀抱软垫的投资者或存款人承担亏损责任那样的系统体制[②]。

尽管如此,他们还有备而来地加以辩白:之所以制定这种过渡性的预防破产措施,"是因为即使银行面临破产时,也不是一个被救济的存在,而是在自己的责任范围内可持续银行经营的组织"。总之,这个理念也带有为容忍超高薪金而提供社会舞台的性质。

美国拥有依靠资本集中获得的财富,加之金融证券师·经营者的超高薪金接踵而来,所以除战争时期行情暂时跌落以外,财富向最上层人口集中的现象永远都是被人们认可的常识。

---

① 罗伯塔·罗曼诺(Roberta Romano):《萨班斯-奥克斯利法案与江湖共同治理》,《耶鲁法律杂志》,第114卷,2005年。他的著作对于后来的学科发展产生了广泛的影响。相关作品有:林恩斯托特《股东价值的神话》,贝雷-克勒出版公司2012年版。艾里克W.沃茨《商业人士:电影法律理论》,纽约,牛津大学出版社2013年版等。

② 高桥琢磨:《解说:金融危机与金融管制的循环》,出自日文版《导致世界最大银行破产的人们》,波浪(WAVE)出版社2015年版。

(二)日美存在的不平等现实

当然,许多人也认为皮凯蒂主要以美国为对象所做的论述并不完全契合日本的社会状况。因为我们如果调查一下1%最上层人口的推移情形,就会发现日本的比率或者超过瑞典,或者处于横向停滞状态。

在日本,很难想象一个银行经营者会放弃社会责任,为了一己私利去搞投机之类的苟且之事。即使在公司员工之间彼此也称呼"日立"或者"东丽",因此法人实体说在日本社会中简直无孔不入。这里没有像美国那样可以把企业当作"契约的捆绑体"的适合土壤。所以看起来,似乎不会出现经营者贪图超高薪金等这种在美国习以为常的问题。在收入差距比美国还要小的日本,可以肯定在理解金融资产方面,他们与美国没有共同认识。

然而,"基尼系数"却引起别的研究小组的关注,因为它是测定收入分配在社会各阶层中产生不平等程度的指数。即使在发达的民主主义国家中也处于遥遥领先地位的美国,其"基尼系数"为0.378(2008年),但研究小组却发现日本在2013年的"基尼系数"则是0.379,结果社会现状竟然出现超过美国的局面,由此可见,人口分布图底线上10%—20%的贫困阶层所处的不平等地位才是日本面临解决的问题(见图1)。

毋庸置疑,发达国家的基尼系数自从20世纪80年代以来开始呈现上涨趋势。日本也不例外。岂止如此,正如前文所述,当时这个基尼系数从一开始就出现急剧上升的势头。

其实,基尼系数以一条洛伦茨曲线(Lorenz curve)表示每个国民均按照收入多少由小到大的顺序排列得到的累积收入值、与另一条均等分配线表示国民全体收入皆为平等水平的两条曲线构成,而值域范围是把围在其间的领域再扩大1倍的空间,由0到1来表示。这个曲线图是根据提案者、意大利的统计学者科拉多·吉尼(Corrado Gini)的姓名命名的。

基尼系数之所以被广泛应用是因为其比较方法单纯简洁。系数值越大集团内的不平等差距也越大,基尼系数为0时,每个人的收入均等,显示出完全平等的状态。相反,无限大接近1的数值则意味着财富趋向于集中垄断,但在现实社会当中,适合的数值范围在0.2—0.4之间,如果一超过0.4,将被视为社会动乱多发的警戒线。总之,为了保证在安全系数范围之内,政府必须制定以收入再分配为首要内容的有关社会政策条例。

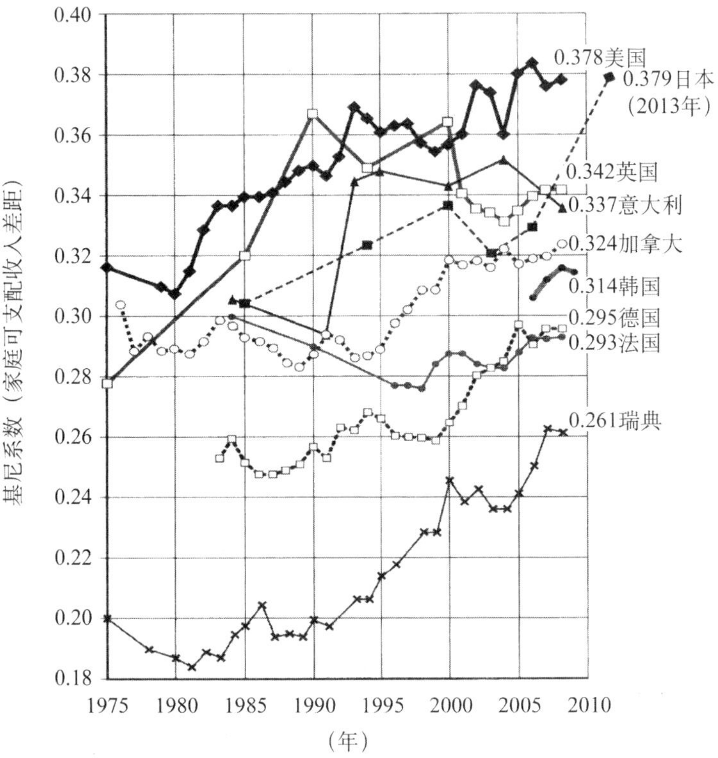

图 1　日本的基尼系数与美国基本持平（发达国家收入差距变化的国际比较）

资料来源：根据 OECD（2011 年）主编《分裂我们的立场—为什么不平等不断上升？》做成。

总之，皮凯蒂对基尼系数表明现实社会的劳动收入分布时显示出来的有效性总是给予一定的评价。虽然基尼系数简单易懂，但是反之过度依赖的话，就有可能掩盖住不平等的事实真相，所以我们应该采取与基尼系数保持一定距离的立场。这种情况证明，一旦财富的分布状况以及向 1％的最上层人口集中的事实暴露在光天化日之下，我们才能认识到他主张《21 世纪资本论》运用的分析手法确实能够逼近不平等本质的优势。

那么，根据皮凯蒂提出的 1％最上层人口概念，我们来看一下日本的不平等到底是怎样演变形成的？据日本 1％的最上层人口占有社会财富比例的数据演变可知，1938 年为 19.92％，到 1945 年时竟然下降为原来1/3的 6.43％，毫无疑问日本社会在经历过其他国家闻所未闻的天翻地覆的变化后，战后平等社会由此诞生。

在第二次世界大战中，即使日本以外的国家也经历过物理性的破坏以及经济改革，然而，正如皮凯蒂指出的那样，多数欧美国家近年来都出现过反弹现象。另一方面是瑞典的情况，战前的社会状况比日本还要不平等，而战争时期他们那里也没有发生过在其他国家都能看到的社会大变化，倒是不平等程度逐渐得以改善。

日本的特征是可看到战前和战后有着强烈的对照。换言之，任何国家都没有像日本那样见证到战争带来的破坏和改革对社会生活起到的重大作用。在这个意义上，驻日美军总司令部(GHQ)网罗的一群幸存下来的新兴社会民主主义者(New Dealer)制定平等政策的意义，看来十分耐人寻味。

当今的日本，年收入未满 1 000 万日元的人家，从统计数据上看，他们的孩子难以进入一流学校学习。事实上，社会生活中还存在着靠世袭制选举出来的众议院议员以及掌门人制度等“世袭资本主义”的传统体制。另一方面，在经济全球化的过程中，许多国家受到资本论理的掌控，从而追随美国，即便日本也冒出超高薪金的公司雇员，我们也开始注意到有人对此心生疑问，难道这不是向皮凯蒂描述的美国式世袭资本主义看齐吗？美国发生的事情日本也会发生，这种直觉，也许是驻日美军总司令部留给日本的后遗症吧。

皮凯蒂在《21 世纪资本论》中，虽然借用以 18 世纪到 19 世纪为舞台描写英国社会的小说家简・奥斯汀(Jane Austen)、19 世纪的法国小说家奥诺雷・德・巴尔扎克(Honoré de Balzac)的作品里出场的上流阶层或者拼命向上位爬的小说人物，让他们在书中交替扮演狂言的滑稽角色，但是他对英国小说家查尔斯・狄更斯(Charles Dickens)的小说里出场的人物却没有显示出丝毫兴趣。至于不平等问题的范畴，虽说极端富裕的对立面就是贫困，不过这个领域并不在《21 世纪资本论》的涉及范围之内。

尽管如此，我们在日本不论是想了解第一次世界大战前还是战后的社会状况，狄更斯的描写视点都具有重要意义。正如保罗・克鲁格曼(Paul Robin Krugman)教授指出的那样，依靠家计调查得到的数据都难以发现 1%最上层人口的情况，反而皮凯蒂却捕捉到其中的真相，虽说美国的不平等问题因此又重新暴露在光天化日之下，但这个结论也适用于战前的日本社会。可以说两个视点具有互补性。

当然，我们会看到基尼系数被认可具有优势的事例，例如，包括对税收数据都不能充分信任的发展中国家在内，各国进行国际比较的场合。在这种场合，也有许多经济学者批判皮凯蒂运用占1%的最上层人口或2%的最上层人口为单位进行论述的立场，他们强调指出，多国之间在比较时，依赖基尼系数不是更具有客观性吗？

日本与其说1%的最上层人口存在不平等问题，不如说非正式就业者等处于生活底线部分的人们存在不平等问题，所以日本也是使用基尼系数有效性很高的国家之一。

但是，《21世纪资本论》是一部在世界各国已经销售130万本的畅销书，其中仅仅在美国和日本就创造了最高销售纪录。也许，日本与美国的国情有所不同，但是两国都存在不平等的事实。

三、少子化导致的负面连锁反应

（一）日本出现不平等问题的根源何在

皮凯蒂出版的《21世纪资本论》在日本产生了什么影响？社会生活会发生什么变化？由于皮凯蒂来日讲演，有关探讨不平等问题的论争进一步深化，于是乎，日本是否也会发生克尔格曼所说的"皮凯蒂革命"呢？我们认为正如斯蒂格利茨指出的那样，即使在日本，社会不平等也会成为政治上的课题吧。

皮凯蒂来访期间，曾与民主党干部进行过座谈交流。当党代表冈田克也谈到"在日本，过去人们常说1亿人口皆中流，现在已经是面目全非了"时，皮凯蒂立刻应声回答："即便在日本，富裕阶层也在扩大。虽然没有达到美国那种程度，但难道不是比欧洲更深刻一些吗？"只是皮凯蒂始终坚持从占10%最上层人口的收入比率来观察论述不平等问题的立场，强调"不可避免的是财产必然向特定阶层极端集中"的主张。

我们认为皮凯蒂过度关注占1%最上层人口的状况。尽管如此，反而由于皮凯蒂来日访问讲演，殷切期待他"是否能成为再次引发不平等论争的契机？"的是，多年致力于研究日本不平等问题的京都女子大学客座教授乔木俊昭先生。

在日本，但凡提到社会不平等扩大的背景，人们多列举日益严重的老龄化等因素。曾几何时，前京都大学教授乔木先生与大阪大学教授大竹文雄先生之间展开过一场关于不平等问题的论争。大竹先生主张"日本产生不平等的因素大半可以用老龄化来说明"，许多日本的经济学者都对他的见解表示赞同。事实上，乔木先生在这场论争中以失败而告终，看来这未尝不是一次苦涩的经验。

确实如我们所知，当代人如果获得相应的劳动报酬后进入退休生活，就会产生不平等问题，这种情况想必能用数字来加以解释吧。然而，只是根据老龄化的观点却解决不了日本社会发生的不平等以及贫困化等问题。乔木先生在此也同样敏锐地感觉到某种情绪，可以说，他与人们对于提出了占1%的最上层人口存在不平等问题的皮凯蒂颇感无所适从的心境异曲同工。

于是，乔木先生增加一篇论述《21世纪资本论》中不曾涉及的“从贫困的观点思考不平等问题”的书评，并以此为中心主题出版了一本著作，主要抨击无论政治学还是经济学都对不平等问题持漠不关心的姿态①。他原本希望抓住皮凯蒂的《21世纪资本论》问世这个良机，结合日本的实际情况，展开新一轮有关不平等问题的论争。

皮凯蒂在日本停留期间通过多次座谈交流，总算察觉到日本的实情多半是那些占15%的底层人口发生的问题。在他即将离开日本前夕，他与东京大学教授吉川洋先生座谈时，解释说：“我之所以集中在1%或10%的最上层人口方面展开讨论，是因为注意到占90%，尤其是占15%的底层人口获取的份额越来越少的缘故”。尽管如此，在皮凯蒂的分析论证中重点都放在占1%以及10%的最上层人口方面却是明白无误的事实。

在社会保障·人口问题研究所，多年致力于研究儿童贫困问题的东京首都大学教授阿部彩先生也指出，皮凯蒂的论述把不平等问题重新摆到政策讨论的桌面上，因此在这点上令人欣慰，但让人感到忐忑不安的是他很可能关注“富裕阶层对中产阶层”这种对立结构，我希望人们认识到皮凯蒂所说的占50%的下层阶级以下的人口才是日本解决不平等问题的所在。

笔者认为乔木先生和阿部先生的主张本身是无可非议的，但是日本社会产生不平等问题的实质果真在此吗？对此我们有必要分别思考原因和结果方可下结论。

（二）结得了婚与结不了婚的年轻人

其实，日本社会产生不平等的核心问题在于“结得了婚的年轻人”与“结不了婚的年轻人”之间出现的不平等状况。当然，有的夫妇即使结婚也不生育孩子，

---

① 桔木俊诏：《解读21世纪的资本论》，宝岛出版社2015年版。

而且这样的家庭比例越来越高，所以我们可以认为正是这种婚姻状况带来了少子化现象。在这个意义上，可以说日本的不平等问题就是不折不扣的少子化问题。

据说海部俊树首相（当时）在施政方针演说中首次加进少子化问题，现在这个问题已经成为安倍内阁不可置之不理的重要课题。由此可见，安倍经济学的刺激效果，其目的就是给慢性人口减少问题开药方，实行救治。在这种情况下，针对慢性人口减少即少子化的原因，安倍内阁将会怎样诊断、提出什么样的药方呢？

在“少子化对策大纲”中，日本政府已经认识到，少子化有可能动摇日本社会经济的基础，进而使日本陷入到危险的境地，所以把今后5年定位为“集中解决期间”。但是，除了包括第三个孩子在内，以后的婴幼儿保育免费等对抚养3个孩子以上的家庭贯彻落实减轻经济负担的政策措施以外，为减少被视为少子化主要原因的未婚以及晚婚的现象，政府依然停留在支援地方行政机关等部门开展婚姻介绍等事业的阶段。可以说这种程度的政策措施根本就没有抓住问题的核心。

然而，专家学者一旦警告全国的市、町（相当于镇）、村可能消亡，政府才匆忙在安倍经济学的核心政策里提出“地方重建”的计划，甚至号召全体国民对此进行讨论。于是乎，日本的不平等问题就转化为少子化问题，乃至在安倍经济学中占据核心位置，甚至到了要在地方重建这张处方单里寻找某种答案的地步。

日本存在的问题就是一条线上拴着不平等、少子化和地方重建等3个蚂蚱，因此怎样解决这些问题，看来答案也许即将呼之欲出了吧。

日本人口减少的本质原因在于每年地方人口持续以0.2%—0.3%的速度流入大城市圈的缘故。几乎所有的流动人口都是来自上大学的学生。地方上27%的17岁人口都升入本县以外的大学，毕业后仍然留在大城市圈的人口也一直维持在高达20%的水平上。地方重建就是下决心针对这种现象提出解决问题的模式。

尽管如此，不论对到大城市来的年轻人来说，还是对把生活据点放在地方上的年轻人来说，“虐待”他们的社会系统体制早已严阵以待。毋庸置疑，这种现实情况肯定促使晚婚或者非婚现象产生。同时在“结得了婚的年轻人”与“结不了婚的年轻人”之间会产生不平等的问题。至于少子化现象，自然是由于“结不了婚的年轻人”群体人数增加而引起的后果。

归根结底，困扰年轻人的主要因素无非是日本的社会系统体制。因为尽管终身雇用制事实上已经消亡，但是公司依然维持着年功序列型的工资体系。对年轻人来说，这等于政府开所谓“工资过后马上发”的空头支票，其实里面有一半都是欺诈行为。

由于1955年的“春斗”(春季工会要求提高工资的斗争，劳动金融市场的55年体制)，工资行情时隔好久后终于上涨了。但是我们对这个结果却不能天真地感到高兴。当年“春斗”开始的时候，工会在劳动者可能有的生活周期计划当中就已经预先设定好年功序列工资体系的条件，但是现在的春斗，看上去简直就堕落到与生活周期计划不相搭配的状况一直拖延下去的地步。结果正是这种“春斗”，才迫使企业必须削减人员。

事实上，1956年几乎与日本开始“春斗”处于相同时期，瑞典就建立了工会各级中央集权交涉体系。瑞典和日本一样，由战前的不平等社会过渡到战后的平等社会，并且是一个经济高度增长已经持续100年以上的国家。即使在1990年经历过泡沫经济的崩溃、金融危机这点上，也与日本有着相似的经验。

尽管如此，20世纪90年代以后，该国在经济、财政方面都显示出良好的效益。瑞典财政之所以能够健康地发展，是因为他们放弃了瑞典模式的“春斗”，让劳动力向生产率高的部门转移的结果。但是，与此相反，日本却在经济、财政方面都出现劳资关系恶化的现象。

其实，瑞典按平均人口是跨国企业最多的国家。整个国家都置身于国际竞争的风口浪尖上，至于生产率低的企业不得已只好退出竞争舞台。因此，为了劳动者也能够顺利地转移到竞争力强的企业去，政府对社会结构体制也灵活地进行了改编重建。为实现这个目标，该国扩充和完善了接受特殊技能以及知识等能力再训练不可或缺的培训学校等设施。

(三) 地方政府的行动是解决不平等问题的关键

在老龄化社会已经到来的日本，需要为实现“人生收获两季”的退休计划而建立专门的系统体制。对此，我们必须及早地致力于贯彻落实把“年功序列型工资＝会员型劳动市场”替换成“按工取酬的工资＝聘任型劳动市场”的政策规定。

企业的员工录用也需要从一律录取新年度毕业生过渡到全年随时录用的模式。在此基础之上，国家还必须导入可彻底落实“同工同酬”的制度体系，可以说这个制度的实质与欧盟各国的计时工劳动指令有着异曲同工之处。

在当今的日本，可以给我们演示这些模式实例的就是“地方重建”计划。在少子化、老龄化日益深刻的情况下，虽然地方行政担负着改善高成本机制的课题任务，但是我们如果关注一下劳动市场，就会发现民营企业同样面临正规、非正规就业员工等令人困扰的问题。总之，人们能够频繁看到正规与非正规就业的保育士、护理福祉士以及护士等人员在相同场所工作的情形，由此可见，企业并没有信守要努力落实“同工同酬”原则的义务规定。

对挥舞地方重建旗帜的地方行政机关来说，他们面临的问题就是不知应该从何处着手才能摆脱困境。近年来，岛根县海士町因创造就业机会和增加定居者等行动计划而引人注目，其实他们制定的地方重建计划就是从山内道雄町长砍掉自家30%的工资表明破釜沉舟的决心后，才开始落实执行的。

在此，笔者建议在地方重建过程中，通过这种砍掉自家30%工资的方式，把剩余出来的劳务费预算按计时工标准，充当支付给政府雇员的工资资金。例如对持有护理福祉师资格进行劳动的单亲母亲，应该设定不再需要接受生活困难救济水平的工资标准。因为这种设定即可以做到工作与抚养孩子两不误，也可以不仅矫正妈妈育儿工作制与晋升、晋级无缘的偏差，还能大幅度削减市政当局的生活困难救济援助事业费。

在人口只有18万人的钏路市，市政府负担的生活困难救济相关事业费竟然超过100亿日元，由于工资体系出现失衡状况，结果直接影响到社会保障费的预算。实际上，全国生活困难救济家庭，到2014年为止居然高达164万户。我们认为政府只要纠正把希望努力工作的人引诱到生活困难救济上去的歪斜工资体系，就不必专门创办市町村政府经营的事业。

至于提到变更地方行政机关的工资体系，除了实行与计时工“同工同酬”以及制定母子单亲的报酬标准以外，还有必要矫正年功序列型的工资制度。

在地方行政领域，如果地方经济运营顺利，也许就会难以舍弃能够维持终身雇用、年功序列工资的设想。然而，地方重建原本就是地方行政机关即将出现消亡的征兆时，才开始启动实行的计划。也许有人认为地方政府不能比民间先建立工资体系，但是有关当局在修改赊账支付工资体系时，如果考虑到制约预算的因素，可能会成为某种相当平面化的系统吧。

民间企业也必须采用这种改革模式，即贯彻落实与计时工“同工同酬”的原则，制定按生产率支付相应报酬的工资体系，还要考虑到将来修改的老年人就业稳定法等条件，对在职务以及勤务地等方面具有明确限制条件的正规员工，一旦开始采用聘任制、改变待遇、促使劳动市场流动化，那么年轻人可获得的报酬就会上涨，也会增加自由选择劳动方式的范围。

曾几何时，经济高速增长时代具有普遍性的丈夫外出工作、妻子是专业主妇的“1.0赚钱模式”如今已经成为少数派。无论美国还是瑞典仅在30年以前，“1.0赚钱模式”一直都是司空见惯的社会现象，可是在经济全球化的过程中，由于经济上的原因需要夫妇两人赚钱，或者主张男女平等的理念致使女性把踊跃参与社会活动当作体现自我价值的具体姿态等因素，“2.0赚钱模式”业已变成普遍现象。在瑞典，孩子从1周岁以后就交由社会抚养的社会系统很充实。

另一方面，在社会经济不亚于北欧的荷兰，却没有像保育院那样寄放幼儿的系统设施，父母习惯在家抚养孩子。为此，政府选择“1.5赚钱模式”，即夫妇有一方上正常班，另一方，一边上钟点班，一边照顾孩子，在欧盟各国领先实行计时工与正规雇员同酬的工资制度。

总之，在社会福祉制度发达的国家，政府习惯根据本国社会的实情选择“2.0赚钱模式”或者“1.5赚钱模式”，并且重新构建税制、养老金制度以及保育·教育系统。然而，日本脱离实际的“春斗”无休无止，税制和养老金制度等制度依旧是原来的“1.0赚钱模式”。

即便在欧美各国，年轻人因为先来者优先的制度，总是在就业方面受到冷遇。但是，政府却一直提供与生产率相抵的工资、与计时工“同工同酬”以及“2.0赚钱模式”或者“1.5赚钱模式”等让年轻人可生活得容易一些的、最低限度内的劳动体系。

然而，日本的年轻人却在脱离实际的制度下劳动，领取的报酬却是理应很早以前就该丢弃的过后支付型工资、即年功序列型工资，坦率地说，这种情况等于让年轻人穿着只有一只袖子的衣服、给一双烂鞋，对他们说“就这样过日子”吧。不仅如此，而且日本政府又出于那些毫无经济增长可能的公共事业投资和支付养老金等理由，不断反复借债。可以说，这种行为就是对年轻人远远超过冷遇程度的虐待。

（四）皮凯蒂的出现让日本看到了新生之路的方向

地方政府首先可通过立法实现与计时工“同工同酬”的制度化，同时也需要在民间广泛地贯彻和落实，此外还要确保年轻人、女性和老年人参加社会劳动的自由权利，然后再考虑应该怎样改变“1.0赚钱模式”。在这种情况下，如果考虑到日本父母抚养孩子的现状，应该说劳动制度变为“1.5赚钱模式”最为妥当。所以，这类劳动模式对三代同堂等希望能够得到父母帮助的夫妇来说，也可以从中选择美国具有代表性的“2.0赚钱模式”，但在只有夫妇两人的家庭，则需要政府在纳税、养老金等社会制度方面采取保护措施。

总而言之，政府应该考虑根据所有年龄段和男女平等等条件，构建年轻人、女性和高龄者都能够在适当的工资体系下参加社会劳动的组织系统，这才是少子化政策的核心，也是面向未来达到经济增长目标的重点工作。国家总是通过消除现实世界与制度·体系之间存在的不整合性，发挥市场作用。

在本书的《前言》里，讲述了一个外国的案例，内容是针对新西兰和东德的人口骤然减少问题，他们一旦寻求到对策，经济一定会进入增长轨道。至于安倍经济学，因为是解决人口慢性减少的相应对策，所以它的成果理所当然会逐渐显露出来。即便如此，日本社会即将发生大转变也是不争的事实。

如果企业实行聘任制的构想取代原有的录用制度的话，肯定会优待“创新和信息化社会”必不可少的有才能的人物，也会组建能够让这些人充分发挥创造性能力的系统组织。

有人也颇感怀疑地询问，只改革劳动市场，日本就能新生吗？毫无疑问，这个问题正命中要害。因为日本的不平等主要表现在劳动的分配问题、世代之间的不平等，所以这点与皮凯蒂以资本市场为基准阐明的1%对比5%，或者资本家和劳动者之间存在的不平等息息相关。为了解决日本的不平等、财政等问题，我们认为需要广泛讨论研究皮凯蒂试图表明的理论主张。

因为皮凯蒂的出现，以少子化、老龄化社会的不平等问题为出发点，我们醒悟到日本社会的病根在于人口减少，由此可知，这个重大问题使人们认识到，对年轻人来说，在人口再生产方面包含他们没有获得必要的劳动报酬等问题。可以说，从此才真正触及日本新生问题的实质。

第一章

日本走过的一段特殊的平等之路

第一节　迈向平等社会的第一步

一、第二次世界大战前的不平等社会和二战后的平等社会

曾几何时，在美国职业棒球大联盟上连续5年取得两位数胜利的黑田博树投手，时隔8年再次重归旧巢——广岛东洋鲤鱼球队大显身手。

他确实身价不凡，在转入美国职业棒球大联盟的纽约洋基球队时，他重新签订的契约金额以及来自其他球队提示的入队契约金额都高达20亿日元左右。但是，我们从他与广岛东洋鲤鱼球团签订的合同就可以推算出他本人一年的收入只不过是“年收4亿日元，外加绩效奖金”罢了。尽管如此，年届40的黑田选手却毅然选择旧巢广岛东洋鲤鱼球队作为自己职业棒球生涯的埋骨之地。当他谈到自己做出如此决断的理由时曾说：“鲤鱼粉丝们期待我回归的那份心意是一个很大的因素。”这样的人生态度确实是令人为之动容。

美国职业棒球大联盟是一个对于在竞争中取得最后胜利的强者给予巨大报酬的明星制的世界。与此相对比，日本的职业棒球联赛就像王贞治指出的那样，重视团队精神。虽然因为黑田脱离日本的职业棒球界，对于美国扩大收入差距和日本缩小收入差距都有贡献，但是由于他再次重返日本，反而使他成为推动日

本扩大收入差距的理由。我们可以肯定,黑田的回国意味着在竞争社会的美国与被誉为平等社会的日本之间,引起了某种折衷选择的波动。

让我们先看一下显示日本基尼系数推移的图 1。从曲线图可以得知,第二次世界大战前的日本社会是一个极为不平等的社会,而二战后则成为一个相当平等的社会。以战争为界线,形成竞争社会与平等社会这两个极为鲜明的对照,甚至到达极端的程度。当然黑田的情况可以说是选择了后者。

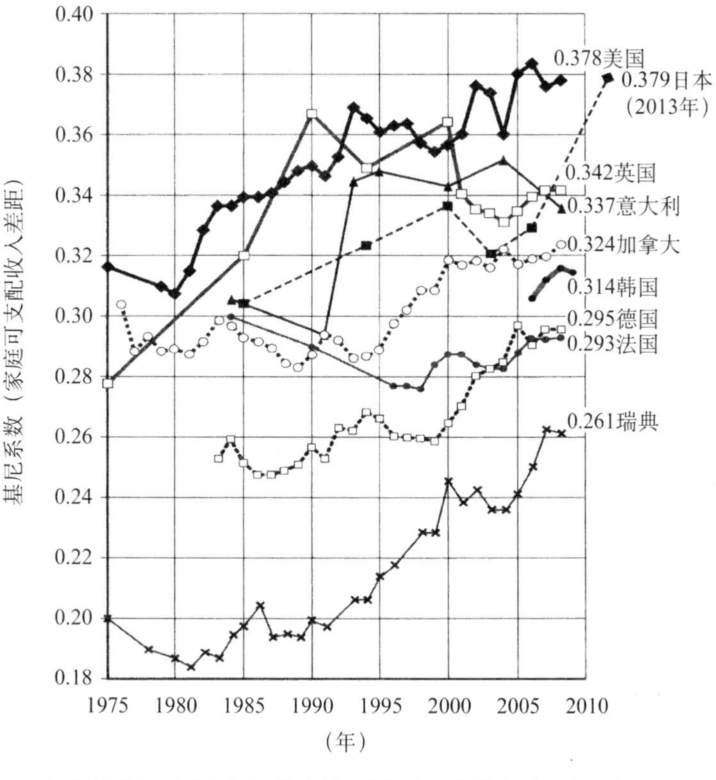

图 1　日本的基尼系数与美国基本持平(发达国家收入差距变化的国际比较)

出处:此表根据 OECD(2011 年)主编《分裂我们的立场—为什么不平等不断上升?》做成。

笔者希望读者关注曲线图中呈下降趋势的点线部分。正如外面的人不了解黑田下决心回国的理由究竟是什么那样,战前和战后的收入不平等到底是怎样产生的?这个问题总是引发人们丰富的想象力。图 2 说明了日本战前 1%的最上层人口的生活状况,而且为了追寻近年处于社会底层人口的思想与行为,又会

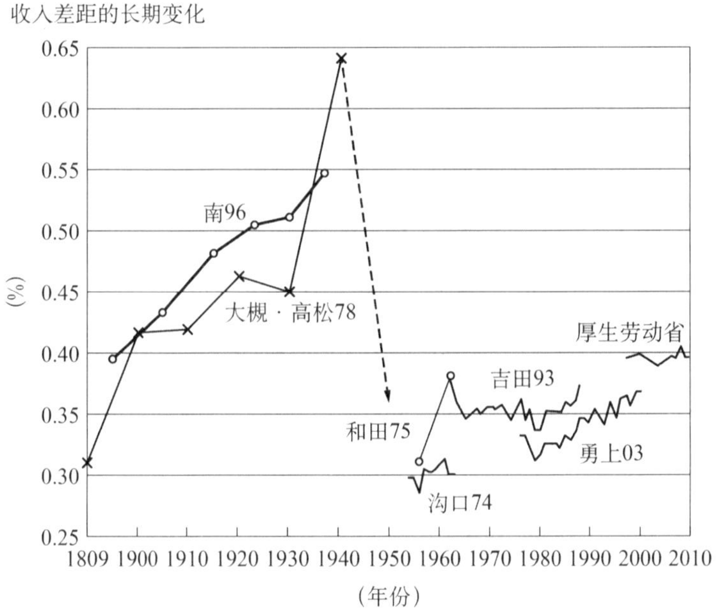

图 2　日本各种各样的基尼系数

注：上图反映的是家庭收入差距在课税前的基尼系数变化。相关的原始数据如下：大槻、高松 1978 年来自长期经济统计(所有家庭)。南，1990 年来自 210 个市、町、村的家庭，沟口 1974 年来自家计调查(劳动者家庭)。吉田，来自 1993 年国民生活基础调查 10 分位数据。勇上，2003 年来自国民生活基础 4 分位数据。厚生劳动省，来自国民生活基础调查年间收入金额数据。

资料来源：勇上和史著《如何看待日本的收入不平等》、JIL(全国自立生活中心协议会)劳动政策报告(2003，3)，桔木俊诏著《日本经济不平等》、岩波新书(1998)(仅选和田 1975 年部分)，厚生劳动省主编《2010—2011 年国民生活基础调查概况》等参考资料。

呈现出一幅背景说明图。

根据皮凯蒂的理论，超额累进课税源于第一次世界大战和第二次世界大战洗礼后诞生的普选制和民主主义体制。但是，在全球化风靡于世的今天，如果不把税制进一步转变成累进税率模式，那么全球化一定会遭到那些从自由贸易中得不到好处的人们的反对也是理所当然的。

皮凯蒂以狂言式的诙谐口吻，在《21 世纪资本论》中巧妙地穿插了美国经济学会会长的一部分演说。例如，他下面的一段话作为例证。

皮凯蒂写道，这篇演说指出，“镀金时代”的演说都是由美国古典学派经济学者欧文·费雪(Irving Fisher)撰写的。会长还说，欧文·费雪单纯重视不平等问题，而财富加速集中才是美国存在的经济问题。此外，他指出，2%的人口拥有

50%以上的财富，这种偏重一方的分配结构是威胁美国经济基础的因素，必须导入那种让三代人积蓄下来的财产一朝变为零的高额递增性遗产税。

由此可见，皮凯蒂总是强调的欧美国家的累进所得税等税制都是所谓两次世界大战的产物。然而，有据可证，日本导入累进所得税的时期是 1887 年，比欧美国家更早。这种情况同时也说明战前的日本是极端不平等的社会，其程度甚至超过明治政府尚未确立财政基础的时代。

由于日本在经济发展中一直利用借鉴赶超模式，所以欧美自工业革命以来整整花费了一个半世纪取得的发展成就会被日本以超过他们 1 倍的速度赶超过去。一桥大学经济研究所教授森口千晶先生从日本成年人口中选取 0.1%的最上层人口，按 1890 年到 2012 年的推移顺序制作成的曲线图表明，“0.1%的最上层人口所占份额”，反映他们的个人收入占全体收入的百分比。

战前，因为政府对于来自股票或者土地出售所得资本盈利没有课税，尽管这部分数据无法得到，但是，由于森口教授将追加的战后资本盈利数据显示在曲线图上，也足以说明泡沫经济时期出现的暂时性凸起已经达到相当大的规模程度[①]。

当我们看到资本盈利以外的数据时就可以看到，在日本工业化初期（1890—1938 年）收入不断向超富裕层猛烈集中，到第二次世界大战前夕已超过 9%，但战争时期反而直线暴跌，乃至战争结束时锐减到 2%的程度。

随后，即使在创造出惊人增长率记录的经济高速发展时期（1955—1973 年），超富裕层的所占份额仍然以低水平推移。更有甚者，到稳定增长时期竟然跌落至 1.5%，即使在泡沫经济鼎盛期也不过是达到了战争结束时相同的 2%而已。这组数据明确地表明，日本的高速经济发展，战前是在“不平等社会”之中，而战后是在“平等社会”之中实现的事实。

森口教授自从看到这组数据后，却对“不平等与发展”的关系并非线性现象显示出震惊[②]。总之，我们能够观察到，皮凯蒂历来主张的伴随经济发展而不平等程度扩大等事态，在日本仅局限于战前时期，平等状态下起步的战后日本经济体制下，除近年 1%的最上层人口所占份额上升外，其他几乎看不到任何变化。

---

① 森口千晶“战后日本财富集中程度较低”，发表在《日本经济新闻》2015 年 2 月 11 日晨报。

② 千秋守口（Chiaki Moriguchi）、伊曼纽尔·塞斯（Emmanuel Saez）“1886 年至 2015 年。

二、日式企业组织系统实现了平等发展

那么"从战前到战后的戏剧性变化"究竟是怎么发生的呢？我们就这个问题做一下探讨吧。由于0.1%的超富裕阶层人口所占的收入份额自第二次世界大战之前超过9%以上，到战争中直线暴跌，乃至战争结束时锐减到2%的水平，所以仅从统计数据来看，毫无疑问战争因素具有重大影响。

这种状况的出现是因为自1938年开始实行经济管制，是国家对于地租、股票红利和利润等资本所得盈利和公司董事的报酬加以严格限制的结果，另一方面由于通货膨胀持续恶化和城市遭遇空袭，富裕阶层的财产受到破坏，最终给予日本超富裕阶层严重的打击。

皮凯蒂指出，即使在没有像日本和欧洲那样成为战场的美国，战争的影响也是巨大的。日本的情况似乎总被人们认为只是一个极端的特例而已。然而，战后欧美国家饱受的战争因素影响却逐渐消失。

那么，为什么只有日本的最上层人口所占收入份额没有从战争时期的打击下立刻恢复过来呢？我们必须彻底追究一下其原因之所在。

实际上，在日本进行彻底的甚至是破坏反弹基础的社会改革是驻日盟军总司令部(GHQ)。当然，正如主张"1940年体制(在日中战争处于僵持状态、与美国进行决战提到战事日程阶段，为如何应对总体战而考虑制定的政治、经济结构系统)论"的早稻田大学财政金融研究所顾问野口悠纪雄先生指出的那样，战时管制并不是一时的现象，战后也依然维持着这一模式。不过，改革确实对日本社会带来了重大的影响。森口千晶教授和伊曼纽尔·赛斯(Emmanuel Saez)教授也认同这一点，日本没有发生收入结构反弹现象的理由可以归结为驻日盟军占领时期实行的民主改革及其随后实行的制度演变等。

土地改革、解散财阀和临时财产税等法律和政策的实施，为日本国民带来大量的土地、股票和家庭财产的再分配成果，消除了财富集中现象，使资本盈利长此以往地得以平准化。另外，皮凯蒂也进一步指出，战争时期征收的高额累进所得税以及遗产税因此实现制度化，使财富集中变得更加困难。

在这样的制度基础上大放异彩的是日本高速经济发展时期的"日本式企业组织系统"。系列企业和主力银行取代个人资本家相互持有彼此的股份，战前常见的资本家经营者或者专业雇用经营者都被驻日盟军总司令部

(GHQ)一扫而光。他们的位置被那些从企业内部晋升上来、被戏称为“三等高管”的职业经营者取而代之，与战前相比，股票红利、高管报酬都大大地降低了。

由于终身雇用制成为前提条件，所以企业对体力劳动者也不惜进行人力资本投资，在白领雇员与体力劳动者之间工会组织原有的隔墙越来越低，逐步形成了一个从公司员工中提拔录用高管等“经营者/雇员共同体”系统。因此，可以说，这种日本企业组织系统的目标就是提高劳动生产率进而提高底层人口的生活水平，所以在赶超发达国家的过程中，它就会成为日本经济自高速发展时期到稳定增长时期“平稳发展”的原动力。

在日本经济高速发展时期，日本创建完善的企业组织系统，既重视个人卓越才能的发挥，更重视企业团队精神，能够引导众多职员焕发劳动热情的组织系统由此定型并被普及。在美国职业棒球大联盟赛上表现超凡的黑田之所以回到广岛，也是由于深受团队魅力感召的缘故。在企业组织系统当中，经常奖励技术革新活动，提高底层人口生活水平，降低最上层人口收入被运用得更加得心应手，所以它能够不断地把员工的生产积极性和劳动生产力充分调动起来。

三、日本的贫困问题与“发展”保持不即不离

在其后的日本社会，超富裕阶层人口所占收入份额自 20 世纪 90 年代后半期起开始转为上升趋势，到 2008 年创下战后最高水平的峰值记录。尽管如此也仅仅占 2.6%，而美国从 20 世纪 80 年代起所占份额快速增加，至 2012 年高达 8.8%，两者形成鲜明的对照。同年，日本超富裕阶层人口的平均收入大约是 5 500 万日元，美国是 3.8 亿日元，大约是日本的 7 倍。次贷经济危机发生后，日本最上层人口的收入增长势头有所降低。我们仅从这些数据来看，仿佛就能看到企业一直维持着“经营者/雇员共同体”的状态。毋庸置疑，当这种日本式企业组织系统处于赶超发达国家阶段时总会发挥出它应有的功能。此外，在那个时代，只要进行改良改善型的技术革新就足够了，最终日本经济也因此走上了顺利发展的道路。

然而，如今已经切换到“创新和信息化时代”。即便在日本企业里，创立独一无二的新理念也不得不提到议事日程上来，然而，令人一直深感疑问的是，日本

的社会现状果真具备能够产生异质性设想的组织条件吗？

在“智能制造和信息化时代”，还有一个令人忧虑的问题是，如果日本公司不能像美国的明星制系统那样，对于成绩突出的个人给予丰厚的报酬，以及其他引人入胜的充分条件，那么日本的劳动市场是否会因为全球化的发展而放任人才自由流失国外呢？

总之，从美国回到广岛东洋鲤鱼球队的黑田或者重返东京大学经济系岩井克人教授等人的情况都属于例外，而优秀的人才难道不是都向往皮凯蒂形容的“具有令人羡慕不已的自由度”那种美国职业棒球大联盟的球队以及大学和研究所吗？人才的流失会让日本社会直接失去活力。

但是，我们发现，比这种忧虑更加令人担心的是前面提到的阿部等人的主张。他们认为，日本社会存在的问题，其中重要的好像并不是被皮凯蒂归类的“糟糕到粗陋不堪的图表”的50％下层阶级人口，尤其是在10％—20％底层人口之间发生的问题吧？总之，如若论及日本，我们单凭数据是不能掌握2 000万奖金却无需纳税的人的实际收入情况的。

20世纪90年代以后，由于非正规就业人数增加等因素，我们看到下位收入阶层人口规模在扩大，但是要想获得这种数据库，只能通过家庭经济基础调查，除此之外别无他法，而且，即使以此为基础计算出的基尼系数，也能清楚地表明近年来日本显著的不平等状况。这个数据比任何语言都能雄辩地说明前面所看到的图1中基尼系数上升的实际情况。

还有一点，造成基尼系数上升的原因即使含有老年人家庭户数扩大的成分，我们也能看到家庭经济基础调查所表示的曲线图硬把年轻人拉到非正规雇用类型之中，事实上如今每月依靠不到10.2万日元生活的贫困者在作为发达国家的日本竟然超过2 000万人。可以说。贫困正在吞噬着日本[①]。

日本的贫困问题并不是老年人的问题，而是年轻人的问题，同时也是日本的社会问题。贫困使得年轻人向非婚模块漂移，而这种现象正在推动少子化快速扩大。正规·非正规就业问题对于女性参加劳动的比率、性别差距等都会给予重大影响。它不仅表明日本型“1.0赚钱模式”原有的功能缺陷，而且也凸显出“2.0赚钱模式”存在的许多问题。在这种情况下产生的应该被作为“病理”的病例就是“黑色企业”。

---

① 访谈“2 000万人的贫困”，发表在2015年3月23日《日经商务》周刊。

日本的不平等问题正在背离当初单纯追求“发展与差距”之间最佳平衡关系的原则精神。我们必须承认这个事实，在探讨日本社会为何产生贫困的同时，努力探究解决这些问题的对策和新的系统模式。

日本与瑞典或者丹麦等北欧各国不同，当它从一个极端不平等社会向平等社会蜕变的过程中，竟然同步成就了经济高度发展的梦想。如何灵活运用这一宝贵经验？能否创立新型系统模式？可以说，如今日本的复活能力正在经受考验。在此，我们需要找到一个连皮凯蒂都未曾想到过的、独具日本特色的模式，展现日本社会从战前向战后过渡的轨迹。

第二节　第二次世界大战前的上流社会掌握大部分消费

一、皇族和贵族掌握大部分消费

虽然经过明治维新推翻了德川幕府统治，但是这场革命的本来目的就是要创建一个避免成为欧美殖民地的国家，它并不是一场市民革命。当时明治政府效仿西欧基督教国家，拥戴信奉神道教的天皇为国家君主，从某种意义上讲，国家体制也不过是从江户时代的身份等级制度“士农工商（官吏、农民、工匠、商人等四民）”过渡到以朝廷为顶点的皇族、华族（日本贵族阶层）、士族（大致指旧藩制下的武士阶层）、平民等新的身份等级制度而已。

尽管如此，在明治和大正年代经济发展的强大动力主要有以下三点。

（1）向资本家（工商业者、地主）组成的财阀系列大企业进行资本投入。

（2）从企业向大股东通过高配额红利实现利润还原并向董事支付高额报酬。

（3）来自资本家的财富积累和资本再投资。

战前，日本社会存在“有闲阶级”，即纯粹的消费阶层。这些人主要包括华族、产业贵族和不在本乡的大地主等阶层。1899 年，美国经济学者托斯丹·范伯伦（Thorstein. Veblen）出版了《有闲阶级论》，他在著作中指出，正如封建时代的欧洲或封建时代的日本那样，有闲阶级制度发展到鼎盛期的标志就是“野蛮时代”的文化发展到高级阶段的具体表现。

这是因为，真正的有闲阶级除了应具备识别眼力以外，还需要拥有能够鉴别那些从贵重品到劣等品在内的消费品及其品质微妙细节的资质。可以说培养有闲阶级的生活礼法是建立在适合凸显闲暇或凸显消费这种规范细节之上的艺术。由于有闲阶级是社会中的特殊群体，所以我们总是质疑他们按照“高级”、“高贵”的标准鉴别“物有所值”的眼力，更甚于他们从现代社会司空见惯的人类愿望或知识和日常生活等方面获得的快乐以及爱好。

在这部著作中，托斯丹·范伯伦攻击“镀金”的金融资本家所拥护的企业理论和价值体系，他在论述时指出，虽然拥有财富是一种能够带来名誉的行为，但是“那种行为却是让他人产生嫉妒心理的比较模式”①。

例如，大正年代曾到法国留学的皇族、朝香宫鸠彦亲王和允子王妃在东京的旧居，尽管现在已变成为东京庭院美术馆，但是那里依然保留着当时的生活情景。

朝香宫是那位从风云激变的幕府末期至明治维新时代幸存下来的久迩宫朝彦亲王第八子鸠彦王于 1906 年创建的王府，他的王妃是明治天皇的皇女。鸠彦王在陆军大学服役期间，自 1922 年起为了研究军事单身赴法国留学，不幸遭遇交通事故。于是，允子公主以照料病人的名义赶到巴黎与他相聚，所以夫妻一起长期侨居在法国，直至 1925 年归国。

三井长房长孙家系第十代掌门人三井八郎右衛門高栋陪同夫人苞子和长女庆子，是与三井财阀的统帅团琢磨等人一起出国旅行的，其中一站就是于 1910 年访问了巴黎。在苞子的日记中也有“巴黎喜欢时装比较”的记载，她还在日记中写了许多巴黎人在穿着打扮方面的印象记，同时日记也记录了苞子和庆子急不可待地去当地裁缝店定制新礼裙的小插曲。无独有偶，日本的允子王妃刚到巴黎就立刻购买了礼裙以及小件配饰品等 15 件用品，才算备齐了自己在巴黎符合身份的服饰用品。总共花费 24 800 法郎，按日元兑换率相当于 3 435 日元。这个数额是当时一个大学毕业生参加工作第 1 年工资水平的 4 年总和②。

待到服饰用品等一应装束都准备停当，王妃就开始出门到第一次世界大战刚刚结束的巴黎街区去，或者愉快地观看戏剧表演，或者在百货店自己选购帽子

① 托斯丹·邦德·范伯伦(Thorstein Bunde Veblen)：《有闲阶级论》(高哲男译)，筑摩书房 1998 年版。
② 青木淳子著：《巴黎的皇族摩登主义》角川(KADOKAWA)出版公司 2015 年版。

或鞋子等物品。当时的法国正处于装饰艺术(Art Deco)的鼎盛时期，朝香宫夫妻对那种讲究形式美的艺术醉心不已，于是就委托法国艺术家亨利·拉潘(Henri Rapin)为自己的王府设计主要房间的室内装潢等，积极采用装饰艺术的精华。现在这座王府就是东京都庭院美术馆的前身。该王府建成于1933年，第二次世界大战结束后不久就被没收，曾经被当作吉田茂外相、首相兼外相期间的临时官邸。

战后，尽管皇族人数被减少到很小的范围内，但是当秋筱宫家的佳子公主20岁首次正式参加公务活动之际，她头上戴的皇冠与项链、手链等5件装饰品的价值却高达2 793万日元。按照大学毕业生的第一年工资标准来看，这个数值相当于其7年工资收入的总和。不过，如今皇冠头饰是皇族参加正式公务活动的必用品，属于国家财产。

在此，笔者再举一位明治时期出身于较低门第、后来飞黄腾达的代表性人物，即号称与伊藤博文相媲美的山县有朋，并看看他的生活状况。山县有朋，不仅作为军人荣膺元帅，同时作为政治家还出任过首相，而且跻身贵族阶层，成为爵位最高的公爵。

现在，“椿山荘”和“四季酒店”等设施所占用的约2万坪(1坪=3.3平方米)的土地就是当年山县有朋在东京的住宅。山县有朋对日本庭园情有独钟，并倾注极大热情精心修建，他在京都的别墅无鄰菴、小田原的别墅古稀庵等都是著名的庭园。

以“椿山”这一地名命名的“椿山荘”属于林泉回游式庭园，园中景物豪华流丽，是日本园林界的佼佼者。其造园地位于视野绝佳的山丘之上，南边越过牛入街道即可看见皇宫的森林，西边可远眺富士山，北边遥望筑波山，东边是一望无际的房总半岛景观，山县有朋亲自操办和指挥相关的修建事宜。他因地制宜，巧妙地利用变化丰富的起伏地形，最终出现在人们眼前的是一座让普通造园师们意想不到的、眺望视野广阔浩荡的名园。

我们只要数一下维护庭园的园林工、辅助主人举办活动的管家等人数，就可推算出其每年的维持管理费用肯定要超过1亿日元以上，从中能够想象到他的生活何其奢华排场吧。另外，据说当时以明治天皇为首政界、财界和官方行政的首脑人物频繁登门造访，召开重要会议，其如日中天的权势也可窥见一斑。

二、资本家的奢华生活

与华族齐名的产业贵族们的生活又是怎样的一番情景呢？关于那些肩负日本产业化重任、为经济发展贡献力量的财阀发挥的作用，我们已经看到过许多论述，但是关于三井、三菱、住友和安田等四大财阀的产业统治，从高桥龟吉、青山二郎撰写的《日本财阀论》（春秋社）可以得知，1937 年的资本家所占份额分别是：三井 7.77%，三菱 5.5%，住友 2.5%，安田 1.7%。

如果说三菱的岩崎弥太郎是借助所谓的萨长同盟兴起、以明治维新的时代变换为背景奇货可居崛起的新兴财阀的话，那么三井、住友和安田都是源于江户时代以来的金融资本家。

三井财阀的鼻祖三井高利，于 1622 年出生在伊势·松阪（现在的三重县松阪市）。他出生时的旧居地依然被作为三井家族的发祥地传承至今。高利的父亲高俊放弃武士身份，迎娶伊势地区大商贾的女儿殊法为妻，经营当铺、酿酒业以及大酱和酱油等生意。

高利派长子高平去江户（现在的东京）创办的商店是经营和服的“越后屋”，高利本人也把大本营从松阪迁移到京都，一方面经营钱庄兑换业务，一方面指导高平做生意，使越后屋的业绩得以飞速发展，即使在三井家族中，高利、高平都是出类拔萃的人物。

高利临终之际留下了兄弟要“家业一致”的遗嘱，他指示家族要将家业置于家族掌门人的领导之下，以兄弟共有的形式防止财产分散。但是，后来他们建立了一个被称为“三井大元方”的综合机构，分别掌管家政和家业，并从事业利益中拿出一部分作为伙食费用于各家的日常生活消费。

本来，三井家族是由藤原北氏家系所属 11 个家庭组成的。虽然在他们当中屡次发生同族之间的借贷问题和内部纠纷，但是每次都能够及时解决。从这种意义上讲，正是由于事业与家政分离这样一种组织管理方式革新的实行，才使该家族自江户时代得以长久幸存下来。

幕府末期，正值明治维新运动的混乱时期，就像朝香宫的父亲、久迩宫朝彦亲王曾卷入朝代更替的波荡中一样，三井家族也存在着许多潜在的风险，但是由于当时的大管家三野村利左卫门等的积极周旋，最终有惊无险地平安过渡到新政府执政时代。

当时代进入明治政府统治之后，三井家族立刻把越后屋独立出去，主要以金融三井组作为大本营，适时对应新政府制定的经济产业政策。独立后的店铺更名为三井越后屋，简称三越。传至今日，该店演变为三越伊势丹百货店。

三、财阀迅速崛起的社会背景

让三井财阀得以飞跃发展的重大契机是，他们抓住了政府出售国营三池煤矿的转让权。他们把在国营三池煤矿公司负责产品研发的团琢磨一起连带买下来，团琢磨本人是政府公派的第一届海外留学生之一，曾在美国麻省理工学院学习矿山学。在团琢磨的领导下，三池港于日俄战争后的1908年建成通航，三池煤矿的煤炭出口量获得飞速增长。

翌年三井财阀成立三井合名控股公司，整合管理三井银行、旧三井物产和三井矿山等公司，至此财阀体制整合完成，三井集团组织和事业因此走上了迅猛发展的道路。由三井家捐赠1 000万日元，以免费为穷人治疗为宗旨而修建的"财团法人三井慈善病院"也是在这一年开业的。之后，1913年位于东京·三田的三井家族迎宾馆"纲町三井别墅"落成竣工。

率领三井财阀集团登上鼎盛期的团琢磨与三井高栋这对最佳组合得以诞生的契机是德国的西门子公司事件。当年该公司向日本海军将校行贿事件暴露，前海军出身的山本权兵卫首相被迫向议会提出内阁总辞职。

在西门子事件的审判过程中，又发现以前围绕购买"金刚"军舰的建造订单，英国维克斯（Vickers）公司的日本代理店三井物产在接受订货之际，曾向海军中将松本和成功支付报酬，总之，他们曾支付回扣的丑闻败露出来。经过法庭审判，包括三井物产的常务董事在内共有5人受到有罪宣判，高栋的胞兄、公司总裁三井八郎次郎（藤原南氏家系的八代高弘）也被迫引咎辞职了。

由于在日俄战争中日本耗费巨额战争经费才取得胜利，结果导致国内财政的困乏，增税的言论沸反盈天。于是在这种背景下，海军的军备扩张计划开始提上日程，军工商复合体通过贿赂沆瀣一气，引起了国民的愤怒。三井家族认识到，不着手整顿企业体制，就有可能在严厉的世间舆论面前销声匿迹，所以综合管理三井财阀集团的三井合名公司也被要求实行改革，并在相当大的范围内对公司章程加以大幅度的修改①。

合名公司的总裁高栋拍板在合名公司导入了理事会制度，任命团琢磨为首任理事长，同时还让他担任最高参事，并兼任三井银行、三井物产、三井矿山等直系三个公司的总裁，并决定把三井物产的核心人物益田孝从具有强大权限的副顾问调任为责任轻松的咨询顾问，事实上这就是进行组织清洗。

三井家族凭借产业贵族的资格曾有 3 人被授予男爵勋位，藤原南氏家系出身的八代高弘也是其中之一。这次公司改组强化了三井高栋的地位，唯团琢磨马首是瞻，大大增加了综合管理机构的核心凝聚力。可以说，他们两人的关系应该算是当家掌门人与大管家的关系吧。

三井高栋平时过着怎样的生活呢？实际上，当代富豪、软银公司的孙正义总裁居住在东京都麻布永坂町的宅第，据佐野真一撰写的《安本　孙正义》（小学馆出版）得知，曾是三井家族后人，即三井永坂家的旧居地。土地面积为 910 坪（约合 3 008 平方米，译者注），房屋结构为地下 1 层、地上 3 层，建筑总面积是 760 坪（综合 2 512 平方米，译者注）。

那么三井财阀总帅的藤原北氏家系出身的三井高栋坐落于东京都今井町的主府邸到底是什么样的建筑呢？仅主府邸就有 13 500 坪（约合 44 627 平方米，译者注），加上其他馆舍等建筑在内，周围面积是 16 000 坪（约合 52 891 平方米，译者注），比东京巨蛋还要宽广，府邸内设有能舞台，据说当年曾经为接待英国的爱德华皇太子举办过能剧观赏会和欢迎晚宴活动。

现在，虽然那座豪宅的面影已经无从窥见一斑，但在东京都小今井市的“江户建筑公园”尚保存着三井家族第十一代当家掌门人三井高公的府邸建筑。这座建筑是因为自 1906 年以来高栋、高公父子居住的麻布今井町的府邸在战火中被烧毁后，修建在东京都麻布笄町的屋宇是从其京都别墅移来的，但是在该豪宅移建时，其建筑规模被缩小了。因此，虽然我们从建筑公园已经看不到该府邸原来的壮阔景致，但是我们可以通过拉门上的绘画作品和枝形吊灯等物品窥见其主人往昔生活奢华的场景。

此外，当时在三田纲町修建的迎宾馆，即至今仍以公司形式保存下来的三井俱乐部，还有现在已经成为大矶町公园的城山别墅等房屋都是三井高栋的遗产。

① 三井八郎右卫门高栋传记编辑委员会编写《三井八郎右卫门高栋传》，东京大学出版社 1988 年版。

第三节　平等欲求唤起社会变革

一、在"适者生存的世界"中起舞的明治时代

团琢磨有幸成为明治政府公派留学生，在美国麻省理工学院（MIT）这样的最高学府苦心钻研的结果，就是成功地开发出三池煤矿，并以企业经营的方式回报给社会。为了推进产业界人士进行交流活动，他创立了最高规格的俱乐部，即日本工业俱乐部，亲自就任首届理事长，名副其实地攀登上产业界贵族的巅峰。

众所周知，在女性留学生中也涌现出一位佼佼者津田梅子女士，她后来开办了一所私立学校津田塾。与津田女士同时留学的会津藩（包括福岛县西部、新潟县和栃木县的一部分地区）国老（重臣）的女儿山川捨松女士也在归国后，嫁给攻打会津藩的炮兵队长、后来升为陆军元帅并被授予公爵勋位的大山巌，被誉为鹿鸣馆之花，她因积极参与社会活动而惊艳四方。她的故事在日本放送协会电视台（NHK）制作的电视剧《八重之樱》中也有介绍。

由此可见，上述朝香宫允子王妃的消费行为也向日本展现出一种新时代女性的生活方式。对于她们的表现，青木淳子也在其著作《巴黎的皇族摩登时代》（角川学艺出版）给予肯定并指出，皇族曾经牵引日本近代化迅速前行。

现代的日本人总是从进化论的观点去评价升学考试中金榜题名进入名门学校的学生，或者在全球化的浪潮中游刃有余的成功企业。鉴于这样的思维基础，他们似乎认为只有那样追求理想，社会才能持续进步。

毋庸置疑，明治社会是人们梦想出人头地更甚于当今时代的社会。这个现象也反映了帝国主义时代的特征。在所谓弱肉强食的帝国主义在欧洲社会飞扬跋扈的时代，那里风靡一时的社会思潮就是"适者生存"理论。提到适者生存，我们就会联想到撰写《物种起源》的达尔文，总是离不开达尔文学说的范畴。

然而，先于达尔文提倡适者生存学说的是被誉为社会学的鼻祖赫伯特·斯宾塞（Herbert Spencer）。他们两人本来就是朋友。当时，赫伯特·斯宾塞的著作被誉为是领先于时代的哲学、科学思考，除了在英美被出版以外，同时也被翻译成多国语言的版本，吸引了很多读者。即使是在明治时期的日本也于明治十四年（公元1881年）翻译出版了《社会平权论》以后，赫伯特·斯宾塞的著

作就被接二连三地翻译出版并被日本社会广泛接受。人们称他是西洋的福泽谕吉。

这种社会进化论的反证是斯宾塞的自由放任主义，因此也被当时的日本自由民权运动当作理论支柱接纳下来，1877 年尾崎行雄翻译出版了《权理提纲》，此外斯宾塞于 1860 年出版了他的著作《教育论》，尺振八先生受文部省委托，于 1880 年以题为《斯氏(斯宾塞)的教育论》的书名翻译出版了该书并广为人知。因此，19 世纪 80—90 年代甚至在日本被称为“斯宾塞时代”。

2009 年恰逢达尔文诞辰 200 周年。时至今日，他的主要著作《物种起源》出版后，也历经了 150 周年的岁月，学术界因此掀起了重新评价进化论与达尔文的热潮。他们中的多数人都高度评价《物种起源》是一部摆脱了历来以人本位为中心进行考察论述的著作。然而，根据古生物学最近锲而不舍地追溯生命历史的轨迹考察得到的研究成果，也有不少学者批判性地认为，我们也不得不接受因“适者生存”“自然淘汰”的学说而衍生出社会达尔文主义的指责。

那么，日本为了避免沦为外国殖民地而跃跃欲试的近代化并通过日俄战争得以实现时，也许有人曾想到，如果国民依然胸怀青云之志的话，就会像团琢磨那样，早晚能够拾级而上，百尺高楼更进一步吧。

二、对不平等的不满激发社会平等追求

如果经济社会的变化可以改变社会意识，日俄战争后的日本社会与日本人的意识究竟发生了怎样的变化呢?

上述介绍了社会经济学者范伯伦的主张。他曾指出，有闲阶级喜好“炫耀摆阔”的消费行为，其结果必将导致他人产生嫉妒心。鉴于这种情况，当时日本恐怕才需要来自精英人才的幡然醒悟，以一个普通士兵的身份，奔赴日清(指中日甲午战争，译者注)、日俄战场参战，接受自己是陛下的臣民这种教育，从中理解庶民意识。我们应该考虑了解他们是否存在嫉妒心?虽然经济发展起来了，但人们是否会对贫富差距扩大感到愤怒或者提出异议?

平等意识的高涨与事实上存在着的巨大的贫富差距，在第一次世界大战引起反弹性经济萧条后进入持续不景气的状态并成为影响社会稳定的重大因素。明治维新以后，广大接受了自己是天皇的臣民教育、履行服兵役等义务的日本国民，对平等的希求已然演变成一股巨大的社会潮流。

富山县的家庭主妇们首先对于米价暴涨掀起抗议浪潮，自此一连串的稻米市场纠纷事件拉开了序幕。这是国民破天荒第一次提出自己的社会性要求。其后，自由民权运动发展到要求设置帝国议会，不久直接演变成要求普遍选举制的运动。

那么，在帝国议会制度被确立的情况下，这种“也给我一块面包”的直接行动到底意味着什么呢？即使有议会，但直接要求的方式如示威活动在当今各国仍时常发生，而日本国内为反对核电站而组织的示威活动等抗议行动，本质上也是异曲同工的[①]。

但是，人们在当时的社会状态条件下采取的这些行动，都被看作是否定议会制民主主义，即不通过议会提出各自要求的无政府主义行为。

此外，通向无政府主义这个诉诸平等要求的出口，由于幸德秋水等人暗杀明治天皇这个大逆不道事件的出现而被堵住，因此民众对于不平等、贫富差距等社会现象怀有不满情绪的浪潮必然要寻找新的出口。如果社会允许粗暴的言论攻击存在的话，那么我们就会看到这种希求平等的出口之一，在大正末年依然形成恐怖主义的模式。这股社会潮流因发生在 1921 年的四大财阀之一的安田财阀当家掌门人安田善次郎被朝日平吾杀害这个恐怖事件而公然盛行一时。

朝日平吾相关的答案，最近政治学者中岛岳志先生也正在不遗余力地进行研究寻找。中岛先生谈到自己执笔的动机时说，因为我觉得 2008 年在秋叶原发生的路上随机杀人事件中，杀人犯为发泄焦躁情绪而采取暴力方式的原因与朝日的时候或许相同吧。

最早觉察到朝日引发的杀人事件属于新型恐怖主义的人物是大正时代的民主主义吹鼓手吉野作造。总之，可以说，它与在那之前发生的大久保利通、森有礼等暗杀事件有着本质上的区别。

发现这一事实的为什么是吉野作造呢？究其原因，我们推测他是不是对大杉荣的观点感同身受呢？因为大杉荣曾批判大正时代的民主主义是为纳税金额较高的地方名门服务的议会制度，而不是为民众服务的议会制民主主义[②]。

当时被杀害的安田善次郎是一位向东京大学捐赠过安田讲堂的银行家，瑞

---

① 子安宣邦：《要帝国还是要民主?》，社会评论社 2015 年版。

② 大杉荣：《民主主义的寂灭》(1918 年 2 月)，出自松田主编《无政府主义(Anarchism)Ⅱ》，筑摩书房 1963 年版。

穗银行的前身之一、安田银行(后来的富士银行)的创始人。由此可见,吉野作造认为"(朝日平吾)是一个追求平等的新时代理想与古代武士精神融为一体的混血儿,即当今青年的象征,是时代催生出来的一个畸形儿,他们往往会因头脑冲动而做出什么不计后果的事情。我们必须提前充分理解这种现状。于是乎,他唤起了人们(读宫岛资夫的《金》=朝日平吾论)的积极性。

曾撰写过《昭和维新试论》的桥川文三也关注到这个时期恐怖主义的动机和身份资格正在发生的微妙变化。关于朝日平吾引发的事件,可以说纯属来自被统治阶层的人们要求平等=平均化的诉求愿望。这是来自99%的社会底层人口对1%最上层人口实施的报复行为。

1925年制作的、由二川文太郎导演的古装片电影名作《雄吕血》正是这个时代的产物。明星演员阪东妻三郎扮演的青年武士久利富平三郎,虽然富有正义感,但是当他越是挑战世间矛盾或者不公平现象,就越会引起各种问题,最终沦落为一个无赖汉。结果在电影的末尾有一段即使现在也为人们津津乐道的著名镜头:与阪妻无休止地砍来砍去的乱打场面一起出现的是主人公被逮捕的情景。

在那个最后的镜头里,我们看到面对故事着重刻画的杀人犯、阪妻的背影,无声电影的讲解人语句重复地说:"被称之为无赖汉者,未必是无赖汉。被称之为善良高洁的人格高尚者,未必是真正的善良之人。要知道带着善人的面具、欺世盗名的大骗子在当今的这个世界上也比比皆是。"这就是用叠印字幕表现现代社会主题的方式。

三、来自时代宠儿的疏离感

虽然规模比不上安田银行,但小说让主人公以富山银行行长的公子身份上场,可以说《金色夜叉》与巴尔扎克的《高老头》堪称匹敌之作。这部小说的作者是明治时代的小说家尾崎红叶。巴尔扎克在小说中叙述到巴黎梦想出人头地的学生拉斯蒂涅经过努力之后说,以为自己能够在社会上获得成功纯属幻想。不过尾崎在小说中描述与这个情节匹敌的场面时,采用了让上场人物直接告白、对决的方式,两者形成鲜明的对比。

为了让人们了解在所谓明治时代可取得社会上成功的比例和规模,笔者想在《金色夜叉》之前推荐《三个妻子》这部小说。谷崎润一郎在评论尾崎红叶的作品《三个妻子》时指出，这是一部在架构上继承巴尔扎克写作技巧、构筑整体充满浪漫风格的杰作。然而，我们知道，如果以文学评论家的眼光来看待和分析这部小说的话，尾崎红叶似乎并没有读过巴尔扎克的作品。他主要是改编出版埃米尔·左拉和剧作家莫里哀的作品，从中学习小说的写作技巧。尤其是埃米尔·左拉在小说《穆雷教士的过错》中对“不可遏制的爱恋心理”进行了细致入微的描写，似乎更令他钦佩不已。

据说尾崎红叶本人虽然曾模仿和学习外国小说作品的写作，却告诫弟子们“不要总想着从外国文学中学习，而是要从观察社会现实的过程中学会写小说”。

尾崎红叶在谈到《三个妻子》时曾说，我的题材是从新闻八卦专栏里得到启示的。那个八卦故事的人物居然是三菱财阀的创始人、岩崎弥太郎去世后留下的三个妾室。毫无疑问，以这些逸闻为素材，尾崎红叶模仿井原西鹤的《好色的一代男人》创作了这部小说。

《三个妻子》的主人公葛城从金泽地区的乡下来到首都东京，他凭着自己的机灵才智，把本来在日本花 1 个铜钱就能买到 10 个的物品，用 5 美元或 10 美元兜售给外国人，先后创办了 4 个公司，成为一代大富豪，住在像华族府邸那样的宅院里，除了正妻以外，甚至还有三个妾室。

“即便挣下家财万贯，可这会更加让他觉得无法满足，哪怕是筷子上下跳动的瞬间，他也在绞尽脑汁地琢磨着赚钱的事，假如想到这个有门儿，就会立刻扔掉手里的酒盅，赶起马车急行，乃至算计亲信的助手。”可以说，生活在明治时代的葛城就是这样一个资本家的写照。

当时，能够跨越阶级差别跻身上流阶级社会的人物代表，在英国小说家简·奥斯汀的作品里有家庭教师，但在日本一般是与主人公产下子嗣飞上枝头的艺妓吧。

在《三个妻子》的后半部分，正妻麻子提议“我也想见识一下美丽世界”，于是乎她在主人公葛城的别墅举办赏花游园会，三个妾室也加入东道主的行列，帮助女主人一起招待 130 多人的宾客。因此，三个妾室开始有了交流，渐渐地也能看到她们出入主宅的场景。

在小说里，麻子始终充当“整个家族的监督者”，人们总是说“现在我和日本的葛城余太郎的妻子麻子一起端正坐姿坐着，如果有不得体的举动，就得从她的眼前退出”，由此可见，作者刻画了一个管理家政的女主人，与以往江户时代的商家主妇形象大相径庭。

四、是追求未来成功还是继承现有财产

在《金色夜叉》中描写的成功故事里，资本主义社会的背景原因比《三个妻子》要表现得稍微明显一些。当《金色夜叉》在报纸上被连载的时候，日本以日清战争的赔款为基础，于 1897 年制定通过了货币法，规定把 1 日元银币一律兑换成金币，过渡到金本位制阶段。在其一年前，由于国立银行的业务期满结束，于是第一国立银行（现在的瑞穗银行）将变成第一银行等，政府实施了诸如此类的向普通银行转换的政策。那时的日本正处于朝着被国际社会认同的资本主义国家成熟发展的重要阶段。

作为主人公的间贯一，15 岁时与父母死别，由于看中他将来决非是池中之物，因而被有一定财力的岛泽家收养，后来成为高中的学生（这个学校几乎所有的学生都能自动升入东京大学）。本来岛泽家跟他有约定，如果大学毕业取得学士学位的话，他就和宫结婚，继承岛泽家业。总之，发掘有才华的年轻人，让他接受教育，然后一鸣惊人。这是当时日本普通人取得成功的典型模式。

小说此时上场的是富山银行行长的儿子富山唯继。富山手上带着一枚价值 300 日元的钻戒，出现在纸牌游戏会上，结果对宫一见钟情，请求她嫁给自己。虽然贯一理应与当时成为爱知县政府参事官的朋友一样，也有能够荣升高级官僚的美好前途，但是富山却说，与其选择那种程度成功的人，倒不如选择本身就是资本家的自己更好，给贯一和宫的爱情制造隔阂。

知道他的真意后，贯一就连夜把逗留在热海的宫约到海边见面。在那里一旦确认她和富山的结婚真相，贯一抬脚把宫踢飞，扔下一句“明年的此月今夜，你一定会看到我的眼泪遮住这里的月光”之后，头也不回地踉跄而去。因此，宫及其父母选择的立场是，嫁给本身是资本家的富山要好过嫁给今后至多就是能有当官前途的贯一。

另外，这部小说本来是以报纸连载的形式问世的，现在看来，由于这个原因，作品没有达到《高老头》那样的故事深度。然而，正因为如此，才能直接在读者心中产生共鸣，所以《金色夜叉》一举成为轰动一时的畅销书。而且作品的后半部分也越来越显现出故事内容的深度含义。

例如，田鹤见良春子爵这个人物的存在意义。我们在作品中看到，他虽然跟三井家结亲，社会地位很高，但本人却是未必说得上拥有万贯家财的朝臣华族。

提到传承田鹤见良春所属藩主一脉的诸侯华族，无论是财产还是地位，其实政府都会授予他们。事实上，所谓华族本身也是被管理的阶层。

尾崎红叶把田鹤见良春当作森鸥外的小说《舞姬》里的主人公太田丰太郎来刻画，书中描写了他与欧洲女孩的爱情关系被人为离间破坏之后，就把摄影作为唯一的爱好度过一生的情节。可以说，作者就是把管理体制下的牺牲者投影到这个人物身上，来强调自己的观点。

然而，对那个只不过是暴发户的富山来说，因为跟田鹤见良春建立朋友关系，即使自己成不了产业贵族，但至少也得到一些靠近那个贵族社会的手段。而且贯一一心想要在宫和富山面前出口恶气，于是在田鹤见家前总管鳄渊的手下当了一个高利贷商人。

田鹤见对把运用游乐闲置资产放高利贷当作工作的贯一来说，实在是一位唾手可得的顾客。如此，田鹤见家位于赤坂冰川的宏伟府邸赫然出现在读者面前，当仁不让地成为宫和贯一自热海海岸诀别以来再次实现重逢的舞台。

五、资本与所得的差距在扩大

尾崎红叶的小说老得掉牙，我没有读过。也许说这话的读者正在阅读夏目漱石的作品吧。其实，他们两人都生在同一年。然而，尾崎红叶作为小说家崭露头角要比夏目漱石提前 10 年。漱石读过《金色夜叉》之后，尽管拿出一副信心十足的样子说，这种程度的读物，本人也能写出来，但是他在本乡（东京大学附近）一看到上演这个剧目时就马上入迷地看了起来。

尽管如此，尾崎文学和夏目文学前后毕竟相隔了 10 年以上的岁月，其实二者之间还是存在着很大不同的。因为漱石在这 10 年里曾就读于二松学舍学习汉文，后来又去英国钻研过英国文学。他们的主要区别在于，红叶对于日本社会梦寐以求的成功上位和拜金主义不抱任何怀疑，他置身于争先恐后赶超前人的时代洪流之中，最终变成一名明星作家。与此相反，漱石是日俄战争之后，总而言之，是在后近代化的时代发展中崭露头角的文坛新秀。显而易见，漱石的小说《三四郎》是以人名直接入书名的，但红叶却没有用《间贯一》的书名，而是取名为具有象征意义的《金色夜叉》。

在漱石小说中上场的主人公、主要配角清一色都是通过某种方式拥有财产的一种高等无业游民似的人物，在他们中间出现的女主人公也毫无例外，都是一些只有与东京帝国大学毕业的男人结婚别无出路的女性。

明治维新虽然是一场革命运动，但它也是一次被迫要求与旧势力妥协的社会改革。诸侯华族自不必说，连三井、住友和安田等家族都置身于幕府将军和诸侯的封建体制（幕藩体制）之下，也不过是称得上富商的钱庄老板而已。因为明治政府的财政基础薄弱，支出的大部分要依赖地租收入。

所谓地租主要是来自田地的土地税。种植稻谷的水田一般采用租种制度的资本主义经营方式。当从资本投入可获得的盈利率超过经济增长时，国民收入中所占资本的应得份额就会随之增加，假如套用皮凯蒂所谓资本与收入的差距总是趋向扩大的命题来看，这个差距必然一直扩大下去。

日本的农田在江户时代（德川幕府时代）资本集中就已经到达相当高的程度。特别是在日本海一侧山形地区的酒井藩（诸侯封地），有的富豪甚至声称“虽然我终究当不上本间老爷那样的大地主，但是至少也希望跟酒井家的藩主大人看齐”，还有鸟取藩，当地经营水路船运事业的富商武信家族就是一方大地主，竟敢夸口说“从鸟取一直到伯耆大山，都用不着脚踩别人的土地就能去”，他们依靠北部船运航路积累盈利收益的方式，促使财富更加集中。

即使在太平洋一侧也存在过像笔者一位朋友的母亲那样的大地主，据说她直到自己去上女子学校为止，竟然没有踩过别人家的土地。顺便了解一下，在1930年拥有50町步（1町步＝0.99公顷）以上的大地主人数，除北海道以外，全国共有2 117户，其中东北地区就有634户。

当时的农业资本主义经营，一方面要靠天时地利，另一方面又存在着稻米行情这个重大的波动因素，但是它们所带来的不利影响总会转嫁到佃户身上去。虽然引起租种纠纷的原因较多，但在加用信文编撰的《日本农业统计》一书中列举了两个主要原因，其一是干旱、洪涝等灾害引起的农作物歉收，其二是围绕农业经营收支平衡问题提高地租价格。

例如，在因稻米匮乏而爆发米骚动事件的大正年代末叶，即1924年，总共有11万人卷入哄抢动乱当中。1 532件租种纠纷里边，其中以歉收为主要理由的占67％。

此外，地主要求提高地租价格，因佃农反对而发生的纠纷事件，我们看到自1933年前后开始呈现逐渐增加趋势，发生的总数业已大幅度增加。例如，尽管1936年发生的纠纷事件总数是6 804件，参加总人数是77 118人，但是其中54％的纠纷都是围绕着地租展开的。

地主对佃户的力量对比关系发生变化的征兆，是自从农民对土地的需要减退时出现的。当时，因为随着战时经济的持续状态，农业劳动力被动员上战场或者军工厂的征用人数猛增的缘故。在这种情况下，对于地主来说，佃户的立场变得更为有利。然而，若要两者关系产生决定性的变化，我们还需要等到战后实行土地改革之际才能看到。

六、不论劳动与否都贫困的时代

战前，因为人口的半数都是农民，所以他们的贫困程度也是日本的贫困程度。不过，贫困人群同样也包括那些被公司企业雇用的劳动者，那时劳动纠纷也频繁发生。1924 年 3 月就发生了 33 起劳动纠纷事件，共有 5 500 人卷入其中。他们不仅要求增加工资和改善待遇，还组织抗议降低工资的罢工运动。

战后，吉田茂内阁制定的劳动三法之一是“劳动基准法”，里面主要规定了 8 小时劳动时间以及男女同酬等标准，这几点内容与以前实行的《工厂法》相比，可以说有显著的进步，所以，即使吉田茂自己都评价说“即使从国际水平来看，也是出类拔萃的”。虽然战前也曾经筹备起草过《工会法》法案，但最终却没有形成法律条文。战前的劳动者保护规定法、即《工厂法》制定于 1916 年，当时日本正沉沦在战时经济萧条的第一次世界大战中。

曾几何时，京都帝国大学教授河上肇先生在报纸上连载评论《贫穷物语》也是在这一年撰写的。单行本出版的《贫穷物语》之所以成为畅销书，就是因为当时在日本“贫困问题”终于被当作社会问题来处理，这是一个广泛引起人们关注的领域。

河上肇先生的著作之所以会对社会带来冲击，就是因为他在书中指出，20 世纪初叶在世界上最富裕的英国，贫困现象正以猛烈的气势不断扩大，它暗示着，如果对这种放任露骨的资本主义，即市场至上主义不管的话，贫富差距必然扩大。

当时，虽然查尔斯·狄更斯的作品尚未被介绍到日本，但是对于一味追赶西欧的日本来说，英国并没有给予我们现成的答案。

于是乎，把贫穷定性为“社会重病”的河上肇先生，要给我们开出怎样的治疗处方呢？河上肇先生在此介绍了一个案例，根据在布拉德福德(Bradford)市以贫困家庭的儿童为对象实施的学校免费供餐实验，结果得知儿童的体重都有增加。

河上肇先生请求慈善家捐款调查贫困家庭状况，甚至还预计在书中论及有关社会组织改革乃至社会主义等问题[1]。然而，适逢俄国革命爆发，再加上报社的劝告，河上肇先生本来就主张制度与人心是表里一致的观点，所以他强调为了根治日本的贫困问题，政府制定政策时必须在“改造人类社会组织中的个人精神面貌”方面下功夫。

他在结尾时写道，尤其是那些能够支配社会生产力的富裕阶层应该停止奢华的生活，只有“用节约下来的财富为公益事业服务”，一切社会问题才能圆满地得到解决，于是乎“实业与伦理和谐”、“经济与道德一致”，这种理想状态就会出现在我们面前吧。

当然，他的这个对策并不是依照马克思主义者的观点提出的。正因为他不是马克思主义者，才能谈论贫困问题[2]。尽管托马·皮凯蒂提倡征收超额累进所得税、遗产税以及资本税，此外，他还苦口婆心地主张由政府出面实施收入再分配方案，但这种情况与他不是马克思主义者确实同出一辙。

可以肯定，河上肇先生曾接受20世纪的政治思想家哈罗德·拉斯基(Harold Laski)学派的影响，坚持站在他们主张的人道主义立场上，在《贫穷物语》这个散发着文学气息的标题之下，决心通过讲述贫困问题，从而论证经济或者贫困等问题本来都是我们每个人要面临的核心问题，因此这本书一出版就引起了人们的共鸣。

由此可见，《贫穷物语》不仅促使社会下层的人们，同时还促使中产阶层和富裕上层，而且最重要的是易于感动的学生逐渐认识到贫困属于社会问题。

后来当上日本首相的近卫文磨刚考进了东京帝国大学，马上又转入京都帝国大学学习，据说其中的理由就是《贫穷物语》让他为之动容的结果。

受到河上肇先生影响的不只是学生。战后，根据英国经济学者约翰·梅纳德·凯恩斯(John Maynard Keynes)理论在日本制定推行国家政策并以凯恩斯学派支持者闻名的高桥亀吉也是一位平民派经济学家，他作为杂志《改造》(改造社出版)的撰稿人之一，在评论昭和时代初期的专集报道时主张财界应该停止奢

---

① 山之内靖：《社会问题之浅见修订版》序言，发表在《经济论丛》杂志，1979年12月。

② 河上肇转变成为马克思主义者之后完成的《第二贫困物语》一书并没有引起读者太大的反响。相反，他的《贫困物语》却一直受到读者的欢迎。

华的生活。

高桥在这篇评论中把昭和这一新时代定义为，这是一个在资本主义体制下拥有的人口数量超过国家本来可养活的限度，“只要劳动就能生活下去”的乐观精神已然消失殆尽的时代。

第四节　要拯救国家就必须变革社会结构

一、不平等社会改革运动频繁爆发

昭和初期的日本，先于世界其他国家，陷入世界大战产生反弹恶果的经济萧条、关东大地震和银行倒闭等不景气的窘境中进退维谷。当时，以 1929 年华尔街崩盘为契机，世界经济萧条的洪水猛兽袭击了日本。但是，发达国家发生的金融危机和华尔街崩盘事件，毕竟也给新兴国家的日本提供了一个能够在世界经济舞台上崭露头角的机会。故而那时担任滨口雄幸内阁的财政大臣井上准之助决定恢复金本位制。

这个制度，据曾荣获文化勋章的政治历史专家三谷太一郎说，对于在震灾之后一直依靠华尔街控制国家财政的日本来说，即使从政府与华尔街已建立的信任关系以及日美合作精神的立场考虑，也是必然采取的政策。

事实上，当时日本的货币汇率处于不稳定状态，也能听到诸如假如过去的固定行市还在的话等意见。此外，因为日本还没有整顿好在第一次世界大战期间由于扩大生产带来的过剩设备和过剩人员等问题，乃至整个社会存在的浪费风气也没有被纠正过来，所以民众中关于工商业界需要整顿的呼声高涨。井上准之助制定的“解除黄金出口禁令的政策”就是在这种世间舆论的推波助澜之下得以贯彻执行的。

然而，大正·昭和时期的马克思主义经济学者大内兵卫却大声疾呼“不要在暴风雨中打开窗户”。当今，这句话被评价为至理名言。上述的平民派经济学家高桥龟吉，也曾经与东洋经济新报社石桥湛山那样的记者，以及钟纺公司的武藤山治那样的工商业界人士，联手共同反对“解除黄金出口禁令”。

的确，在成功建立金本位制方面，日本那时的内外条件并没有完全具备。滨口内阁的政策根本不顾日本的经济实力，是无视外汇储蓄实力的一意孤行，从政府在华尔街崩盘之后那种最不利的时机实行金本位制这点来看，失败的命运就早已注定了的。

在这种情况下，1932年发生的是一连串的恐怖主义行动“血盟团事件”。首谋者井上日昭选定政党内的政治家以及财阀中的重要人物和特权阶级等20余人为目标，认为他们“只是一味埋头追逐私利、轻视国防、不考虑国家利益民众幸福的恶贯满盈之人”，他对属下的血盟团成员下令“每人杀一人”，结果积极推行解除黄金出口禁令政策的井上前财政大臣和金融界的巨头、三井合名公司理事长团琢磨等人相继被暗杀。

团琢磨遭遇袭击的地点是在日本工业俱乐部的大门口。中岛岳志在著作《血盟团事件》中指出，在血盟团这个极端令人毛骨悚然的命名方式背后，其实反映出的是贫困与不平等、年轻人置身于社会矛盾之中苦恼挣扎的郁闷以及被时代抛弃的焦躁感等问题，致使他们产生不计后果毁灭一切的冲动，首先矛头指向的当然是对带来恶性循环社会的财界、政界的人物。

战前的日本，是一个不平等社会。这种社会病变的最初征兆其实就是朝日平吾事件和血盟团事件。为了矫正产生不平等现象的社会，我们看到恐怖行动不久就偃旗息鼓，随后变成以引起政治社会改革为目的的革命运动了。其中典型代表就是最后以失败告终的政变——“二·二六事件”。

二、诉求改造国家的激进民主主义

据说“二·二六”事件的首谋者们信奉的圣经般的思想是北一辉在《国家改造案原理大纲》所阐述的革命指导思想。

北一辉本来是一个著名的亚洲门罗主义者。1911年中国刚爆发辛亥革命，他就响应故友宋教仁打来的请求支援的电报，立刻远渡重洋来到革命现场，让国家主义团体组织黑龙会的内田良平送来10名战士和500日元的巨款，给他们提供实弹，而本人也是一名亲自参加战斗的行动派。

由此可见，北一辉也是革命家，他亲眼目睹了辛亥革命的战斗历程，实际上指挥作战的是议会主义者的宋教仁。由于袁世凯介入，回国的孙文就任临时大总统，正当中国要诞生共和制国家的中华民国之际，日本却对邻国出现共和制产生了某种危机感。

这时，北一辉怀着慷慨悲愤的心情撰写的著作是那本《中国革命史》。他的论点主要是日本应帮助中国革命，继而与独立后的中国联合，中国把俄国、日本把英国从亚洲驱逐出去，让印度独立等，也就是说应该让亚洲掌握在亚洲人的手上。

然而，我们看到其后的日本政府所采取的政策，与其说是摸索与中国合作的方式，不如说是在与欧美列强抗衡、协调的过程中达到侵略中国的手段。一旦知晓从中华民国的北京扩展到全国的五四运动其实是一场以日本为目标的抗日运动，北一辉的危机感马上达到极度警戒水平。他认识到要改变有关中国政策，除了改变日本内外政策别无办法，在这种思想影响下，着手撰写的是《国家改造案原理大纲》[①]。

北一辉根据天皇大权至上的原则，主张首先停止宪法，实行国家改造。针对陆军的永田铁山提倡国家总动员的结果是要逐渐增大产业生产力，他却主张革命学说。其做法就是天皇下令停止执行宪法，把财产归还给国家之后，通过普通选举选出国民改造会议和政府接管具体改造政策的制定工作和贯彻执行。对北一辉来说，在天皇制之下追求民意，其实就是要把天皇变成傀儡，即除了象征性天皇以外没有任何意义[②]。

之后他还提出，资本主义经济可持续存在，其中必然会加进彻底的平等主义因素。新闻条例等政府管制个人的法律应该全部废止，如果政府官员蹂躏践踏个人自由、人权的话，就要被处以实际服刑的惩罚。

可以说，北一辉提倡的思想更倾向于社会主义、激进的民主主义。关于外交方面，他一向倡导亚洲门罗主义，呼吁内外一致的改革。

对于北一辉的这种改革方案，以那些经济凋敝的农村出来的青年将校为中心，拥有广泛的信奉者。然而，更甚于此的是，人们发现"二·二六"事件的支持者、同情者规模极为广大。据说有关青年将校为拯救农村的穷困状态挺身而出的事迹，就连天皇的母亲、后来的贞明皇太后也对他们寄予同情，对事件的背景表示理解。

三、为救济农村而扩大财政支出

即使在事件之后开设的军事法庭上，甚至对不是直接参加者的北一辉也被

① 嘉户一将：《北一辉——国家与进化》，讲谈社 2009 年版。
② 桥川文藏：《昭和国粹主义的诸种形象》，名古屋大学出版社 1994 年版。

冠以理论指导者的罪名作出了死刑的判决。负责“二·二六”事件善后工作的是广田弘毅内阁。

天皇曾对推荐广田弘毅的西园寺问道：“广田不是名门出身。所以他能行吗？”还直接要求广田弘毅别给工商金融界造成剧烈的波动，以及不要玷污名门的名誉，看来围绕天皇周围的权力结构对政府采取任何显示威胁迹象的政策都要严加防范。所以，日本的城市和农村之间的利害关系竟然到了如此严重的危险境地。

如若矫正贫富之间的不平等，只有增加农村的实力，或者提高工业生产力来提升农村整体的生活水平。当时的农村人口占全国人口的60％。对于广田弘毅政府来说，正如泰国的他信政权曾做过的那样，向农村抛洒财政资金，采用上涨粮食价格的政策，利用普通选举制度，以农村选票为后盾，未必没有所谓开展像青年将校们追求的昭和民主主义运动那种选择。

如果依靠这种方式掌握政权，就会在引进普通选举的日本帝国宪法之下保持住正统性。在泰国，虽然政变得到王室的支持，赶走了通过选举上台执政的他信，但是泰国的王室却因此丧失了正统性。昭和天皇认为只有这种事态是不能放任不管的，最好预先消除干净。

反过来说，也许天皇一看到舆论对二·二六事件后农村的穷困状态表示同情，就预见到依靠玄洋社为后盾，在学校教育领域，沿着官僚阶梯上位的广田弘毅没有能力排除这种政变的可能性。广田拒绝了加藤高明外务大臣推荐他与三菱财阀令爱的亲事，结果选择与玄洋社干部的女儿结婚①。事实上，日本的工业实力低，特别是多数靠低工资赖以维持的企业都从属于日本商工会议所的势力范围，他们认为食物价格的上涨是威胁低工资结构体系的因素。当时，天皇曾告诫政府不要插手这种结构问题。

我们从这个视点来分析广田内阁的性质，就会发现他起用日本劝业银行总裁马场英一为财务大臣具有重要意义。这是因为马场虽然不及他信那样强调农村政策，却总是对农村和军队予以最大的关心。

马场财务大臣毕业于东京帝国大学，是财务省录用的精英人才，虽然出身贫寒，但却未必是支持井上财政政策等方面的财政出动派。

但是，他历时9年在担任以农业金融为基本业务的劝业银行总裁期间，亲眼

① 服部龙二：《广田弘毅——“悲剧的宰相”之真实》，中公新书2008年版。

目睹了解除黄金出口禁令后，因经济萧条而导致农村凋敝的状态，所以主张中国东北事变后，如若要挽救日本的国防危机和农村的穷困状况，除了扩大财政支出以外别无出路。

第五节　依靠经济民主化实现经济发展

一、第二次世界大战后的平等来自何处？

皮凯蒂一直强调战时体制对社会平等能够起到重大作用。即使在日本也有历史学家提出这种看法，他们指出战时总动员体制改变了地主—佃农、资本家—雇员之间原有的力量关系，结果产生了一代期望战争效应的大众，所以像近卫文磨那样的民粹主义者才会应运而生、左右逢源。总之，这是一种说明追求平等的昭和民主主义之所以最终归结到战争泥潭里去的历史观。

另外，支持日本高速发展的经济和社会体系框架早已在战时体制中产生的所谓“40 年体制”论在历史学家当中越来越具有权威性。

然而，政治学者福永文夫先生指出，在我们思索日本“战后”时，至关重要的是涉及根源问题的占领现状，应该充分认识占领直到终结的轨迹①。

美国的占领政策既是“初期对日方针”，美国政府在占领日本期间，给被任命为联合国盟军最高司令的道格拉斯·麦肯阿瑟下达的命令是占领“初期的基本指令”。波茨坦宣言主张通过日本政府进行统治，驻日盟军最高司令部（GHQ）认为，如果日本人一旦知道那个宣言是带有强迫接受的性质，那么直至将来都不会有接受的那一天，主张盟军必须在发挥日本的自主性前提下活动。

虽然麦肯阿瑟对占领国来说，是一个绝对的君主，但他同时又能够以改革者的姿态出现在人们面前。

理由之一，美国自从日美开战以后，精心制定的对日战后政策比预想还要早就接纳了那个已被各方承诺的波茨坦宣言，最终得到总统承认是 9 月 6 日，而麦肯阿瑟却占据天时地利，早就在此之前开始采取了一系列的对策。

理由之二，他与日本的精英人物交涉时，手中握有免除天皇责任、保留天皇

① 福永文夫：《占领日本的历史（1945 年—1952 年）》，中公新书 2015 年版。

制等讨价还价的交易材料。

理由之三，他分别使用联合国的远东委员会和华盛顿等两个权力，好处是可以利用那里产生的空隙游走其间。

此外，日本肩负战后重建的领导者们与驻日盟军最高司令部(GHQ)经过交涉，结果是日本《宪法》诞生于世，政治与经济实行改革。为麦肯阿瑟采取这种政策保驾护航的是那些被华盛顿放逐后追随驻日盟军最高司令部(GHQ)的社会民主主义者。

二、作为第二次世界大战前和战中补偿手段的民主主义

对"免除天皇责任、保留天皇制"这个麦肯阿瑟的施政王牌和日本国宪法草案进行比较衡量，之后制定出日本国宪法的是吉田茂。他既是一位具有乐观精神、适合担任战后百废待兴的领导者，也是一位时代造就出来的人物。

从他是时代为我们准备好的人物这个意义上来说，战前就有广田被选为首相的铺垫。广田之所以成为首相，完全是因为陆军反对吉田就任首相的缘故。广田是文官中唯一被宣告死刑的人，他以"免除天皇责任、保留天皇制"为代价，被推出来接受必须献出自己生命的命运。虽然关于广田的评传很多，但是城山三郎撰写的小说《落日燃烧》能够让读者感动的理由是因为书中描写了一个接受天赋命运之人的应有姿态。

战前广田弘毅就哀叹"自己可真是早生了50年"，也许他那时就已经准备好应付战后的形势了吧。反过来说，吉田等许多精英人物甚至完全没有连普通国民都会考虑周全的习惯。

为普通国民考虑行事，在战前被看作是"革命"行为。例如，安倍能成在战前以自由主义者的立场担任一个高中的校长职务，战后变成岩波书店出版的杂志《世界》创刊期的负责人代表，可以说他是一位无论战前与战后都始终如一坚信自由主义的人物。

然而，当这位安倍先生成为战后文部大臣时，在他与驻日盟军最高司令部(GHQ)的卡米特·R·戴克教育局长交涉的过程中，义正词严地表明拥护教育诏书的立场，并争辩说："教育诏书是伟大的文件，因为它本身的价值巨大，所以以前的教育诏书我希望保存下来。"

吉田茂在接受宪法草案时，即使觉察到"这下可送来了一个令人意想不到的

东西”，也并不奇怪。吉田认为战前与战时中的日本应有状态出现了短暂的脱节现象，他确实曾如此考虑过，但是在他与驻日盟军最高司令部（GHQ）的交涉过程中，立刻醒悟到必须考虑填上空白时期的缺失部分。

果然，美国的社会民主主义者们深思熟虑的政策具体是废止华族制度、天皇的象征意义、主权在民和土地改革等诸项内容。现在我们把这些摆在一起看看，竟然仿佛觉得他们是不是采用了革命家北一辉在其著作《国家改造案原理大纲》中提倡的政策。

驻日盟军最高司令部（GHQ）不仅指定了A级战犯，而且还把战争帮凶等人开除了公职，根据新宪法实施了首次承认女性选举权的总选举。当时议员中包括39名女议员在内，80%是第一次当选的新议员。

三、战后日本切身体验到经济平等的重要性

在日本战后重新发行放映的影片中，有一部叫做《史密斯游美京（Mr. Smith Goes to Washington）》的电影，这是1939年罗斯福新政时期拍摄制作、由法兰克·卡普拉（Frank Capra）导演的作品。故事主要是描述少年童子军（The Boy Scouts）队长杰夫·史密斯在毫不知情的情况下，突然代替已经死亡的、无耻的上院议员被推入政界，只身去华盛顿赴任，结果他亲眼目睹政界的腐败现象，因而单枪匹马勇敢奋斗的内容情节。

影片中那位连演说也一窍不通的男主角史密斯由詹姆斯·史都华（James Stewart）担纲出演，他在珍·阿瑟（Jean Arthur）饰演的女主角秘书的帮助下，发表一通长篇大论的演说，其间，哈里·凯利（Harry Carey）饰演的上院议长始终给予好意的关注维护，结果终于迫使腐败议员当场坦白。可以说这是一部礼赞民主主义的电影作品，在战后的日本得到民众的共鸣，深入人心，轰动一时。

电影评论家们也异口同声地赞叹“这才是美国的民主主义”，甚至有人认为“要想理解民主主义的真谛，绝不能错过这部电影”。

其实，这部影片战前也曾在日本上映过，直到日美开战的两个月前，当时的影评还主张可以从电影里面“看到美国民主主义的污点”。

在土地改革运动中，驻日美军最高司令部（GHQ）推翻了日本政府提出的初步方案，即土改对象只适用于拥有50町（1町＝99.18亩）以上的大地主，然后他

们从美国请来农业专家研究讨论有关方案内容，最终决定，在日本本土范围内，凡是拥有1町以上的地主都被列为土改对象。从租种率来看，可以说他们的方案是一个把46%的租种率降低到10%的过激产物。

总之，担此大任的是战前就一直提倡土地改革的所谓革新官僚、曾在吉田内阁出任农业大臣的和田博雄。吉田首相虽然认为这项土改政策与自己的脾气秉性格格不入，但还是给予了和田制定政策的自由权限。

土地改革就像掀开屋顶一样给佃农们带来了光明和希望。新宪法赋予民众在“法的面前人人平等”的权利，不过人们必须经过在战后忍受艰苦生活、获得原始体验的过程中才能真正认识到它的含义。那种生活就是战后在通货膨胀的凄风苦雨中，无论人们手中有1件衣服，还是10件衣服，都是微不足道的。

有关面向农民实施的土地改革政策，或者面向工人制定的劳动三法等这些法律政策问世的意义，我们认为必须结合当时人们亲身经历的那种原始体验加以理解认识。总之，在战后的这个时期，日本人被置身于经济上平等的社会环境，取得了宝贵的经验①。

当时肩负制定宪法和土改政策的吉田茂首相以国会法为中心，通过了一系列数量庞大的“战后法案”，劳动法和教育基本法也应运而生。后来吉田首相在谈到有关教育基本法时，曾评价指出本法案的宗旨以“尊重人权和教育机会均等”为主，从社会常识的角度来看，可以说这是一部体现民主主义国家教育姿态的出色法案②。

四、解散财阀、制定证券交易法旨在实现证券民主主义

在战争结束后的第三天，即8月17日，三井总公司召开了讨论战后事业委员会会议。这是因为他们当时觉察到：其一，由于战败，可以抓住机会，回归三井一向擅长的和平产业领域；其二，即使在战争期间公司也一直被军部视为和平主义者或者亲英美派受到排挤，所以基于上述两点理由，他们以为三井公司继续存在下去应该不成问题。

---

① 高桥琢磨：《欲望、消费、广告》，被编入《电通公司大奖赛获奖论文集》，1966年出版。

② 吉田茂回忆录《回顾十年第二卷》，新潮社1957年版。

然而，9月22日驻日盟军最高司令部（GHQ）发表了“初期对日方针”，上面明文规定“应该支持针对一直以来支配大部分日本工商产业以及金融行业的大企业公司制定的解散计划”。由此可见，财阀解散也是战败当初盟军早已锁定的目标。

尽管三井的干部们在交涉过程中提出是否能够通过公司改革避免解散的条件，但是最终没能驳倒财阀的存在容易带来导致日本走向军国主义道路的经济结构这种理论“方针”，结果不仅四大财阀，就连新兴财阀也被命令解散，与此同时他们的家族经营者也被赶出了公司①。

曾几何时，吉田茂首相位于大矶街道的住宅隔着国道1号线与三井八郎右卫门高栋的城山庄遥相对峙，如今吉田茂家的旧宅地已经被并入到神奈川县立城山公园的一部分。事实上，自战争结束前的1944年起，吉田茂首相就开始迁居到这里，高栋晚年也一直生活在城山庄内，有关三井总公司解散的决定，他也是在这里亲自听取长子公高汇报的。无独有偶，解散财阀的法案又是在吉田出任首相时签字生效的。后来吉田住宅被烧毁，现在神奈川县开始计划重建他的故居。

解散财阀旨在为实现经济民主化铺平道路，这个外科手术刚结束，反垄断法就随之而来。与反垄断法相提并论的经济民主化手段还有政府引进的证券交易法。因解散财阀而被抛出的股份都零散地卖给了个人投资家。财阀家族原来持有的股份则以公司雇员为中心，广为大众所有，结果1949年末个人持有股份的比率竟然大约达到70%的水平。

信奉罗斯福新政的社会民主主义者们凭借这种法律程序系统有备而来，跟随日本经济复兴、快速增长的脚步并亲自参与实践，具体通过资产不断增加的证券市场，亲自验证增长参与型的民主资本主义理论。可以说这种做法正是他们标榜的“证券民主主义”。

皮凯蒂曾毫不客气地指出，1981年由于法国的社会主义者和共产主义者联盟许诺重要部门保持国有化不变，从而获得超过半数的选票，可是到1986年自由主义党派却开始实行民营化，然而他们的行动不过是昙花一现而已。笔者在采访当时作为政策负责人之一的皮埃尔·贝雷戈瓦（Pierre Bérégovoy）财政大

① 细谷正宏编写：《驻日盟军最高司令部（GHQ）占领日本的历史—财阀解散》，日本图书中心1999年版。

臣之际，听到了如下说明：

在法国，虽然是富裕家族支配企业，但是从设法保护家产的意识上来说，也存在消极投资的倾向。于是乎我们向日本学习解散财阀的经验，先将这些企业收归国有，再通过其后的民营化让广大国民拥有股份，希望收获经济民主化和经济增长的双重果实。

五、让1亿人成为中产阶层的意识有利于社会平等发展

由于自战前以来的多数经营者都被赶出了公司组织，所以造成经营市场上的人才枯竭，高管的位置只好从公司雇员中提拔补上空缺。鉴于这种情形，公司雇员与新诞生的经营者之间就形成了一种联盟关系。

但是，这种联盟关系的建立需要条件。因为战后成立的工会组织所具有的特征是，他们不仅拥有蓝领劳动者，还演变成了一个涵盖白领职员范畴的企业内群众团体。然而，由于共产党领导下的工会团体时常举行总罢工等运动，我们也能从中看到劳动争斗掀起的狂风巨浪和工会运动的过激行为。

其后不久，随着美苏之间的冷战结构日益分明，驻日盟军的占领政策轴心也从推行经济民主化转移到更加重视经济复兴方面上来，采取清除共产党派系的团体组织等方式，结果企业内工会组织和公司利用者在一定条件下进行合作的体制自此产生。

在“春斗”刚刚兴起的1955年，因为工会组织在加薪交涉方面拥有强大的压迫力，所以他们跟公司缔结了在生产率上升的框架内相应增加工资的协定，此后按照工龄在中央统一决定的工资比价与市场行情之间取中间值的加薪模式得以确定下来。

几乎在同一时期，金融资本市场在战后不久引进证券交易法、垄断禁止法等一系列法规建立起来的自由市场制度也出现衰退迹象，只剩下与股份交易有关的业务形式还在勉强支撑，结果我们看到，以银行为中心掌管市场份额的间接金融体制后来居上处于优势地位。

在这个意义上，所谓具有战后特征的制度，如果按照政治世界里的习惯来说，同样可以叫做自由市场和计划市场加以折中后所形成的劳动·金融资本市场“55年体制”。因为这种情况与当时由两个政党通过保守联合方式诞生的执政党、自由民主党（保守联合指1955年11月15日日本两大保守政党，即自由党

和日本民主党合并成立自由民主党）和重新统一的在野党、日本社会党形成这两大政党体制的政局同出一辙。

这个劳动、金融资本市场的“55 年体制”，归根结底就是公司也要对蓝领劳动者进行人力资本投资，只有自下而上都以提高生产率为目标的日本式人事管理模式，才能在经济从高度增长过渡到稳定增长的整个期间，为社会打下“平等发展”的基础。

在这种情况下诞生的就是被人们称之为“1 亿人都具有中产阶层意识的社会”。据 20 世纪 80 年代后半叶的国民生活基础调查结果得知，对有关生活状况回答“普通”的人数超过 50％。经济学者村上泰亮先生在论述“新中间大众”时指出，单纯根据美国的民主主义和收入的再分配效果是无法说明这个现象的[①]。

古典马克思主义认为资本主义模式的产业社会是由资产阶级和工人阶级组成的阶级社会，然而，村上泰亮先生却主张，在现代日本社会的条件下，由于教育、文化和经济的发展，社会阶级乃至阶层的界限相互模糊，一个具有“中产阶层意识”的社会从此登上历史舞台。

村上先生还高度评价官僚的作用，指出把产业化＝近代化当作一个“家庭”的“功能组织”，抓住时机加以扩充、扩大，当这个“家庭”最终化做一张巨大的网络形成一个国家时，再接再厉统治整个网络组织的就是官僚阶层。

第六节　劳动市场的双重结构和生活的两极分化

一、日本的产业来自对美国的憧憬

村上先生描述的“扩大化的家庭组织”，不过是当时正置身于工业化的时代潮流，在日本社会奋起直追的过程中吻合了发展的需求而已。如今时代开始向“智能创新和信息化社会”转型，在冷战结束后的世界日新月异不断发展的进程中，这个“家庭组织”反而会束缚住我们前进的手脚。事实上，1990 年泡沫经济的崩溃就已经给我们敲响了原有产业需要转型的警钟。

---

① 村上泰亮：《新中间大众的时代》，1984 年版。

但是，当时产业界还陶醉于“日本经济是世界第一”的美梦里，而在前一年的1989年劳动界才刚刚成立全国总工会，实现了空前的大团结，鉴于这种情况，所有人都对那个警钟充耳不闻。之后的日本，宁可精简公司的就业人员也要拼命维持村上先生称之为“家庭”的经济组织。结果在这种新常态下，竟然出现高达2 000万人的非正规就业大军。

恰逢此时，皮凯蒂出版了《21世纪资本论》，竟然让我们感到书中散发着作者对社会主义和20世纪大跃进时代的一缕乡愁。那种情绪总是让我们日本人回忆起战后驻日美军最高司令部(GHQ)主导的那场改革运动。

当然，笔者还有其他理由不赞成战后日本社会的基础建立于战争期间的学说，因为本人认为战后支撑日本社会的家电、汽车等两大产业都是在向往美国式生活的过程中衍生出来的产物。

曾经担任静冈县知事的川胜平太出版发行过一本著作，书名为《日本的文明与近代西洋》。他在书中展开了一系列的论述，主张英国发生的产业革命是他们对东洋的物产，尤其是对印度生产的平纹细白布充满向往的过程中诞生出来的。总之，因为心向往之，英国才能够成功地把印度手工制作的平纹细白布转换为机械化生产，终于制造出价格便宜的棉布来。

其实，川胜知事的论点倒是契合了日本发展家电产业和汽车产业的初期发展阶段。1959年，在里查德·尼克松副总统和尼基塔·赫鲁晓夫苏联共产党第一书记之间发生的“厨房争论”，本质上就是两国领导人攀比各自国家的富有。

尼克松曾在展览美国郊外住宅的会场举行过一场题为《对我们来说，自由意味着什么?》的演说，在演讲过程中他列举美国有5 600万人拥有汽车、5 000万人拥有电视机的事例，强调这种远远领先于他国的高水平消费具有重要意义，以此来论证资本主义的优越性。

当时美国流行的电视剧有《我爱露茜》、《爸爸什么都知道》和《我的妈妈世界第一》等节目。这些剧目在日本也同时播出，许多人都是怀着憧憬的心情窥见到美国家庭生活的一斑。于是乎把这种憧憬通过价廉物美的产品制造出来的是日本的家电公司和汽车公司。

这种结果导致战后日本亦步亦趋地追逐美国那种一家几口住在郊外独栋楼房的消费生活方式。而且日本人总是想要模仿美国中产阶层定义的那种民主主义方程式，即郊外住宅是自己的城堡，个人只有从家务劳动中解放出来，开着汽车兜风才是自由和平等的象征。

日本战前的工薪阶层并不执著于自己有无房地产。可是战后，他们热衷仿效美国的“房地产民主主义”，现在日本已经与美国和澳大利亚持平，成为个人拥有房地产比率很高的国家之一。然而，日本郊外建造的独栋住宅除了没有美国的住宅面积大以外，我们还可以从中看到属性非常独特的元素。总之，他们的住房即使没有象山县家族或者三井家那样的庭园，但是都顽固地坚持新建独栋住宅一定要带一个小院落。

这种现象也许是受到超乎寻常地保护土地所有权的明治维新以及后来土地改革运动导致大量地主出现的副作用影响的结果吧。此外，即便当崭新的住宅遭到破坏时，但是二手房却偏偏因为买者的固执己见往往在流通市场上不能顺利销售出去，每当看到这些状况总是令人觉得匪夷所思。

笔者尚记得前往华盛顿访问布鲁金斯研究所（The Brookings Institution）拜访在公共选择理论领域（public choice theory）被誉为开拓者之一的安东尼·唐斯（Anthony Downs）的时间正是20世纪70年代的初叶。当时美国刚提出兴建私人住宅，每套新居马上就出现多达5倍以上的买主争先搬迁的现象。换言之，维持美国社会人口流动的是二手房流通市场，所以新建住宅不过只是起到刺激人口流动的作用而已。在美国社会发生迁居现象的过程中，也能够库存一些提供给低收入阶层的住宅。其实有关这种住宅所蕴含的强大活力实在是一个令人感兴趣的研究领域。

当时，人们都说如果民主党执政的话，唐斯肯定会被任命为城市住宅开发部的长官吧。唐斯在访谈中指出：“我认为所谓住宅问题纯粹属于国内问题。日本人为什么会关注美国的住宅问题？对此我也深感兴趣。”这番话点明了他接受当时还是初出茅庐的笔者进行采访的动机。

谈到有关对美国住宅政策的学术研究，大致可划分为制度（法制）研究、围绕政策决定过程的研究和计划研究等几个领域。当时因为唐斯与同事阿隆共同主持的有关政策提议和制定房租补助制度等活动都属于计划研究领域，所以人们对他提出的“公正分配”“费用的效率性”“个人选择居住的自由”以及“改善现有库存的住房”四点建议寄予了殷切的期待。

唐斯指出：“公正的概念在实施属于公共政策范畴的住宅政策方面，近年越来越受到人们的重视。”他似乎认为“市场的失败”比“政府的失败”惹出的问题会更少一些。

相比之下，日本连准许迁居的住宅政策里也看不到在建设与自然之间实现整合性的城乡土地开发计划。那位曾更换掉明治维新以来的河川治理政策，对世界的河川治理政策给予过重大影响，并于 2015 年荣获日本国际大奖的高桥裕先生指出："日本的住宅历来都分布在无法修建的地方。"

在日本的房地产交易当中，二手房的比例总是停滞在 15%的水平线上。因此像美国那样每建造一栋住宅就有 5 户人家要迁居、即二手房的流通比率高达 80%的事态是不会发生的，而且现实是全国只会出现闲置房产现象，其数量居然累计增加到现在的 820 万户（据总务省 2015 年 1 月统计）。当初，出于人们对美国的憧憬而衍生出来的日本产业，也在事关房地产领域一直处于无力拨乱反正的状态下迎来了今天的局面。

然而，即使在正宗本家的美国也正如约瑟夫·斯蒂格利茨（Joseph Eugene Stiglitz）指出的那样，本来应该按照"岭上之国"的计划方案建造的住宅，结果却变成了另外一种东西。提倡保守主义的里根在就任州知事的期间，加利福尼亚州有一份企图禁止黑人进入白人居住区的"歧视黑人权利"文件以 14 号提案的方式被提交了上来。但是，尽管他们拥有里根总统这个大靠山，最终也没能在全国范围让 14 号案通过实施。

于是乎，从中衍生出来的就是根据人种和贫富程度等条件，采用"生物种群隔离饲养"的手段使之缩小化的模式，所以他们按照"岭上之国"的计划方案建设的是那种门禁社区（Gated community）。而位于这种社区相反极端一侧的则是即使收容人数按人口比例计算也堪称世界第一的监狱设施[①]。

二、面积狭小的国土比机会均等更青睐于结果平等

冷战结束后的世界所面临的现实是，以美国的状况为例来说，人们总是超乎寻常地去适应"智能创新和信息化社会"，不断通过驱使金融、IT 技术的手段推进全球化的进程。这个结果表明，即使日本也在美国资本牵引下的全球化进展过程中，开始积极地起来呐喊机会均等、后果自负等口号。

事实上，尽管同样是机会均等、后果自负，但因为日本人对美国的消费生活和房地产民主主义曾经怀有向往之心，所以他们理应对这个概念有着截然不同

① 渡边靖著《美国的民主主义之反论》，岩波新书，2010 年出版。

的认知。虽然法国学者皮凯蒂在《21世纪资本论》中主张，一旦认识到这个口号存在不平等的因素，我们就应该即刻万众一心努力纠正过来，但是美国学者曼昆却对此予以驳斥，其实日本人的看法与他异乎寻常地顽固坚信美国人都能够享受到机会均等的见解是同出一辙的。在这点上，日本人的想法类似欧洲大陆人的思维方式。

这种认知上的不同取决于人们对于机会均等具有怎样的信念和见解而定，法律保证机会均等固然重要，但问题是我们在现实当中是否随时能够意识到它的存在呢？

例如，每当人们寻问贫困的理由时，60％的美国人都会回答“那是因为努力不够”，而70％的德国人却回答“那是因为社会性因素”。71％的美国人相信“应该能够摆脱贫困”，但具有同样想法的欧洲人却停留在40％的水平线上。人们都认为机会均等很重要，不过当他们发现这种机会均等没有变成现实时，对所得分配的希求就会变得越来越强烈①。

皮凯蒂也曾指出：“美国例外论难道不是一种梦幻吗？”他本人就是在拒绝麻省理工学院（MIT）的副教授职位，丢掉美国梦后返回欧洲的。由此可见，如何认识机会均等的问题，关键在于我们自身如何看待美国梦的问题。

于1776年议会决议通过的美国独立宣言是一部以与英国诀别的方式贯彻实施的权利自主宣言。众所周知，约翰·洛克（John Locke）珍视为不可侵犯的权利而提出的“包括生命、自由、财产的权利”等词句，托马斯·杰弗逊（Thomas Jefferson）在这里改写成“追求生命、自由、幸福的权利”。

这部美国独立宣言站在国家水平的高度给予大众充满梦想希望的行为赋予了某种价值，已经成为一部对我们了解美国起源具有重要意义的文献。只要人们懂得充分运用均等赋予的机会，正如本杰明·富兰克林（Benjamin Franklin）所说，勤奋劳动、节约、储蓄，这样天天坚持努力的话，不论是谁都会被认为是一个能够取得成功的人，其实这些行动本身就蕴含着美国梦的思想在内。如斯，美国梦当仁不让地成为一道体现个人愿望和美国人归属意识中的亮丽风景线。

最近，这样的乐观主义思想在中产阶层濒临危机之际，虽然有越来越多的人认识到一味追求物质上的丰富并不是人类的终极梦想，但是美国人仍然牢牢地

---

① 克劳地亚.仙尼（Claudia Senik）著《收入分配与主观幸福》，经合组织出版社，2009年出版。

抓住美国梦之心不放。

所谓"自由"与"平等"的关系，这里借用一句亚洲荣获诺贝尔经济学奖第一人、印度学者阿马蒂亚·库马尔·森(Amartya Sen)教授讲的话来说，两者是一种彼此相互矛盾的概念搭配。在美国这两个概念之所以能够被人们一致接受，是因为他们那里至今还保留着开拓者的文化传统。

于1992年拍摄制作的美国电影《远离家园(Far and Away)》以19世纪末叶真实发生的奥克拉荷马·移民浪潮(Oklahoma-Land Rush, Land Run。在政府解除移民禁令的奥克拉荷马当地出现白人开拓者蜂拥而至的现象)事件为题材创作的，这部影片的高潮部分是一对白人男女并排站立在一条横线之上，准备争抢一块从原住民手中掠夺来的土地等场景。

男女主人公并排站立在这条横线上的地方象征着"机会均等"，不过如果是在规则允许的范围内，也包括可以多少使用一些阴谋手段的意思。可以说在这里主人公充满能够得到土地的梦想比什么都重要。因此只要他们那里还有美国梦出没，"自由"与"平等"之间就不会产生矛盾。

在美国，"机会均等"被视为社会的规范，而日本不管从哪方面来说总是立志于"结果平等"。为什么会出现这种现象？我们可以在了解当地社会的初期发展阶段和规范的基础上，思考一下那里所面临的背景环境。

例如，假设这里有A和B两个人，A决心把自己的汽车卖给B。如果A和B都诚心买卖的话，两人各自都能盈利2万日元。可是，如果他们其中一人在交易当中欺骗对方，骗者就会盈利3万日元，而被骗者要亏损2万日元。

事实上，A并不确定B在交易过程中打算诚实买卖还是欺骗对方。总之，从A的立场出发来考虑，假如自己在交易中欺骗对方，而对方却诚实交易，结果会盈利3万日元，如果A同时也被B欺骗的情况下，就会发现亏损比自己诚实交易时还要少。鉴于这种情形，于是A必然决定欺骗对方。

同理从B的立场来看，也可以得出相同的结论，结果A和B自然在交易中都会选择欺骗对方(−1,−1)。这种思维方式能够依据数学方法掌握集团处于利害双方对立状态下的行动趋避。要是把玩游戏机之人的行动样式都规定为某种模式，可以说约束个人行动的法则就是所谓涉及纳什均衡点(Nash equilibrium)的理论(参见表2)。

表 2　具有欺骗性质的交易

甲方

	欺骗	正常交易
	(−1,−1)	(3,−2)
	(−2,3)	(2,2)
(诚实交易)	(−2,3)	(2,2)

这个理论所具有的含义是，如果不排除欺骗的可能性，谁也领不到交易红包[①]。为了回避相互欺骗达成市场交易目的，日美两国迄今为止到底花费了怎样的心思呢?

在国土面积广大、移民立国的美国，人们多数并不了解交易过程中遇见的对手底细。于是鉴于这种事态，当事人提出了信息公开的要求，为了让竞争各方遵守同一游戏规则条件，彼此站在对等立场上缔结买卖契约，达到交易目的，他们根据《反托拉斯法》的规定，设置强者也不得例外的交易竞争条件(如同电影中的脚下那条横线)等游戏规则，孜孜不倦地精心打造能够进行真诚交易的活动舞台。

毋庸置疑，这个交易世界为对那些不遵守合同或者破坏游戏规则的人加以制裁所建立的法律系统也是规模庞大的。可以说支撑这个法律系统的核心价值观就是"机会均等"原则。

在地球另一侧的日本，比邻而居的人们在这个岛国上天天过着低头不见抬头见的日子，即便欺骗对方赚到一笔钱财，但下次还得去跟人家继续做买卖，否则只能关门大吉。鉴于这种情况，当然每个人都深切地懂得彼此坦诚交易最终皆大欢喜的道理。

实际上，像图表上看到的那种交易游戏，一旦被重复进行，也可以得出诚实交易是基本原则的答案。在此人们尊重的竞争精神就是放眼未来共生双赢，最终避免不平等的结果。

总之，假若双方互相信赖的话，信息公开就不会受到人们的过度关注。而且对背信弃义的人来说，等待他的是从所在社会集团中被赶出去的命运。在这种

---

① 罗伯特·阿克塞尔罗(Robert M. Axelrod):《交流方式里的科学—从细菌到国际关系》，密涅瓦书房(MINERVASHOBO)1998 年版。

情况下，不赞同像美国那样轻易就为败者举办复活赛的人肯定会越来越多。

三、与新兴国家进行薪金竞争的结果造成劳动者就业非正规化

基于基尼系数在日本国内显示的上升结果，证明大竹先生关于收入不平等在20世纪90年代出现扩大化现象，其实是老龄化日益严重所呈现出来的虚像，看起来当年那场起源于大竹文雄与桔木俊诏围绕日本的不平等问题所展开的广泛讨论，至此业已得出结论，落下帷幕[①]。总之，可以说日本出现收入不平等的扩大化不过是人们的幻想而已。

的确，由于社会进入领取养老金的时代，所以退休者的收入水平自然要下降，这种情况与年富力强的劳动者相比，也许他们之间至多只存在这个收入差距吧。然而，大竹先生在某种程度上表示忧虑正规雇用者与非正规雇用者之间存在收入差距(根据劳动市场的"分配"产生的收入不平等)的扩大化现象，难道不是应该值得我们高度重视的问题吗？其理由是因为当日本企业被置身于新形势下的国际竞争环境时，他们的运营方式并不是谋求提升生产率的正道，而是通过把天平重心大幅度倾斜到削减总工资成本等资本一方的方式引起的反馈。

其结果，根据日生基础研究所的调查报告得知，2014年第四季度劳动报酬在企业创造的附加值中所占的比例，即"劳动分配率"为60.4%，跌至过去20年来的最低谷。

事情还远不止于此。长期以来一直支撑高度增长时代的平等社会，即村上先生称之为"家"的企业居然精简"家庭"成员，宁可采取把非正规职员赶出"家"门的雷霆手段，也仍然竭力维持着这个原则上的"家"。

至于从那里被驱逐出来的人，通过就业结构基础调查的数据显示，2012年当时的短期临时工、长期临时工以及派遣职员和合同工等"非正式就业者"人数首次突破2 000万大关，高达2 043万人，占劳动者总数的38.2%。虽然在劳动力调查时得出的数值稍微低一点，但是我们看到从20世纪90年代后半叶开始到21世纪初叶，非正规职工人数历经急剧增长的阶段之后，依然缓慢地在扩大，据不完全统计数据显示，2014年为2 003万人，比前一年增加38万人，占劳动者总数的36.7%，达到过去以来的最高水平(见图3)。

---

① 大竹文雄：《日本的不平等》，日本经济新闻社2005年版。

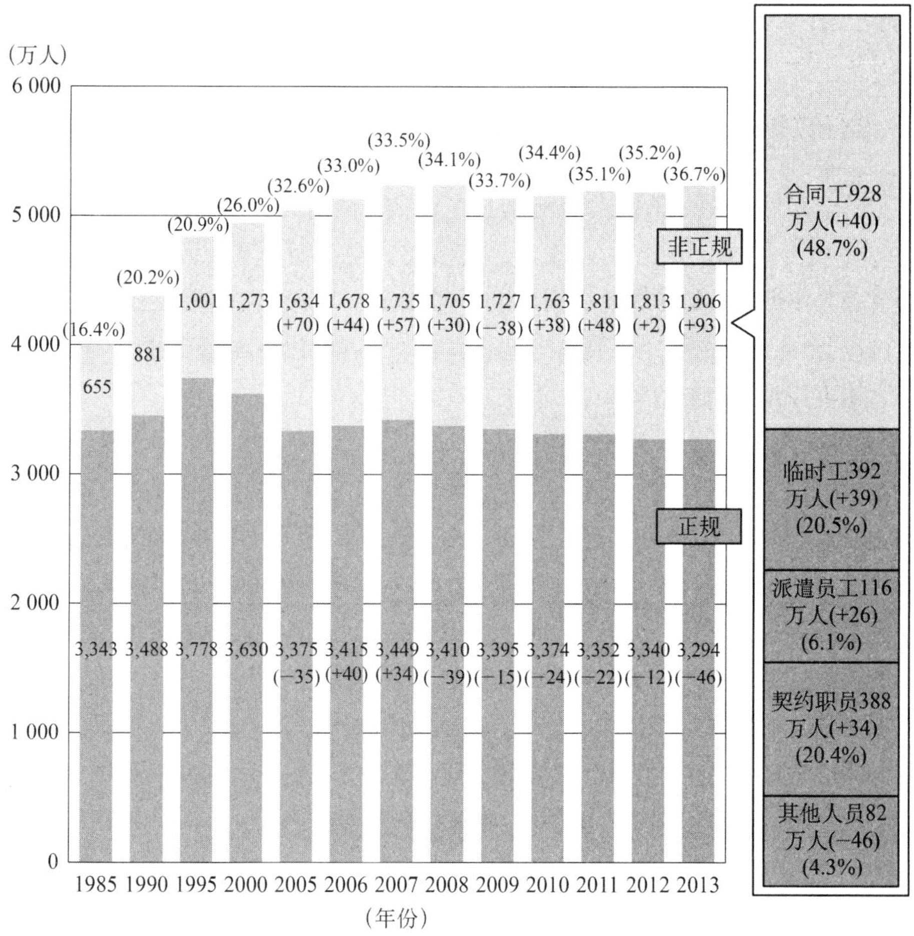

图 3　超过 200 万人的非正规就业者

资料来源：根据日本国总务省劳动力调查。

从产业类别来看一下非正规就业所占比率的情况，我们就会发现旅馆住宿业・餐饮业占 74%，生活系列・娱乐产业占 53%，批发・零售业占 48%等服务行业的比率较高。这是因为日本的产业结构向多数采用长期临时工的服务行业转型的结果。本来，即使在服务行业里，像旅馆住宿业那样受季节因素影响很大的地方，似乎可以说采用非正规就业人员也无可非议，但是许多场合，业界习惯还是其中的主要原因。

其他业界之所以也增加很多非正规员工，是因为相对来说他们的工资较低，可以在规定的期间内雇用，由于能够根据公司景气调整员工需求，结果在很大程度上导致各企业公司以年轻人为中心积极推广职工非正规化的现状。

正如八代尚宏先生指出的那样，非正规就业增加的结果，不仅含有削减劳务费的目的，还意味着公司在商务活动的周期性循环过程中总是利用这个就业制度达到自我调节的目的[①]。我们可从就业结构调查中证实这种情况，统计结果显示，在最近5年中曾经是正式职工的人在调换工作时流入非正规就业大军的比率是40%，由此可见，这5年已经超过上一个5年的36%，转为上升趋势，但在最近5年里非正规职工在调换工作上还是占非正规就业人员的24%，而上个5年里是27%的事实也可得到证实。

东洋经济网站（2015年2月25日发送）根据2014年度上市企业的非正规雇员录用率，按照高低顺序发表了前500家企业排名榜。如果把这些排名榜企业的非正规雇员录用率加权平均计算的话，得数约为45%，看来比全国的平均值还要高。从这个事实可知公司员工的非正规化也契合大企业公司的劳动需求。

皮凯蒂也指出技术进步是以节约劳动的形式不断进行的。因为当美国式的企业运营不断进展时，劳动分配率就会随之下降，所以在面临与新兴国家进行工资竞争感到压力的过程中，劳动者就分化成了企业之"家"的成员、正规雇用者和被"家"里驱逐出去的非正规雇用者。

四、各种制度体系都在榨取年轻人

正规就业者与非正规就业者之间的"差距"，首先明显地体现在报酬、工资比率上的"差距"方面。如果按照就业形态类别描绘劳动者的年龄段报酬、工资曲线的话，正规就业者的报酬在年功序列就业制度条件下，50岁到55岁之间的人正好处于曲线的顶端，与此相反，按小时计酬劳动的非正规就业者的工资曲线却一直呈横向延伸，维持在低水平的位置上（见图4）。

据劳动力调查统计结果得知，2011年度日本的非正规就业者为1 729万人，其中详细分类是：高龄者（55岁以上）为620万人、学生为119万人、其他做临时工的女性（即从事长期、短期临时工工作的女性是户主的配偶者）为432万人，总共有1 171万人，占所谓就业弱者的半数多。

---

① 八代尚宏：《打破日本的雇用惯例》，日本经济新闻出版社2015年出版。

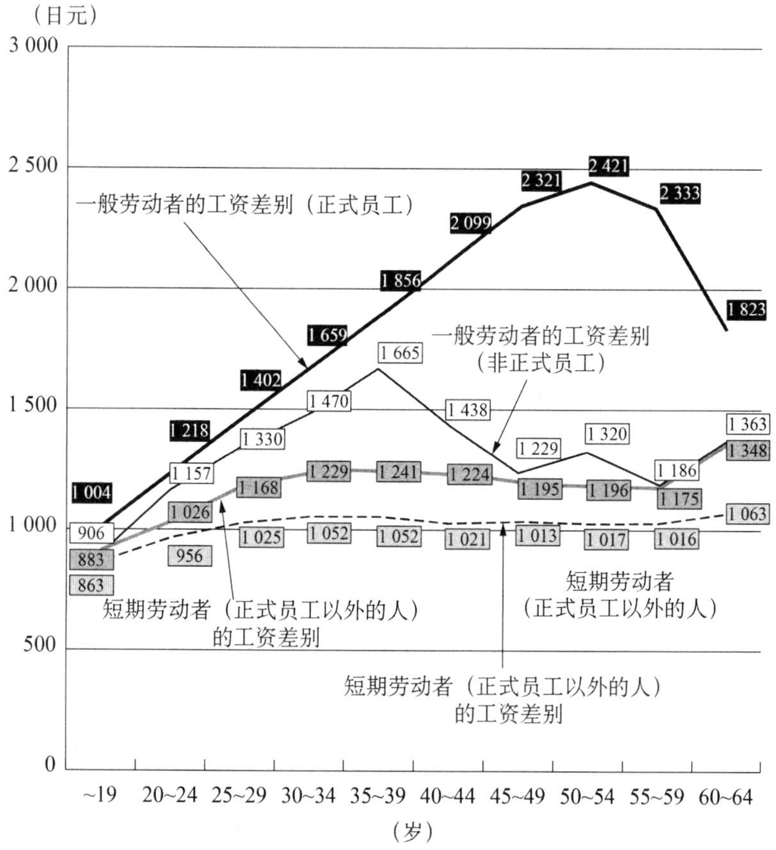

图 4　劳动者的工资差别(以雇用形态为基础)

资料来源：根据 2012 年厚生劳动省《工资结构基本统计调查》做成。

然而，年轻的自由职业者尚有 348 万人，再加上 35—45 岁的大龄自由职业者 210 万人，总人数一共有 558 万人，我们从这些数据中可以看到年轻人适逢就职冰河期，得不到公司的正式录用，就一直被置身于那样的状况当中耽搁下来，结果带给他们的是在包括学历、企业、年龄和性别在内的这种终身雇用体系下所体现出来的僵硬性伤害。

在正规就业者和非正规就业者之间，仅仅工资就有这么大的差距，加上半数非正规就业者还要面临着 3 年以内的短期就业等现实状况，如果这种不平等千真万确的话，那么拥有如此之多的人正在期待正规就业也就是理所应当的了。

根据 2013 年的劳动力调查统计，单纯由于没有机会能够以正规员工的身份参加工作，而依靠非正规就业劳动的人，总之，不得已成为非正规就业者的比例是19.2%，尤其是25—34岁的年轻人在其中所占的比例高达30.3%。此外，还有一部分放弃找工作的年轻尼特族至今的处境依然如故。在15—34岁的年轻人当中该类人占2.3%。

劳动政策研究研修机构的滨口桂一郎先生表示，就职活动在日本之所以看起来异常兴盛热闹，是因为人人都希望住进村上先生所说的"家"里，总而言之这是一种获得会员资格的竞争①。换言之，他们就是要把属于"家"中成员的正规雇用者和其他非正规雇用者区分开来。

日本的正规、非正规就业之间的差距被认为是经济合作与发展组织(OECD)成员国当中最严重的，经济合作与发展组织(OECD)指出这点正是日本就业制度存在的最大问题。曾在美国乔治・沃克・布什政府担任经济咨询委员长的保守派罗伯特・格林・霍伯德(Robert Glenn Hubbard)也主张日本的当务之急是完成财政重建的任务，但是要警惕不能因为财政紧缩而破坏劳动市场的弹性，并且应该援引结构体制改革模式。尤其重要的是改革劳动市场的双重结构和减轻法人税的增值税率②。

村上先生提出的"家"概念涉及日本社会的各个方面。当55年体制开始启动的时候，就是为了让生产率较高的部门通过春斗获得的工资成果在某种程度上润泽到日本的经济生活当中。

政府采取的措施有针对农村维持价格不变的政策，以及面向服务行业，例如准许理发美容师在当地经营联合企业。正因为如此，日本社会才有了稳定发展的环境。

总而言之，当时广义上的春斗运动为了把被定义为极限阶层、即贫困劳动者从社会上消灭干净，的确是采取了一系列相应的措施。

理发美容师工会之所以能够一直把联合企业持续经营下去，就是因为他们坚持认为即便是为了保护既得权益，改革规章制度也是利大于弊的。然而，这种规章制度的改革也正如皮凯蒂指出的那样，确实是缩手缩脚、太小家子气了。当今工会旨在维持年功序列工资体系，并且压低年轻人工资而举行的"冒牌春斗"才应该成为改革规章制度的核心课题。

---

① 滨口桂一郎：《年轻人与劳动》，中央公论新社2013年版。

② 罗伯特・格林・哈伯特(Robert Glenn Hubbart)的论文，发表在《日本经济新闻》2015年1月9日晨报。

压制年轻人的劳动报酬正是导致他们不能结婚、不能要孩子、少子化以及通货紧缩现象等恶性循环的罪魁祸首。如今日本社会依然沿袭着那种顽固不化的僵硬思想，认为应该回到或者能够回到过去所谓“家”的全盛时代去，可以说这种行为实在是太没有责任心了。

五、“1.0 赚钱模式”正在被时代抛弃

在日本，迄今为止男子外出劳动，女子守护家庭这种“1.0 赚钱模式”一直受到推崇，并把这种模式设定为标准家庭，财务省在所得税领域、厚生劳动省在养老保险金以及健康医疗保险金等领域都采取了一系列措施优待专业主妇，即使在政策制度方面也给予大力支持。然而，尽管在“1.0 赚钱模式”普遍存在的欧美各国，也一直在探索它与现实相互妥协的方法，为此他们在制度方面做出了一系列的变更。而日本却对这项工作漫不经心得实在是太久了。

“夫妇与两个孩子”这种标准家庭出现在正式统计报告上的时间是 1969 年。“夫妇与两个孩子”家庭的比率达到峰值的时间是 1975 年，当时的百分比为 42.5%，之后一直持续减少。总之，就拿妻子是专业主妇的家庭来说，我们如果在 2013 年度统计的非农业家庭当中查看一下有专业主妇的家庭的话，就会发现双职工家庭有 1 065 万户，夫妻都做短时间工作的家庭有 89 万户，这个数据大大超过了 745 万妻子是专业主妇的家庭户数，事实上，在 20 世纪 90 年代，自从双职工与专业主妇这两者的数量关系发生逆转以来，中间差距就越来越大（见图 5）。

所谓“1.0 赚钱模式”泛指日本高度增长时代的标准家庭。自从高速增长时代起历经冷战结束，一直到泡沫经济崩溃的 1990 年左右为止，占 97%—98%的绝大部分年轻人都会结婚，组建新的家庭。他们当中大多数人是从乡村迁居到城市的，离开父母单独成家立业。因为所有人都认为即使自己很贫穷，但在经济高度发展的年代里两个人也能生活下去，所以在这个社会背景下就自然而然地形成了核心家庭的模式。这些新家庭的诞生刺激了住宅建设和消费的发展，可以说是支撑经济高度增长的主力军。

当时，由于离婚率也很低，所谓“标准家庭”因此一直被维持下来。正因为“1.0 赚钱模式”是家庭的经济模式，所以这种模式也是制定养老金制度，乃至所得税制度（即纳税人的妻子没有收入或者收入很少的场合，政府要从纳税人的总

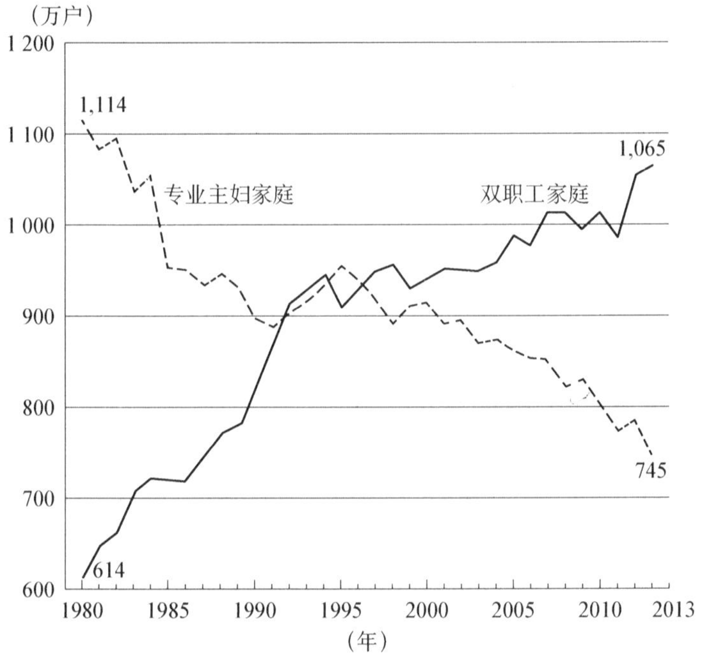

图 5　丧失标准家庭已久的专业主妇家庭

资料来源：根据劳动政策研究和研修机构的资料做成。

收入金额中扣除人为规定拨给配偶者的免税部分之后再课税的制度）的基础。

之后，尽管“1.0 赚钱模式”在 1980 年占到总家庭数量的 31.5%，但是到 2013 年时却减少到 14.9%，与 21.3%的“2.0 赚钱模式”相比，看来前者的数量跌至后者的 7 成左右。妻子是专业主妇的家庭之所以没有增加，是因为家庭成员有两个人以上的劳动收入在 1997 年达到峰值以后连年减少，2014 年为 508 万，直接回落到了 20 世纪 80 年代后半叶的水平①。

这种情况与美国出现的现象完全一样。由此可见，即使美国也不例外，我们如果查看一下根据年龄段统计的工资收入记录，就会发现年轻人的工资明显不如上一代人的高。此外，日本的“1.0 赚钱模式”也同样丧失了本来的功能效果。

尽管双职工的家庭正在增加，但是“2.0 赚钱模式”的比率却总是徘徊在 20%以上不到 30%之间，究其原因可知是独身家庭持续增多的结果。然而，关

① 樋口美雄：《适合时代要求的日本就业战略》，被编入财团法人综合研究开发机构（NIRA）编写的《从长远的观点看待雇用政策》一书，2010 年出版。

于那些独身家庭，我们也看到独身女性的家庭，由于从事劳动的人占32%，65岁以上的人占52%，所以贫困比率非常高。另外，母子家庭如果有19岁以下的孩子的话，贫困比率为57%，可以说贫困现象主要集中出现在女性支撑家计的家庭里。

第七节　日本的就业制度就是虐待年轻人

一、为什么会出现"黑企业"

虽然并非出于企业的本意，但是企业却强硬采取非正规就业的手段，或者说，那些滥用就业预备军对长期就业契约抱有期待和向往的企业就被称为"黑企业"。率先对那些悬挂着企业经营自由的锦旗却循环往复地实行大量录用、长时间劳动、不付加班费、大量解聘等活动的企业现状进行报道的是荣获大佛次郎奖的今野晴贵的著作《黑企业》（文春新书出版社）一书，由于该书中出现的"黑企业"这个词汇被选进2013年度的新语、流行语前十名等，"黑企业"一词也就由此演变为一种社会现象。

那么"黑企业"为什么能够存在下去呢？正如今野先生指出的那样，其原因在于，在日本经济全球化进程中，原来那种受到高度评价的作为日本就业特征的"终身雇佣、年功序列"体制赋予日本企业的"指令权"正在被那些引人注目的发展中企业滥用职场。这是日本式就业出现的一种新的病理现象。

目前，不论是作为社会现象还是作为病理现象，"黑企业"问题都会在各种经济新闻杂志等媒体上频繁曝光，得出正确结论的媒体导向已经昭然若揭。例如，《日经商务》指出，目前尽管某个企业一旦被认定为黑企业，这个企业就会在人才保证、社会信用等方面遇到困难的时代已经来临，但是那种要排除各种不良传言，就必须找到与时俱进的适合年轻人进行体验和锻炼的方法等论调又出现了[①]。

正如今野先生指出的那样，目前对于"黑企业"并没有一个定义。尽管在某个企业中存在着严酷使用年轻正规就业者的情况，但并不能因此就可以将该企

---

① 文章《如果干了那种事情，肯定是黑企业》，发表在《日经商务》2013年4月15日。

业判定为“黑企业”。

根据2012年的日本就业结构基本调查，少于20%的较年轻的公司职员(25—34岁)每周的工作时间超过60个小时。它不仅超过了根据所谓的“在特殊情况下，超过法定劳动时间进行劳动是可以的”三六协定所确定的每周加班限制在15小时以内的相关规定，而且还超过了作为认定过劳死基准的残酷劳动①。

即使在日本企业，哪怕暗地里违反长期雇用契约，也不会改变日本企业的习惯做法和相关制度。

主张尊重契约自由的芝加哥大学教授山口一男认为，尽管劳动时间长短是个问题，但是，除此之外，更重要的是要根据公司运转情况和职员的劳动意愿等进行判断②。即使在美国劳动时间也是很长的，与美国人希望加班时间不超过正常劳动时间的7%相比，日本的加班时间大约超过正常劳动时间的50%，显然这个比例是非常高的③。

从企业经营者的立场上看，今野认为这种情况是终身雇佣体制下的“指令权”造成的；山口从年轻人的立场上看则认为，这种情况是“担保性的无私奉献”所造成的结果。总之，在日本企业，男性正规就业者无论是工资及其上涨率都是很高的，要有就业保障就必须付出相应的代价。

那么真的会有就业保障担保吗？正如前面所指出的那样，终身雇佣制度至少从年轻人的眼里已经消亡了，不管到什么时候，越想维持年功序列工资体系，就越会造成年轻人工资降低的问题。

然而，由于“黑企业”问题已经成为一种社会现象。厚生劳动省已经规定，在新兴产业领域内，通过大量录用年轻人并让其从事过重劳动和违法劳动的企业，

---

① 安藤至大：《在就业改革的视点下设定劳动时间的上限》，发表在《日本经济新闻》2014年6月6日晨报。

② 在《了不起的比尔.盖茨(The Great Gatsby)》一书的作者所生活的时代，贫困已成为社会问题，即使在纽约州，为了保护劳动者，也立法通过了雇主绝对不能让工人一周劳动60个小时以上等内容的劳动法案。面包店因为违反劳动法而被追诉，在下级法院审理时被判决违法，但是最高法院却认为契约的自由是神圣的，所以这个劳动法侵犯了面包店的“财产权”，1905年作出它的立法是违宪的裁决。此后，最高法院连续作出劳动基准法、公共卫生法等保护劳动者的立法都是违宪的判决，不过在罗斯福新政时代的1937年这些判决都获得平反。之后，美国法开始追求法律的稳定性，现实主义的思维成为主流，例如实际调查报告那样的资料即使在审理判决的过程中也开始受到重视。可以说，实证主义，即对政策提出建议时要有事实根据等程序就是这种现实主义的经济学版本吧。

③ 山口一男：《劳动与生活的协调关系》，日本经济新闻出版社2009年版。

亦即“具有将年轻人用完就扔嫌疑的企业”可以被定义为“黑企业”。劳动基准局也规定，政府可以对那些具有高辞职率等“黑企业”特征嫌疑的企业进行突击搜查。

其结果，约占被抽查企业总数82%的4 189个企业或事业所存在着违法性质的法定时间外劳动（2 241个事业所、占总数的43.8%）、不付工资的加班（23.9%）等违反劳动基准相关法令等方面的问题被披露出来。加班、假日出勤时间超过作为过劳死认定基准之一的每月不超过100小时的企业和事业所共有730个，违法过重劳动企业正在蔓延的现状被揭露出来①。

那么，在舆论导向和政府的指导下这种现象得到纠正了吗？单纯认为发展中的企业存在着大量录用员工和用完就扔常态化问题是有缺陷的，在今野的《黑企业》一书中被列举出来的“X企业”，亦即迅销公司（Fast Retailing Co.，Ltd.，东证1部：9983，是日本的零售控股公司）就属于这类企业。明治学院大学教授中尾茂夫在该书的书评中指出，从物流到品牌都实施优秀企业战略的迅销公司，实际上却存在着被企业内部隐藏下来的职员高辞职率②。

关于该公司的情况可以介绍如下：在2014年12月召开的面向2016年春季毕业预定大学生的公司说明会上，该公司董事长兼总经理柳井正发表演讲并强调指出，尽管从本公司新进职员入职3年以内的辞职率来看，2009年入职的职员辞职率为53%，2012年入职的职员辞职率预计为30%左右，但是在最近数年内本公司的职员辞职率正在下降。“在今后数年内，本公司将成为全世界衣料品公司第三名，本公司将同大家一道闯天下并与世界各地的人们一起工作。”尽管本公司背着被人批判劳动环境恶劣的“黑企业”恶名，但是那些都是由于人们对于本公司的误解所致③。因此，该公司比其他公司率先导入临时工与正式职工相同的工资制度。

二、对年轻人踩刹车的企业系统

我们在思考年轻人的这种就业状态的时候，导致年轻人非婚的、由三种要素

①《日本经济新闻》2013年12月17日晚报。

② 中尾茂夫：《书评——战略经营学》，发表在《经济学家》杂志，2013年4月2日。

③《日本经济新闻》2014年12月20日晨报。

构成的社会体系就会浮现出来。尽管当代年轻人面临着各种非婚方面的积极选择,但是阻碍年轻人结婚的因素确实存在。我们可以将造成年轻人结婚率降低的原因归纳如下:

(1) 年轻人、特别是那些在“1.0 赚钱模式”下生活的年轻男性的收入水平较低,而且其收入水平处于不安定的状态。

(2) 对于多数女性来说,跟自己能够领到比较丰厚的退休金的父母一起生活,与跟那些“1.0 赚钱模式”下收入水平较低的男性结婚一起生活相比,自然会做出不结婚的选择。

(3) 有工作的女性拥有自立生活的各种路径。与此相对应,在男性的意识中,结婚后自己的收入必须能够养家糊口,这种意识在一定程度上与“1.0 赚钱模式”有着不少关联。

除了非婚之外,即使结婚,人们还要不惜付出大量的精力财力去养育和教育孩子。在“创新和信息化社会”,下一代要学习的东西不断增多,如果难以想象将来能够过上更好的生活的话,那么人们自然会考虑养育和教育孩子的费用增长方面的问题。因此,除了进行奥黛特·伽罗瓦教授(Odette. Galois)的“人口转移”之外,别无选择。人口转移亦即:由于人类再生产过程正在放缓,造成 20 多年人口持续减少。

特别是在日本,全社会性的“宅男宅女”与“被赶出家门”的人口呈现两极分化的生活方式正在不断增长。其背景是这样一种现实的反映。2013 年日本的基尼系数达到了创纪录的 0.379,超过了在发达国家中鹤立鸡群的美国 2008 年的基尼系数 0.378。

在这种两极分化的生活方式混合在一起的状态下,日本的少子化正在加快。

第八节　持续恶化的未成年人贫困率

一、父母的经济收入降低造成未成年人贫困的增长

多数选择不生孩子的年轻人认为,生出来孩子就应当好好养活。然而,2013 年日本的“未成年人贫困率”达到过去最糟糕的 16.3%。未成年人贫困率是指,生活在低于中等收入水平 50%以下家庭的未成年人所占的比例。在日本,生活

在这种贫困状态下的未成年人约占 1/6，这就是世界第三经济大国—日本的现状。这个数字显然是与一个正在探讨急剧老龄化对策的发达国家的地位很不相称的。

将上述问题作为社会公共问题披露出来的是 2013 年通过的以“必须重视未成年人”为基本理念的《未成年人贫困对策法》。

实际上，这种问题长期未能被披露出来的背景是，日本政府认为海外的发达国家还没有一个国家将国际公认标准的“相对贫困率”公布出来。

也就是说，到 2009 年才开始将截至到 1985 年的相对贫困率数值慢慢地计算出来、予以公布。在经历了上述过程之后，2014 年日本政府才通过了内阁会议确定的《基于未成年人贫困对策法实施大纲》。安倍首相说，“我们要建设一个能够让未成年人满怀梦想和希望成长的社会”，为了防止家庭向未成年人传递“贫困连锁反应”，首次阐述了制定未成年人相关重点政策的意义。

在此，我们先看一看近年来那些生长在家庭收入水平不到全国中等家庭收入水平一半家庭的未成年人贫困率的推移情况。1985 年生长在日本贫困家庭中的未成年人仅仅占 12％；2013 年这个数值却直线上升到 13.6％。显然，日本的未成年人贫困率一直在恶化。

然而，这个数值仅仅反映的是未成年人的相对贫困，它并没有将这些成年人收入水平减少的绝对数值包括在内。因此，我们有必要先看一看，家庭收入中间值和平均值的绝对数值。我们举例的起点不应以泡沫经济破裂前的 1985 年为基准，而是应当以泡沫经济破裂之后经过一段时间、泡沫经济尚有余韵的 1995 年日本国民生活基础调查中显示的一个家庭(2.91 人)的平均收入 664 万日元、中间值 545 万日元为基准更为妥当。与此相对照，2013 年日本一个家庭(2.51 人)的平均收入为 537 万日元，中间值为 432 万日元(见图 6)。

换而言之，1995 年日本的未成年人贫困水平为家庭收入在 272.5 万日元以下，到了 2013 年，这个数值就变成 216 万日元以下了。

那么未成年人贫困问题为什么会作为重要问题被提出来了？对于这个问题，我们还是先听听长期关注这个问题并为相关对策法案的形成而进行了不懈努力的阿部彩是怎么说的吧。“多数生长在贫困家庭的未成年人，事实上，在义务教育阶段就背负着相当大的学力差距。由于在学校中实施的是相同的教育，人们就会认为所有人都会有同样的机会。然而，实际上，即使在中学和小学阶段，父母的收入与未成年人的学力之间也存在着很强的相关关系，在义务教育阶

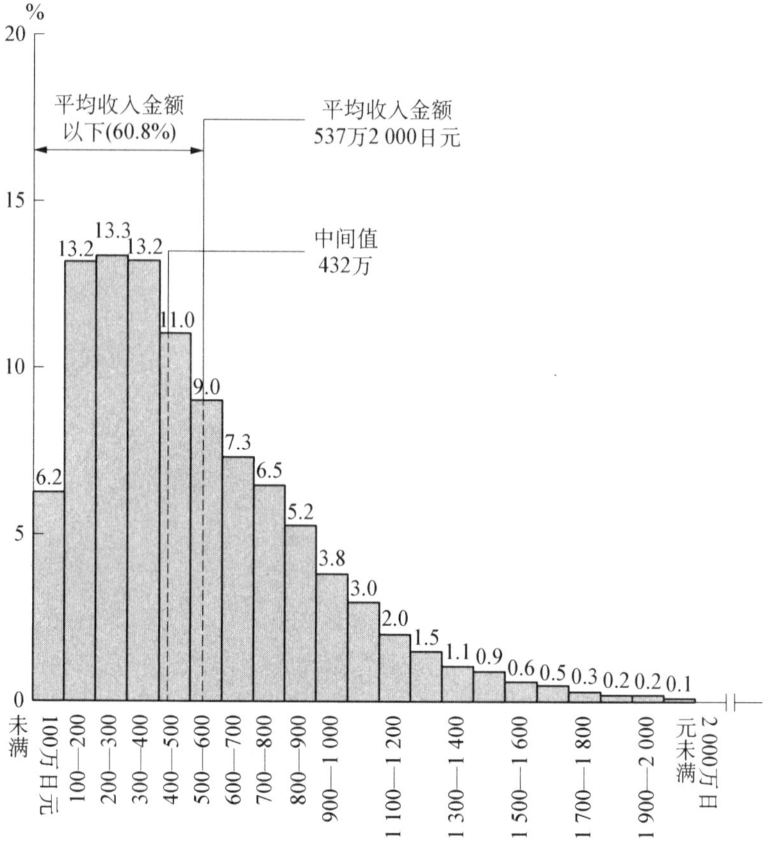

图 6　各阶层家庭收入金额相对数分布图(2013 年)

资料来源：国民生活基础调查。

段，家庭收入水平较低的未成年人已经背负着不利条件。”

父母的经济实力、家庭环境影响未成年人的学力这个说法一直被人议论，但是这个问题真的就像阿倍所说的那么严重吗？御茶水女子大学的一个研究小组基于 2013 年日本全国学力统考成绩以及他们对于大约 4 万人的访谈进行分析的结果对于相关人士造成不小的冲击。

尽管父母的年收入、学历等构成的“家庭的社会经济背景”(SES)与未成年人的学力具有很强的相关性，这一点是谁都能想象到的，但是，每天进行 3 个小时自习的家庭经济收入水平较低的未成年人的学力与那些不在家学习的家庭经济收入水平较高家庭的未成年人的学力进行比较表明，后者对于相关者的学力和学历能够产生良好的影响。当然，各种情况并不是均衡的。但是，阿倍所说生长在贫困家庭的未成年人在 100 米赛跑的起跑线上被人为地拖后 10 米的说法还是被人们证实了。

二、未成年人贫困对策法能够发挥作用吗

安倍首相在 2015 年的施政方针演说中说:“建设一个向所有人提供机会的社会。”战后日本社会体系之父吉田茂也把教育机会均等化作为先进的民主国家维持自身矜持的一个重要标志。然而,现状并非如此,因为未成年人不能选择家庭出身。由于生长在贫困家庭的未成年人不能受到充分的教育,因此到了成年人后,他们自然就会陷入贫困的连锁之中。因此,为了防止出现贫困连锁反应而提出的对策是强调国家责任和义务的《未成年人贫困对策法》。因此,包括“教育”“家长就业”等 4 个领域的支持政策被编入对策大纲,同时在大纲中确立了将资助贫困家庭等的学校社会工作者的人数从现在的大约 1 500 人提高到 5 年后的 1 万人的发展目标并编制了相应的预算。在此之前,听到未成年人贫困率为 16%的声音,人们还会问“这是哪个国家的事情?”但是现在通过立法来强化相关问题意识、强调国家对策行为的行动已经开始了①。

然而,2008 年发起的、引人注目的消除未成年人贫困运动由于 2011 年日本东部大地震的发生而使人们对其印象淡薄,各种媒体也有同感。尽管最近川崎市发生的初中一年级学生被人用刀刺杀致死事件令人心痛,但是 18 岁的少年人为什么会去杀人犯罪?少男少女的犯罪、自杀的原因越是不被当作问题对待,就越会出问题。年轻人越是对于自己的将来不抱希望,就越会出现问题。

在上述情况下,托马斯·皮凯蒂来日本访问,在日本受到狂热的欢迎。然而,阿倍先生同样指出了社会经济基层固定化的危险,这并非单纯是日本富裕阶层的问题,而是以“贫困连锁反应”形态显现出来的底线贫困问题②。

三、贫困总是徘徊于接受生活保护的母子单亲家庭

正如阿倍先生所指出的那样,底线贫困的中心究竟在哪里?如果把贫困底

---

① 阿部彩:《孩子的贫困Ⅱ—寻找解决对策》,岩波新书 2014 年版。

② 阿部彩:《关于不平等的思考(下)——为避免社会对立,必须强化社会互助》,发表在《日本经济新闻》2015 年 2 月 12 日晨报。

线确定为年收入 173 万日元以下的单亲家庭(每个单亲家庭的未成年人平均 2 人),那么 54.6%的母子单亲家庭就是这样的贫困家庭。即使从全世界来看,这样的数字也是极其险恶的,他们与皮凯蒂指出的位于顶端的 1%的人相比完全处于遥远的、不同的世界。

母子单亲家庭问题是复杂的、多样化的①。当然,也有不少情况属于例外。由于生长在贫困家庭的未成年人学习能力较低、营养条件不良,多数人在身体健康条件方面处于劣势,在学校被人欺负的概率也就较高。因此,他们不能自我肯定,其结果是,当这些人进入成年人之后仍然不能摆脱贫困,容易将他们的子女也带入连锁贫困的境地。

尽管少子化对策是非常重要的,但是,如果已经出生的一个孩子在其高中尚未毕业就退学、连高中毕业学历都没有就中止学业,那么他在找工作的时候就会陷入非常困难的境地,这种事情屡见不鲜。这些人将来会成为担负税金和社会保障费用重任的劳动者?还是成为接受生活保护的人?这些人究竟会成为什么样的人?对于这个问题,社会的整体判断是有很大出入、有很大差异的。

那些在其家长都是在接受生活保护的家庭长大的,其长大成人后继续接受生活保护的人占有很高的比例。为切断这种贫困连锁反应而制定的未成年人贫困对策,特别是母子单亲家庭贫困对策,已经成为一个亟待解决的重要问题。即使从国家层面来讲,这个课题也是一个具有巨大潜在价值和高收益率的重要项目。

OECD 的工作论文也把相关研究作为其最新的研究成果,同时指出收入差距对于经济增长产生影响的主要机制是:贫困的社会经济背景损害未成年人接受教育的机会,造成社会流动性低下,阻碍技术技能的开发。此外,收入差距对于经济增长的影响主要表现在:不仅造成社会最下层 10%的最贫困阶层与社会整体收入差距的扩大,而且还会造成其与位于下层 40%的低收入阶层的收入差距的扩大。

这就是拥有低学历父母的个人由于其家庭收入差距的扩大而造成其教育成果恶化的原因。针对上述阶层采取相应的防治贫困对策,当然,通过现金支付、高质量教育和培训、保健医疗等公共服务手段对于上述阶层的扩大供给,从长远

① 尾岛遥在 2015 年 3 月 23 日《日经商务》发表的专题报道,其内容坦白且令人震惊,已经超越原来所定义的非婚选择范围。

来看，必然会推进社会机会均等化，其结果是与经济增长密切相关的。

从日本单亲家庭贫困率的国际比较来看，拥有职业的人也会陷入高度贫困状态是日本特有的状况。尽管母子单亲家庭的就业率高达85%，但是造成70%左右的这种家庭的年收入未能达到200万日元的原因是，由于工作与育儿两立，其母亲在选择职业时，多数人只能选择临时工和定时性工作等非正式就业岗位。

高桥龟吉说，由于“能干活就能吃饱饭式的安全感缺失”，进而点燃民众怒火的事情，在日本人口处于过剩状态的昭和元年(即1925年)曾经发生过。从那个时候到现在已经历了90多年，正在叹惜人口减少的日本社会却在发生着靠劳动不能让人摆脱贫困的事情，简直不可思议。

经济与合作发展组织(OECD)秘书长安赫尔·古里亚(Angle. Gurria；1950年出生于墨西哥，现任经合组织秘书长)指出，尽力解决正在不断扩大的收入差距问题，是强力推进社会可持续发展的重要任务。这种努力是一种极为重要的社会性投资。也就是说，推进万人年幼时期机会均等的国家必将走向发展与繁荣。

这个发言与其说是面向世界，倒不如说是针对日本而言的更为合适。首先，从提高年轻人的工资水平支持劳动穷人阶层做起，努力创造条件，尽力解除到2014年末为止屈指可数的162万个接受生活保护家庭背负的生活不安全感。

2015年《生活贫困者支援法案》开始实施，首先，在现有条件下，聚焦母子单亲家庭，在各种资格的取得等方面，积极推出支持单亲母亲再学习等措施。

比如，就像前面所介绍的，由于矿山封闭和水产业衰退等方面的原因而失去区域发展活力的钏路市，是一个每1 000人中有53人正在接受生活保护、与日本全国平均17/1 000人的生活保护者数值相比严重超出的问题城市。在水产业等就业的女性很多，而且多数人离婚，母子单亲家庭不少。

钏路市接受生活保护的家庭从2013年开始减少，这是因为该市的不少女性从志愿者转入到老年人护理行业，政府实行护理福祉师资格援助等措施，很多女性进入到老人护理设施工作而达成的。上述的生活贫困者支援法案的实施肯定会带来同样的效果。

然而，现行的制度中还有不少不提倡女性自立，在少子化对策、育儿支援等方面还有敷衍了事的成分，专业人士检讨会提出的支付给单亲家庭家长儿童抚养补贴(一个小孩每月最多可领到41 020日元)的增加金额、创立无须偿还的奖学金制度等意见还没有被采纳，与从前的政策相比现行政策还没有太大的改观。

特别是对于那些受到贫困影响巨大的0—6岁的学龄前儿童还没有多给一些现金补贴，因此安倍先生希望达到的目标还没有实现。

四、教育贫困的国家难以筹划未来

从日本的教育制度来看，日本的大学教育与欧美国家相比略有差距，但是由于日本的义务教育水平较高，因此它在过去的年代支撑起日本的高速经济发展。要培育前面所说的全球化人才，日本就必须充实和继续发展基础性的义务教育。

在2013年中央教育审议会推出的《第二个教育振兴基本计划草案》中，提出了“要让日本的教育支出在公共财政支出中所占比例达到经济合作组织成员国的水平”的发展目标，文部科学大臣下村博文也认识到教育投资的经济效果，同时声言日本的教育预算必须达到经济合作组织成员国（OECD）的平均水平[①]。

然而，在日本政府内阁确定的教育基本计划中，上述教育预算增长目标却被消除掉了，即使从2015年的财政预算方案来看，日本的教育相关预算仅有4.1万亿日元，不仅没有增加反而被减少。1990年度仅有11.6万亿日元的社会保障费用支出却暴涨到31.5万亿日元，而且其中的23.5万亿日元是要靠发行国债来筹集，教育费用占比下降、支出金额被减少。

在2011年度日本的国家预算中，教育费用所占比例仅为9.11%，与经济合作组织成员国12.88%的平均水平相比，教育费用在国家预算分配中占比较低的日本，实际上已经成为一个教育贫困国家。

经济合作组织成员国的调查结果显示，如果日本如此大幅度减少教育预算支出，那么日本的教育公共财政预算支出就会出现仅占日本GDP3.8%的情况，与经合组织成员国5.6%的教育平均GDP占比水平相比，日本出现教育经费的GDP占比远远低于经合组织成员国的情况，不是表明日本的教育状况改善了，而是恶化了。如果将日本的教育费用占GDP的比重提高到5.14%，多少接近一些经合组织成员国平均6.07%的水平的话，那么日本教育对于私立高中、大学等的依赖程度就会提高，这种情况对于公费教育来说并不有利

① 题为《关于大学政策的课题，采访下村文部科学省大臣》的访谈文章，发表在《日本经济新闻》2013年5月6日晨报。

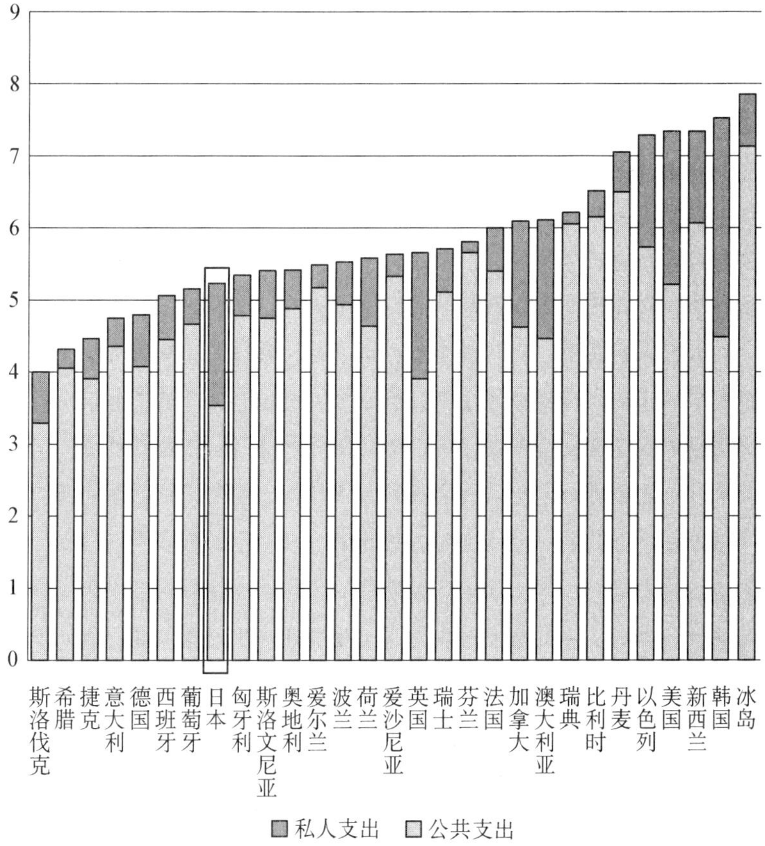

图 7　教育总支出的 GDP 占比

资料来源：根据 OECD 调查。

（见图 7）。

总之，在日本的教育费用支出中，私费负担的比例约占 30%，与经济合作组织成员国平均 16%相比，大约是其 2 倍。在日本的大学等高等教育支出领域，私费负担的比例约占 66%，与经济合作组织成员国平均 33%的水平相比，同样也是其 2 倍以上。显然，日本人培养后代的费用是很高的。

当今日本的情况是，根据日本国民生活基础调查中有关生活状况的问卷调查，大约 28%的家庭认为自己的生活“非常困苦”；32%的家庭认为自己的生活“有些困难”。由此可见，日本社会正在演变成一个普通水平以下的贫穷国家。在这种贫穷的状态下，保护老人利益固然对于自己（政府）有利，但是，如果通过削减教育经费、减少年轻人投资来实现其目的的话，那么日本将会走向亡国。从社会整体来看，不资助孩子，日本就没有未来。

五、养老保险负担是否应该强加到年轻人的身上

在日本，不仅存在着教育投资不足的问题，而且从国际比较来看，日本的退休年金也相对较少。如果我们从日本现在领取退休金的起点年龄可以领到的退休金金额，看看退休金只相当于现职工作人员平均收入水平的百分之几，总收入替代率是多少的话，不难看出，在发达国家中，日本与英国大体持平，同属于退休金水平最糟糕的一类国家。

然而，从负担退休金的现职工作人员的数量来看，在 2012 年的时点上，日本大约有 2.4 人在负担 1 个人的退休金；但是到 2050 年，日本就会出现 1.3 人负担 1 个人退休金的人口结构(见表 3)。换言之，在泡沫经济破裂以前，与其他发达国家相比，非劳动人口所占比例相对较低的日本，到 2012 年已经达到 60%以上，到 2050 年将达到 94%以上。

表 3　退休金的支付水平与负担退休人员退休金的现役人员减少数

国名	总收入替代率	负担退休人员退休金的现役人数(2012—2050 年)
荷兰	90.7%	3.7 人 → 1.9 人
意大利	71.2%	2.9 → 1.5
法国	58.8%	3.3 → 2.0
瑞典	55.6%	3.1 → 2.3
希腊	53.9%	3.2 → 1.5
澳大利亚	52.3%	4.3 → 2.5
德国	42.0%	2.9 → 1.5
韩国	39.6%	5.6 → 1.4
美国	38.3%	4.4 → 2.5
日本	35.6%	2.4 → 1.3
英国	32.6%	3.5 → 2.2

资料来源：根据 OECD 的数据整理。

目前面临的问题是，通过发行国债向老年人支付退休金的行为。这种行为

就是一种向下一代转嫁经济负担的行为。法政大学教授小黑一正指出，在对于各种相关因素进行矫正之后，日本的年代间不均衡率大约为170%，这个比例在发达国家中是极为突出的。日本的现行政策是，将过重的负担推给将来的下一代退休金负担者，这种政策不仅会扩大年代间收入差距，而且会导致经济增长率降低。

因此，与瑞典人背负的人生后半程社会保障与面向现职工作人员的1.8倍支出比例（广义社会保障）相比，日本人则是7.3倍。

即使日本的经济财政年度报告也指出："日本的收入再分配不仅仅是针对老年人阶层的，现职工作人员几乎没有得到收入再分配的任何好处。"由于一票差距没有得到更改而处于违宪状态，农民的主张在执政者眼中的分量被大幅度提升，与此同时，老人的利益也被过分地保护了。

财政重建取决于经济增长，缩小收入差距是安倍经济学必须检讨的课题，正如OECD安赫尔·古里亚秘书长所说的那样，目前日本必须明确制定缩小收入差距的对策。只有缩小收入差距，才能扩大民众消费，这是推动日本经济走向可持续发展的关键。

第二章

安倍经济学正处于中途夭折时期

第一节　过度的日元贬值及其错误的对策

一、由于企业内部留利的限制，利润难以转化为投资

安倍经济学设定的经济目标是：尽快让日本经济摆脱那种不管人们怎样努力工作其生活状态都难以改善的通货紧缩状态，通过实现经济增长，改善人们的物质生活状况，消除财政赤字，消减世界上前所未见规模的日本公共债务负担。

以实现上述目标为目的的经济政策被称为安倍经济学的3支箭，它包括3个方面内容：

（1）实现大规模量化宽松货币政策；

（2）实行适度宽松的财政政策；

（3）实行规制改革、增强地区经济活力，等等。

以上即所谓的安倍经济增长政策。

上述金融政策的目标是阻止通货紧缩、实现股价上涨等方面的资产运作效果。即所谓，通过实行日元贬值、推进企业收入增长等，让企业家或多或少地能够见到一些经济政策的成效。不少人认为，这种经济政策实施初期还是比较成功的。

然而，尽管由于日元的大幅度贬值，让那些与出口相关的大企业的可观收入实现大幅度增长，但是这种经济政策并没有推进企业的设备投资也是客观的事实。目前的日本设备投资，不过是实施了减税和奖励分内的企业设备能力维持政策罢了。

因此，日本国内也有人认为，目前日本的新技术正在枯竭，日本的潜在经济增长能力仅仅维持在 0.5%上下的低水平上，与就业、收入密切相关的两大指标——个人消费和企业投资持续增长良性循环状态尚未实现。

尽管现在人们可以看到工资上涨的时机，但是不少人仍对安倍经济学持观望态度，安倍经济学的副作用及其危险性正在显现。因为安倍经济学针对日本的慢性人口减少症状开出的处方依然较弱。安倍经济学及其经济政策已经实行两年多了，现在已经到了评价安倍经济学是否妥当的时候了。

根据美国经济学家查尔斯·金德尔伯格提出的观察一个国家经济兴旺与衰退机制的国际收支周期理论可以得知，从产业竞争力较弱、贸易收支赤字起步的国家，很快就会转变为产业竞争力能力较强、贸易收支黑字的国家。通过对外直接投资，开展海外事业，不仅可以刺激一个国家产生强大的经济活力，而且可以使其通过海外投资收入，确保国际收支黑字并转变为一个债权国。

池田内阁时期，日本自民党提出了收入倍增计划，倡导实现日本 GDP 倍增。那个时期的日本是出口导向型国家。现在，以上次选举之前担任日本自民党政治调查会会长助理的林芳正为中心的自民党提出的政策是建立在日本已经从一个出口导向型国家转变为以投资立国的国家基础上的①。

近年来，日本政府设定的 10 年后将日本的人均名义国民总收入(GNP)增加 150 万日元的新的收入增长目标，同样也是建立在今后日本将一直走在成熟的债权国之路的基础上的，这个目标是与金德尔伯格的国际收支周期理论相适应的。

在目前的日本经济状态下，2014 年日本的海外直接投资收入为 6.5 万亿日元，创下了过去的最高纪录。然而，日本获得的海外直接投资收入中包含那些已经转化为在当地进行再投资的部分。因此，再投资收入一旦回流到日本国内，就会转化为再次进行海外投资的抑制力。

---

① 林芳正著，被收录在 GNI(包括海外收益在内的国民总收入)研究会主编的《对于产业空洞化不必恐惧，摆脱投资立国也可以拯救日本》一书中，发表在 2012 年 2 月《中央公论》杂志。

在美国及其他国家，如果海外投资收入不能回流到国内，就不会对国内的投资以及经济景气发挥重要作用，因此这些国家一直实行促进海外投资收入回流的政策。

在此，需要说明的是，除了汽车之外，日本企业生产的大宗产品，特别是手机、智能手机等以液晶家用电器为中心的大宗产品的竞争力明显低下，这种竞争力方面存在的问题并不是通过日元贬值就能够解决的。

从批量生产这一点来看，如果将日本的企业与中国台湾地区的加工承包企业进行比较的话，恐怕有两位数的差距。他们在中国确实是在实行人海战术，例如，鸿海精密工业公司生产一个产品所获得的加工费不到1 000日元，然而他们却能够实现100万亿日元的市场销售金额。可以想象，鸿海精密工业公司大约生产了将近100亿个产品。

如果这样的话，在生产流水线的设计方面就要采用机器人，就必须在自动化方面下功夫。实际上，该公司的生产自动化程度出人意料。这个公司制造的产品能够比日本公司超出两位数，肯定是产品大量生产的制造环节发挥了引领作用。

与此相对应，日本厂商仅仅是那些面对国内市场的妈妈工厂，这样，他们必然会陷入收入不增长企业就不能进行前期投资的恶性循环之中。在与那些加工承包公司相对抗而进行的出口竞争方面，3D打印等新兴制造模式领域的竞争也不例外。

不仅如此，根据日元的购买力平价来计算，如果实行1美元兑换105日元的日元贬值政策，显然就会犯错误。其原因在于，20世纪90年代的金融危机以后，日本企业的大型设备投资开始变得有所选择，这种选择并非源于企业对于日元的汇率变化进行的本能性反应[①]。因此，急于将日本经济从投资立国逆转为出口立国的经济政策显然是没有道理的。

作为上述日元贬值效果有限论的反论认为，无论是在直接投资余额高达44%的德国，还是在欧元区以外的瑞典，哪个国家的经济是通过降低汇率振兴出口而取得成功的呢？

---

① 田中贤治、宫川勉的文章“大型投资能够让企业提升影响力吗？”，2009年被收录在独立行政法人经济产业研究所编辑出版的专业论文集(RIETI Discussion Paper)中。在2015年6月公布的日本能源政策中，田中的这个建议被采纳并受到重视。

的确，尽管德国的对外出口比例从2000年的35%提高到50%，从国际比较来看，倾向于J曲线效应预期，然而，对于本国假想中的马克来说，德国更希望实行将欧元维持在较高汇率水平的固定汇率制。与此相对比，日本在日元持续贬值到低于120日元兑换1美元，而且在市场不透明的情况下，日本就会与德国形成决定性的收入差距。

日本也并非没有那种通过形成日元区来发挥与德国相似影响效果的机会，但是由于在吸引外资较多的东盟国家中，多数国家都将本币的汇率与美元绑定，实行美元本位制，因此，日本就丧失了相应的机会。

目前，日本的大公司的海外投资正在不断推进，依靠日元贬值，难以期待这些大企业发挥J曲线效应，因此，到目前为止，日本政府更倾向于推动那些尚未进出国际市场的中小企业进行海外投资，同时对于中小企业的海外投资活动实行支持性优惠政策。根据东京大学教授户堂康之的计算，在日本，拥有充分的国际市场竞争力，却从未进行过任何包括出口在内的国际化活动的企业大约有2 000家。

我们可以把上述企业称为“卧龙企业”，并对他们的潜力抱有希望。但是，若是寄希望于这些企业发挥J曲线效应的话，显然也是不太现实的。这些企业越是不想从事大宗产品的生产活动，就越会变成中小企业。

二、来自海外的基础设施订单增长3倍是否可能

那么，把那些与国内密切相关的官办企业，诸如电力、铁道等基础设施产业推向国际市场，又会在多大程度上让人们对其效果抱有希望呢？在安倍经济学的经济增长战略中，尽管日本指望到2020年将日本企业的海外基础设施项目的订单金额提升到目前订单金额的3倍，即30万亿日元，但是，要想在短期内达到如此之高的海外基础设施订单增量程度，到底是可能的吗？

正如本部设在瑞士的跨国公司ABB，20世纪80年代顺应世界性的电力自由化改革潮流，一跃成为世界性大公司。尽管如此，能够称为世界性大公司的企业并非局限于欧美，中国企业也是强有力的竞争对手。总之，在基础设施建设领域内，中国已经领先于世界该产业8个领域中的2个。

然而，中国政府为了保护和培育本国的产业，不仅对美国的手机芯片制造厂商巨头高通公司以违反中国的反垄断法为名课以价值1 500亿日元的巨额罚

金,而且大力推进铁道车辆制造和原子能发电等产业的国内同类企业的合并,组建能够与欧美世界级跨国公司相匹敌规模的世界冠军级大企业。

此外,中国还把东盟(ASEAN)各个加盟国全部网罗到一起,创设成立亚洲投资开发银行,让日本感到很难堪。

在此,我们再来看一下东南亚水力发电站建设领域的中日竞争状况。在老挝,日本的关西电力公司正在与老挝的当地企业合作,以建立合资公司的方式,共同推进南俄水电站的建设项目。对于关西电力公司来说,这个项目是该公司首次进入海外水力发电建设领域。

作为日本企业,日本工营公司着眼于老挝拥有丰富的水力资源,最早涉足东南亚水力发电站建设领域,从资金运作到电力销售对象,该公司都下了不少功夫。从 20 世纪 60 年代开始,该公司就在老挝建立了南俄第一水电站,并向泰国出口电力。

然而,由于日本方面随后并没有跟进这个项目,从而导致目前老挝的这个特大水利开发项目的承建者变成了中国企业。中国拥有大型水库建设和运营的经验和业绩,国内的电力需求量也很大。目前,全世界的大型水库大约有 45 000 座,其中 22 000 座就矗立在中国国内。

现在,中国正在以一天建设一座以上的基调建立水库,尽管在环境可持续发展、与当地居民协商、安全性确保等方面还存在着不少问题,但是单纯从单座水库建设和运营的成本方面来看的话,他人是无法与之匹敌的。

面对这种情况,关西电力公司着手建设的大型水力发电站仅有 200 座。然而,日本的建设项目是当地政府所期待的、建成之后能够自主开发利用、技术诀窍转让、确保水库质量的项目。“如果拿三峡水库与黑部水库进行比较的话,从长远利益来看,究竟哪个项目更合算?”关西电力公司只能找借口为自己辩解。

成本、速度与建设质量的结合究竟在哪里才能够取得均衡?近来,日中之间的竞争与合作共存、日中协调已经开始进入人们检讨的视野。

三、中国创立亚投行(AIIB)让日本难堪

在进出海外市场的日本企业当中,诸如,小松制作所、泰尔茂公司,不仅积极实行海外企业并购、勇于开拓海外市场,而且还在日本国内增设工厂、增加就业

机会，这样的公司为数不少①。

此外，在这类企业当中，正如人们所见到的小松、日产、佳能等公司，根据日元汇率的变动，比如，在日元贬值的情况下，减少公司在北美的生产量、全力扩充日本国内工厂的产量、将全球化生产变成可能的跨国公司也并不少见。

然而，要采取上述措施，就必须具备产品设计图具有世界通用性、能够在海外轻而易举地进行就业调整等方面的条件。

要增强日本国内经济的活力，就必须推进日本企业的全球化，而且要涉及不少企业。对于这些问题，日本国内有人进行过检讨全球化因素对于日本国内就业机会增长与减少造成影响的研究，并指出，日本制造业的就业情况几乎没有因此而发生任何变化。

上述的研究报告中关于企业活力的部分指出，那些增加海外子公司的中小企业与其他中小企业相比，这些企业更具有扩大日本国内就业机会等倾向，同时具有强化妈妈工厂的功能以及强化企业本部整合功能的倾向②。

在日本的贸易收支出现赤字的情况下，实行超出必要的日元贬值政策，只会削弱日本的国力。特别是由于原子能发电站停止运转和天然气进口的大量增加，造成2014年度10万亿日元这个日本过去最大贸易赤字的结果。这种结果表明，日本政府正在实行推进出口优先于削减进口的贸易政策。从而造成自原子能发电站停止运转以来日本家用电力费用增长20%、企业电力费用增长30%的后果。

在可再生能源利用等方面，采用那些既符合环保政策又具有适用性的最优化能源组合，必须列入今后技术进步的时间表，同时必须确定国家的新能源基本规划。

对于上述情况，目前担任国际能源组织秘书长的田中伸男先生经过粗略估算后认为："如果日本的原子能发电站一直停止运转下去，以能源组合取代原子能发电20%的情况相比较，到2040年日本的燃料进口费用将会累计下降到50亿日元。"他一方面提倡废除原子能发电，另一方面又呼吁效仿德国的声音还是

---

① 高桥琢磨：《日本企业的跨国公司化：从出口立国到投资立国——瑞典拥有人均数量最多的跨国公司，他们的目标是：全球化系列经营(1)》，2013年由http://www.amazon.co.jp/dp/B00ED8R8DM出版电子版。

② 安藤光代、木村福成：《全球化与国内主导——日本制造业面临的企业环境》，2014年被编入独立行政法人经济产业研究所编辑出版的专业论文集。

值得倾听的。

日元贬值的不妥之处还在于，日本的GDP过早地降到中国经济规模的一半、国防费用的三分之一，与中国相比具有明显的差距。最初，安倍经济学的对华政策是建立在不能无视日本活力这个目的基础上的。因此，就连过去一直以诱导日元升值来削弱日本企业竞争力的美国，这次也对日本的货币贬值政策视而不见了。

然而，中国并未回避日本的GDP以美元换算缩小30%以上、降到中国GDP一半这个事实，实施建立亚洲基础设施投资银行（AIIB）、利用经济手段吸引东盟各国的政策，发起了让东盟各国没有追随日本余地的攻势。对于那些认为中国市场风险较大、对中国敬而远之、寄希望于东盟统一市场增长、正在找出路的日本企业实行一直等待的政策，造成日本经济增长战略乌云密布的大气候。

2014年来日本观光的外国人数达到1 341万人，比上年增长大约30%，到外国旅行的日本人比上年减少3%，日本的国际旅游收支大体平衡，这是日元贬值给旅游观光业带来的正面效应。预计2015年来日本观光的外国人将达到1 500万人，仅仅为了吸引旅游观光者就实行大幅度的日元贬值政策是没有必要的。此外，日本人到海外旅游是为了生活愉快，从某种程度上讲，他们更希望日元能够升值，因此，掌握好日元汇率的平衡是非常必要的。

2012年日本的海外直接投资达到创纪录的9.6万亿日元，同年日本的海外直接投资净金额达到89.8亿日元，海外直接投资占GDP的比例也从10年前的6%上升到18%，从金德尔伯格的国际收支周期理论来看，日本的海外直接投资占比紧跟在德国的44%、美国的33%之后。

日本海外直接投资的目的是，追赶直接投资净值超过GDP的70%、来自海外的收入达到60%的英国。由于这些收入包括驻英国外国公司子公司的收入，在网络上约占3%。尽管日本不能赶上史上最辉煌时期大英帝国的水平，但它却是关系到日本生存的长期战略挑战。

第二节　不增加劳动力的经济增长战略

一、尽管爱沙尼亚处于人口停滞状态，但是经济照样增长

从索罗经济增长模型计算出的1995年—2011年中国经济增长结果来看，

中国在此期间的综合要素技术进步率提高了3.7%，其中资本投入量扩大的贡献率为5.3%，劳动力投入量扩大的贡献率为0.7%。

然而，由于实行独生子女政策，中国的人口增长率也跟日本一样，过早地出现下降的情况，不能指望通过增加劳动力实现经济增长。因此，目前中国之所以能够保持7%左右的经济增长率，主要是依靠引进外国先进技术以及实行制度改革迸发的追赶式综合要素技术进步率的提高而实现的。

然而，与此同时，我们不要忘记，目前中国的科学技术水平正在以赶超日本的上升基调在不断地发展着。10年前笔者在瑞典斯德哥尔摩科技基金会举办的国际会议上曾经发表过这样的言论："今后10年内中国的科学技术水平就能超过日本。"当时根本就没有人相信①。

然而，十年后的现实又变得怎么样了哪？不管是中国人发表在高质量的杂志上的学术论文数量、还是被引用次数较多影响力较大的论文所占比例，都已经超过了日本。这些科技成果一旦被应用到实体经济，产生科技创新能力，必然会增强中国的经济增长潜力。

那么，发达国家能够像中国那样在不增加劳动力投入的情况下实现经济增长吗？实际上，这才是在追问安倍经济学经济增长政策的本质。

此外，在人口增长率为零的情况下，能够实现较高经济增长率的国家还有爱沙尼亚。即使在经济合作组织（OECD）国家也会有人认为，在不增加人口增长率的情况下能够实现经济增长，等着瞧！爱沙尼亚是一个人均GDP达到15 000美元的中等收入国家，其人口却只有130多万人。再说一下日本，静冈县是人口流出较多的县，但是，浜松市却以集聚众多软件开发工程师等方面的创业企业而引人注目。

虽说安倍经济学也提出了"建设世界领先的IT国家宣言"，同时把推进政府行政信息民用化的数据开放、大数据活用等作为安倍政府的政策课题，在将医疗和农业等政府管制领域的生产率及其效率提高到世界领先水平方面，有效地实现了IT化，但是，要想利用这些手段，离开人是不行的。爱沙尼亚的经验可能对于日本经济增长战略来说是一个启示。

爱沙尼亚从苏联独立出来之后，积极地推进IT立国，电子政府、电子ID卡、

① 高桥琢磨：《中国能在10年后赶上日本和德国吗?》，载于乔恩·西格森：《中国的知识系统及其全球互动》，斯德哥尔摩，松德比贝里2004年。

网上银行等迅速普及,各个政府机关的基础数据相互连接,上网即可阅览个人相关信息。

此外,在电子政府建设方面,除了纳税申请、公司设立等事情从网上即可办理之外,电子病历等先进的医疗处置条件正在不断推进,同时在世界上首次运用电子投票手段进行议会选举。与其说是IT立国,倒不如说是将这个国家变成了一个IT国家,创立SKYP的企业就是从这种环境中诞生的。

爱沙尼亚立国的行动纲领是,如何从苏联摆脱出来,深度融入欧盟和北大西洋公约组织。为此,他们从贸易上减少对俄罗斯的依赖,大幅度增加本国在欧盟贸易中所占的比重,2013年该国出口的71%、进口的83%都是面向欧盟的。

从收入水平来看,爱沙尼亚只是一个中等国家,然而,它却能从欧美获得受到严密保护的、以网络安全相关技术为核心的IT产业并将其发展成为具有强烈本国特色的产业。

尽管日本也举办过多次国际网络攻击、防御大赛,但是日本人从未进入过比赛获奖者的前几名,即使日本的科学技术大会也在议论如何克服日本的网络人才不足等问题。归根结底,日本能不能从爱沙尼亚那里学到些什么?

二、新加坡通过产业政策调整实现经济增长

尽管有人对于日本的经济增长并不抱有太大的希望,但是人均GDP超过50 000美元还在不断增长的新加坡,依然在实行彻底的产业调整政策,追求经济增长,这个事实令人瞠目结舌。

尽管从收入水平来看,新加坡已经成为发达国家,但是新加坡过去一直实行已故前总理李光耀式的利用集权开发方式发展收益递增性产业的短视政策,因此必须通过调整产业结构、吸引高技术移民落地创业、促进产业结构的转型升级,实现新加坡经济的快速增长。进入到20世纪以来,新加坡经济保持高速增长,特别是2010年新加坡的经济增长率达到14.7%,让世人深感惊愕。

尽管现在新加坡的人均GDP超过日本并成为高收入国家,但是新加坡并没有加入经济合作组织(OECD),仍然是东盟国家的一个成员,任其所属。根据雁行形态理论模型,处于领先地位的日本已经进入到成熟状态,正在“从行政国家向法治国家”转换。总之,日本正在成为一个贯彻执行安倍首相所说的“以法治国”的国家,然而,目前新加坡仅处于“从产业化向民主化转换”的发展道路上,它

仅是一个以追求经济增长为目标的行政国家。

新加坡把本国看作一个股份公司，长期以来，不停地以适应产业结构为目标调整产业政策，总之，他们不断地将不必要的产业从狭小的国土上驱赶出去，坚决实行吸引必要企业和人才的政策，于是产生了这个只有 500 万人口的小家庭，灵活多变。

到目前为止，那些从新加坡被驱赶出去的产业是，向越南和印度尼西亚转运货物，在新加坡发挥石油和石油制品中心作用的产业。日本通常做一个新的尝试都是在原有基础上进行追加，而新加坡实行的则是不断扔掉旧的事物、引进今后具有增长潜力的新事物，类似于 PARCO 大卖场管理似的产业政策。这种做法是那种宁可闲置 820 万户住宅也要向住宅建筑业提供补贴的日本产业政策坚决反对的。

尽管新加坡是一个能看得见的产业政策试验场，但是长期以来新加坡一直在不断扩展其"中心功能"和"中枢功能"。此外，东盟的总部设在新加坡，作为亚洲的金融交易中心，新加坡还能够从各种各样的东南亚国家货币兑换交易中获取大量好处，这些都与新加坡发挥的中枢功能密切相关。

要强化中心的功能，人才的多样性、科学研究等方面设施设备的充实是不可欠缺的。新加坡大学始于积极招聘世界各地能够进行中文和英文双语教育教授的时代，如今正在向构建战略性英语人才高地的时代转变，在世界大学排名中的地位也在不断上升。而且，新加坡大学与耶鲁大学合作，以东西方比较和战胜困难为目的，开设培养新时代亚洲领袖人才的修养教育课程①。

2013 年印度尼西亚苏加诺·哈塔国际空港的利用人数大幅度增加，达到 6 000万人，居于东南亚首位。因此，新加坡樟宜空港随即就宣布建设具有 1 600 万人运力的第四航站楼，力图夺回其东南亚霸主地位。

要想在竞争社会中发挥作用，就必须不断地努力奋斗。然而，在新加坡人民行动党的一党统治下培养出来的资本主义社会令人窒息。不过，尽管每年新加坡大约有 5 000 多人放弃新加坡国籍，但是大部分经济增长成果还是要被多数人来分享的。

然而，在 2012 年举行的新加坡大选中，不少人批判一党独裁。这就是上述

---

① 耶鲁大学校长路易斯先生对于新加坡在没有全面放开言论自由的情况下实行的自由化深感忧虑，所以他发表声明，反对新加坡的加入。但是教授会议并没有否决权，所以路易斯校长最终明确表示，这是一次有价值的实验，但是学校的决定是不会更改的。

产业政策造成的后果，由于本国人被卷入到与外国人的激烈竞争之中，随之而来，造成印度人的收入少量超过华人的情况发生，因此，作为华侨国家的新加坡随即出现不满的呼声。

由于日本并未制定移民政策，那么继续实行中小企业保护政策就成为理所当然的事情了。如果住宅建设开工量下降的话，那么日本就会通过提供节能补贴资金保护住宅建设业。在这种情况下，新加坡政府则会立即实行相反的政策。这就是在捕捉民意。“如果单纯屈从民意的话，那就难以实行经济增长政策。”这就是李光耀的遗言。

第三节　经济增长战略必须包括企业治理体系改革

一、托宾的投资理论已经过时

作为安倍经济学重要一环的经济增长战略，不仅包括规制缓和以及推进创业投资等的支持计划，而且还包括企业治理结构改革。

将企业治理结构改革与宽松金融结合在一起，再把企业价值包括进去，就构成了美国经济学家詹姆士．托宾（James Tobin，1918—2002 年，诺贝尔经济学奖获得者）倡导的投资理论。“托宾效应”将有利于推动企业增加设备投资。

为什么说“托宾的 q”能够与企业设备投资联系在一起？“托宾的 q”是指在股票市场上被评价出来的企业市值减去该企业再获得资本价格之后的余额。亦即，将企业拥有的资本市场价值（股票市价总金额）作为分子，将企业重新购置这些资本所需要的费用（基于会计信息的实际价值）作为分母，两者之间形成的比例关系。

在托宾的 q 中，分母是用与投资相关的费用来表示的；分子则是用包括企业投资将来可能带来的企业收益在内的企业价值来表示的。如果分子和分母之比大于 1 的话，那么一定能够赚钱。

这种假说近年来正在失去说服力。其原因源于以下几个方面：

第一，我们所处的时代已经从工业化时代向创新和信息化时代转变。即使分子可能变大，比如说，我们可以用制药公司的候补药类或者用品牌公司的品牌来说明。与其说，通过日元贬值来促进出口商品数量增加，倒不如通过提高品牌竞争力、维持商品高价获取利益更合算。

第二，泡沫经济崩溃后的日本企业，与其说是以追求企业利润最大化为目的，倒不如说他们是以保障企业生存为前提而进行行动的[1]。企业并非仅有追求股东利益最大化的积极一面，即使在泡沫经济崩溃以前，日本的企业也有以自身面临的生存条件为前提，始终实行保守经营的消极一面。

问题是，后者的理由仅仅是一个表象。他们不使用预定的经营者，即使开辟全球化的国际市场，也要将国内市场作为企业的主战场。这边刚停止了不当的竞争，但是由于IT技术进步了，那边却没有能够及时地与技术进步相对应，这就成为日本企业国际竞争力大幅度降低的一个重要原因。原封不动地面对国内市场，难以从位于其他国家的跨国公司分享到丰厚的利润，必然导致日本企业的利润水平下降。

即使从美国《财富》杂志公布的世界最大500家公司排名来看，中国企业在上述500强企业中已经占有95家，正在追赶上来；美国企业维持在128家；日本企业则减少到57家。

由于日本的企业行为趋向于追求绝对平稳，换言之，要想不让日本企业或者日本经济带来负面结果的话，就必须改善日本企业的治理结构，让企业经营着眼于外部世界，不放过全球化和IT技术进步带来的机会，积极开辟新事业、推进企业增加设备投资是非常必要的。

二、企业治理结构改革激发民间活力

饱尝工业化时代经验的传统型企业经营者，即使面对新的创意，他们也会认为“那些新想法并不适合本公司的情况”。“智能制造和信息化”时代，不仅是将那些新的创意推行市场进行尝试，而且是通过人们从中发现培育出来新事物的方式来完成的。相反，在全球化时代，决不局限于实现全球化规模经营的成本竞争较量。在这种情况下，企业股东不支持企业经营者展望未来、积极进行企业治理结构改革打开局面的话，日本的经济增长和就业扩大的目标将是难以实现的。

总之，最大限度地激发民间经济活力的对策就是将企业治理放在应有的地位。从原来那种“哪怕解雇职员，也要为股东追求更高利润”。的股东利益至上主义，向着重视利益相关各方的治理结构转换，无疑是值得称赞的。东京证券交

---

① 广田真一：《超越股东主权》，东洋经济新闻社2012年版。

易所规定，企业在任命两名以上外部独立董事时，必须履行基于“遵守与说明”规范进行说明的义务。这种做法不仅拓宽了日本企业的经营视野，而且它作为推进投资决策透明化的担保对策措施是非常适当的。

然而，在根据安倍经济学制定的“日本复兴战略”修订版中提出，要通过强化企业治理结构、推进企业精神变革，其成果指标（KPI）选用的则是“全球化水平”中的自有资本利润率（ROE）。对于这一点，人们应该提高一些警惕。

采用ROE是因为，它是皮凯蒂所说的收入差距原因不等式“r（资本收益率）g（经济增长率）”推进的结果，这些是不容否定的。其原因在于，对于创新和信息化时代的企业来说，ROE就是来自技术进步和品牌等方面的超额利润，而且，如果用经济学词汇来讲的话，它可以被看成是由于综合生产要素生产效率提高而带来的利润，因此，它越高越好[①]。

由于设立公司外部独立董事已经纳入全球化视野，一举获得规模经济收益也将成为可能，同时采用优异的技术革新也将能够确保获得较高的ROE。从这种意义上讲，安倍经济学中的企业治理改革理论展示的进攻姿态也是可圈可点的。

总之，ROE也可以在某种程度上规范地反映企业的可持续发展以及企业中期价值提高并保持在一定程度的能力。亦即，自有资本利润率（ROE）＞国债收益率＋风险补贴。

然而，尽管这种条件不能消除，但是靠它生存的日本企业却为数不少。当时的小泉纯一郎首相更换日本的金融大臣柳泽伯夫，由刚接替金融大臣的竹中平藏先生实行追加救济政策也是多余的，由此而产生的过分依赖银行、保守经营者的人数大幅度增加，这也是笔者所质疑的[②]。正如前面所说的那样，从命令企业满足一定的条件的意义上讲，安倍经济学还是具有一定意义的。

三、三方互惠的ROE才有出路

值得警惕的是，安倍经济学使用了“全球化水平”这个词汇。被誉为安倍经济学的智囊团出版的《ROE能够改变最贫穷的日本》（移山研究会编、日本经济

① 高桥琢磨：《知识产权战略与企业会计》，弘文堂2005年版。

② 高桥琢磨：《谁会宣布日本主要银行体系的消亡?》，《国际银行业条例》第4卷第11期（2），2002年11月出版。

新闻出版社)中所认为的ROE越高越好的论调也是令人怀疑的[①]。

如果说有什么问题的话,那就是因为在美国处于尖端地位的企业治理学说尚未被人们完全消化。正如前面已经介绍过的岩井克人以及处于美国学术尖端地位的法学家们所确认的法人实体学说所指出的那样,经营者们从企业法人那里接受委托从事企业经营活动,正因为如此,经营者才可以从股东开始基于顾客、员工、当地社会的立场从事经营活动。

处于收入差距问题对于社会造成很大冲击、腐败官员不断被揪出狂潮中的中国,民营企业经营者好像从日本"三方和好"式的企业经营中看到了活路,实际上,这是在一个根本就没有企业治理传统的社会中对于日本企业经营进行的一种解读。

此外,将日本当作ROE最贫困国家、仅仅是为了进行ROE国际比较而已,正如前面所说的必要ROE算式中可以看到的那样,在ROE比较中实际上加入了汇率和利息要素,然而,在上述书籍中,也进行了不加入汇率和利息因素而进行比较,在这一点上,也是有问题的。从国际水准来讲,由于国债收益率是不同的,英国的ORE与日本的ORE是不能直接进行比较的。

盎格鲁.萨克逊(英国)资本主义重视ROE,支撑这种做法的理论框架也是错误的。这种错误的、歪曲的理论是导致今日出现各种不平等的原因。

如果有人问这个理论的何处有错误的话,那么,我可以告诉他,这个理论就是把经营者当作股东代理人的契约理论。

那么企业经营者又是站在什么立场上?正如上面所讲的那样,他们就是一种从企业法人那里获得企业经营信托的存在。岩井克人在其著作《经济学的宇宙》(日本经济新闻出版社)中阐述了21世纪社会信托法的重要性,笔者的看法是,正是由于信托法及其罚则规定符合不当获利法,才使其真正成为21世纪的法律。尽管信托法和不当获利法可以被看成两者是互为表里的一体,但是,正是由于信托法对于不当获利法中没有涉及的地方做了必要的对策法补充,所以,在本书中,笔者才站在上述立场上进行叙述。

那么,在上述情况下,股东将被置于何处?牛津大学科林·梅耶尔教授的学说中描绘的股东形象就是那些能够对企业中长期发展尽责的投资家[②]。

---

① 移山研究会主编《个人资本回报率(ROE)最贫穷的国家—日本》,日本经济新闻出版社,2014年出版。

② 科林·梅耶尔(Colin Mayer)著《牢不可破的公约——应当建立具有诚信的股份公司》(清水真人、河西桌弥译),NTT出版公司,2014年出版。

实际上，作为移山研究会的一个成员、美崎投资公司董事长中神康议就是一位梅耶尔教授所说的令人瞩目的、新型契约投资家。

此人以前是企业支援基金公司的董事长，从事乳幼儿产品制造厂商—贝亲公司的企业经营活动。该公司的背后是本部设在纽约、国际化程度和成长性都很高的庞大的投资基金。

该基金之所以进入贝亲公司，是因为他们看中了在日本国内占有压倒性多数市场份额的贝亲公司所具有的增值潜力。中神康议等人说服贝亲公司实行国际化、进出国际市场，并对国际婴幼儿产品市场竞争与合作情况做了大量的实际调查，同时与贝亲公司共同制定出适合该公司情况的进出中国、印度等国的行动计划并付诸实施。

能够刺激该公司员工鼓足干劲付诸实施该行动计划的是，该公司的自有资本收益率(ROE)和增长率提高了2倍。在计划实施过程中，该公司并不是背着沉重的资金损益风险包袱实行国际市场进出计划的，由于该计划被认真地贯彻执行，从而使该公司的ROE及其增长率提高了2倍。

正是基于这种信赖关系，贝亲公司在中国根本就没有受到“9·11”危机的丝毫影响。母亲出于保护孩子安全的目的必然张开双臂拥抱贝亲产品，同时也正是由于这些被称为母亲的顾客在一直守护着贝亲公司，因此，贝亲公司防止了大幅度依赖中国市场的风险。

基于上述经验，2013年贝亲公司投资10亿日元在印度建立新的工厂，在号称拥有世界最大婴幼儿市场的印度实现了真正意义上的进出。将该公司在泰国生产的产品向印度出口，不仅有利于大幅度降低成本，缩小贝亲产品与印度当地产品的价格差距，而且借此可以发起销售攻势，一气呵成地扩大市场销售份额。

在这种情况下，较高的自有资本收益率也就被看作企业留利条件的“良好ROE”。中神康议先生利用这种概念兴办的投资公司之所以能够取得成功，正是由于他们借鉴了瑞典投资公司的成功经验，而瑞典投资公司则是从威廉伯格那样的投资明星那里得到了启示。

四、“春斗”带来的企业重组使劳动环境得以改善

尽管自有资本收益率的提高可以说是好事，但是要是把它作为企业经营目的的话，就会产生让盎格鲁·萨克逊资本主义陷入“哪怕解雇职员，也要为股东

追求更高利润”境地的企业行为。这就是让外国投资家席卷日本股票市场后陷入到ROE泥潭的原因。作为规范的ROE，应该让人们时常想起“ROE>国债收益率＋风险补贴”。因此，从这种意义上讲，行使否决权咨询机构ISS向人们推荐的“反对那些最近5年平均ROE未能达到5%的公司首脑当选”的建议是非常妥当的。

然而，尽管很多项目的预测收益在5%左右，但是他们在日本却拿不出项目预期收益率提高的证据，宣称“ROE至少要达到8%以上”的“伊藤报告”，其他是一种错误的解读，可以不负任何说明责任。

很多企业经营者宣称“我们公司的ROE应该在10%以上”，阅读本书之后，这些人应该扪心自问，我们是不是在牺牲利益相关者？是不是在背离社会友善？

经济学家迈克尔·波特（Michael E. Porter，1947—，哈佛大学教授）提出的“五力理论”的指针部分，曾经给人造成“宁可牺牲利益相关者，也要追求利润”的印象，然而，最近他却在宣扬什么“创造共同价值”①。

从这种意义上讲，对于安倍经济学开展“政治主导的春斗”，我们又应当如何看待？很多人对于这场政治斗争的意味和意义提出了不少疑问。

事实上，企业治理已经成为问题了吗？企业治理以及功能低下的春斗，根本赶不上消费物价上升造成实际工资降低的问题重要吧？此外，这个问题的提出，是针对现代资本主义社会工资上涨不能带来消费扩大就不能成立的现实诊断开出的药方吗？到底人们在议论一些什么？

我的观点是，春斗就是企业重组。为了提高劳动生产率，必须在保持工作和生活平衡的同时，提高女性就业率。在消除正规就业与非正规就业差距的同时，必须顺利实现劳动力总量的流动、强化人力资源的培养等。

其中，创建能够维持工薪穷人及其作为其预备军的贫困家庭生活的工薪体系，即使从制止贫困连锁反应、确保正在减少的劳动力资源的意义上讲，这也是一个亟待解决的重要问题。

从上述意义上讲，那种着眼于企业评价、认为股票市场能够带动工资上升、提高就业容易度的人，实际上并没有注意到向ROE一边倒的动向②。

---

① 迈克尔E·波特（Michael E. Porter）、马克P. 克莱默（Mark P. Kramer）：《创造共享价值》，《哈佛商业评论》，2011年出版。

② 藤原隆人：《竞争——为公司员工的利益着想才会受欢迎》，发表在《日本经济新闻》2015年3月13日晨报。

然而，这个问题不是单个企业就能够解决的问题，通过政府、劳动者、人力资源使用者协商等方式进行概念炒作是必要的，这就是春斗和企业重组问题存在的必要性之所在。

第四节　经济增长不是靠人力而是靠技术

一、技术革新与世界市场相辅相成

安倍经济学的经济增长对策是：(1)摸索量化宽松的出口振兴政策；(2)通过提高消费税率和实行社会保障改革，实现财政健全化的目标；(3)通过提高就业率来提高劳动生产率，进而实现提升几乎为零的潜在经济增长率的目的。

认为目前日本经济状态与19世纪英国经济状态极为相似的人就是皮凯蒂。皮凯蒂在回答日本经济新闻社记者泷田洋一的提问时，即刻做出反应并指出，现在日本背着沉重的政府债务负担并处于通货紧缩状态，这不就是19世纪英国的状态吗？

笔者也对目前日本与19世纪末英国的相似性予以关注，与当时的新兴发达国家美国和德国依靠钢铁、煤炭化工、机械、电机等新兴产业主导经济增长相比，当时的英国确实是由于背着沉重的债务包袱而处于经济停滞状态的。

从1873年到1896年的23年期间，确实是英国的通货紧缩时期。正如经济学家安格斯·麦迪森(Angus Maddison，1926—2010，英国剑桥大学教授)所指出的那样，19世纪的英国肩负着拓展技术国界的重任，该国的资本流动事实上被大量应用到技术扩散和技术转移过程中。那些追随英国的国家所进行的技术革新方面的努力，仅仅倾注于个别产业领域，正如人们所见到的德国注重煤炭化工产业那样。

令笔者关注的是，由于英国经济停滞，比如，能够大量低价生产钢铁的新技术和转炉法等，虽然是英国发明的，但是它们却被美国和德国的企业大量推广应用了。英国对于这些新技术反应迟缓，完全是由于英国的技术革新与设备扩张紧密结合在一起并难解难分的缘故[①]。

① 高桥琢磨：“作为世界最大债权国的日本理应发挥的作用及其限度”，1985年发表在季刊杂志《财界观察》第50卷第7期。

然而，目前的日本处于什么状态？作为安倍经济学理论主导者之一的吉川洋，拉开阵势指出，即使人口减少，日本也能依靠资本集聚和技术革新实现经济增长。这种论调是以索洛（Robert Merton Solow，1924—，美国经济学家，诺贝尔经济学奖获得者）经济增长模型（Solow Growth Model，是罗伯特·索洛提出的发展经济学著名模型，又被称作新古典经济增长模型）关于资本、劳动、综合要素生产率增长分析为前提的。此外，吉川和麦迪森还指出，从1820—1970年的150年，西欧的GDP增长了50倍，人口仅增长了4倍，人均GDP增长了13倍，其原因在于技术进步发挥了很大的作用。

另一方面，也有一些学者认为，与19世纪的英国相似，即使在日本能够培育出技术革新的萌芽，却难以把他们养大。明治大学加藤久和教授、大阪大学林敏彦名誉教授等就持有这种观点。

因此，要打破这种倾向、推动技术进步，就不能将各种技术推进手段仅仅停留在口头上。必须从推进前面所说的卧龙企业实行国际化入手，逐步推动那些严重依赖日本国内市场的国内导向型产业面向国际市场进行企业行动。

人口减少，从文字上看就是“人嘴”减少，这种状况反映在企业的业绩上就是食品企业已经走向国际化。其中，万字牌酱油公司已经将其日本商品培育成为全球化的商品。日清食品公司把它的杯装方便面作为世界商品推向全球化的国际市场。味素公司也脱掉其原料厂商的外壳，以雀巢咖啡为目标，努力实行国际化战略。

此外，那种让吉川最重视的、依靠生产技术革新实现高端成长的典型产业就是新药企业。因为没有新的东西就不能被认定为新药企业。然而，美国全国制药企业协会公布的2013年发展报告显示，一种新药开始上市之后可以带来12亿美元的收入，但是一种新药上市大约需要10—15年的时间。

从新药的研究开发成本回收方面来看，在较短的专利权保护期间内，企业必须尽全力销售更多的新药，否则，企业将难以回收投资资金。为此，企业必须形成全球化的销售网络。

二、经济的新陈代谢始于创业

新兴产业的创立难以从现有产业和企业中产生。如果这样的话，人们就难以指望创业文化突飞猛进地发展。在要求提供新概念的“智能制造和信息化时代”，不断进行新的尝试是非常必要的。因此，伴随着信息化的发展，比如说 3D 打印技术产生之后，原来制造一个需要用几个月才能完成的实物模型，现在只要在以日为单位计算的时间内即可完成，因此，手机客户端制作设计互换将变为现实。

然而，在日本，这种尝试只能在物品制作这种狭小的范围内才能完成，产生新创意和新概念的大气候还没有形成。即使浪费也要进行尝试的风土和体系还没有落地生根。哪怕是只顾眼前利益，也只能说这是他们的偏见罢了。MPU 这种新商品产生后，就会出现这种商品是为特定企业生产的零件、还是为第三者或者是为发烧友生产的疑问，从另外的角度来看，就会产生能否用这个东西造出电脑的联想，因此，人们就会尝试着把它作为一个世纪性大商品。笔者将其称之为“唤起特殊需求”[①]。

许多新的东西都是通过诸多创意运用和新概念提示并从中经过市场选择的方式产生的。要增强经济新陈代谢的活力，就必须有更多的人去创业（包括创业—破产）。在日本众议院竞选纲领中出现的“建设创业大国”、把新经济增长战略目标设定为创业率提高 10%，也就是不足为奇的政策了。

然而，从目前来看，在日本尽管有 100 多万人希望自己开业，但是真正从事创业活动的人仅占 30%左右。现实的情况是新开业率不足 2%。即使从全球创业者跟踪调查所做的创业活动活跃度图表来看，日本与德国的创业率都是非常低的（见表 4）。

表 4　创业活动活跃度

国家或地区	2002 年	2012 年	今后 3 年的创业意向
日本	1.8%	4.0%	5.4%
韩国	14.4	6.6	14.6
中国	12.3	12.8	21.7
中国台湾地区	4.3	7.5	26.8
新加坡	5.9	11.6	21.4
马来西亚	—	7.0	15.7
泰国	18.9	18.9	23.7

① 高桥琢磨：《战略经营学》，钻石出版社（DIAMOND，Inc）2012 年版。

续 表

国家或地区	2002 年	2012 年	今后 3 年的创业意向
美国	10.5	12.8	16.5
英国	5.4	9.0	11.5
德国	5.2	5.3	8.9

三、突破限制才能开拓尖端科技领域

尽管日本也不乏间谍酒吧、眼虫那样强有力的生物风险投资企业。然而，在安倍经济学的经济增长战略中，只是把机器人、革命性技术推进程序等词汇镶嵌其中罢了。

在此，我们一边举机器人产业的例子，一边检讨日本的创业文化及其创业者周围的环境。

日本的产业机器人约占世界的 50%左右，不管是机器人的质量还是数量在世界上都处于领先地位。发那科、安川电机等公司都是机器人业界著名厂商，汽车制造、电机等产业都在大量采用机器人并形成一个巨大的网络。安川电机的主要产品——产业机器人(MOTOMAN)累计销售出 26 万台机器人，在这个领域内处于世界领先地位。

然而，从目前机器人的生产数量来看，2015 年中国已经跃居世界第一位，以机器人市场为基础的国内厂商开始抬头审视原来的市场格局，日本企业必须担负着引领尖端科技的任务。

那么，产业机器人以外的领域又是一种什么状况？20 世纪 90 年代后期，以日本的本田公司生产的“阿西莫(Asimo)”等为代表的世界最先进的两足机器人，索尼公司生产的“机器狗(AIBO)”宠物机器人等相关研究开发活动盛行，即使在相关基础研究方面的实力也是很强大的。

然而，在手术辅助性机器人开发方面，美国通过风险投资企业“达芬奇(DaVinci)”公司实现超越，使日本的集聚功能未能得到有效地发挥。尽管在介护机器人领域日本有网络达因公司(CYBERDYNE 株式会社)那样的成功案例，但是该公司的主要机器人产品以及“HAL”却在海外市场率先开发成功了。在医疗、介护、健康指导等领域发挥辅助作用的“生活辅助机器人”和无人机等，能够在天空上进行自动控制飞行、监视地面的机器人等方面的研究开发活动，在不许失败、不许冒险的社会中，必须要取得各种失败风险审查机构的许可，因此，这些产业在相关用途开发和市场开拓等方面还是处于弱势地位的。

机器人技术是典型的双重新兴产业技术，对于这个领域尖端技术的开发，美国国防部高级技术研究规划局（DARPA）的参与并不少见。从自动控制、机器人尖端科技开发这一点来看，东京大学尖端科技研究中心高桥智隆副教授认为，美国国防部高级技术研究规划局举办的大城市竞赛发挥了很大的作用。

那么，究竟发挥了多大的作用？我们先粗略地看一下。2013 年年末，美国国防部高级技术研究规划局在美国的佛罗里达州举办了一场以日本福岛第一核电站事故地区为假想地的、在瓦砾堆积如山的残酷环境中也能够进行作业活动的机器人研发大赛，在参加大赛的 16 个团队中，东京大学设立的风险投资企业——SHAFT（转向轴）公司制作的机器人“S—1”，撇开美国航天局（NASA）和麻省理工学院（MIT）等强豪团队，率先到达终点[①]。

其他团队制作的机器人都停下来原地不动，或者翻倒，只有东京大学风险投资公司的机器人“S—1”确实完成了上述任务。最后的机器人启动四轮驱动车，手脚并用灵活操纵方向盘和加速油门，走完了 75 米的比赛指定路线全程。

SHAFT（导向轴）公司随后被谷歌公司收购。这场比赛开始之前，谷歌公司就对这家机器人风险投资公司感兴趣，在比赛期间，该公司一口气买走了包括转向轴公司在内的 8 家公司。美国国防部高级技术研究规划局主办的这次比赛简直就变成了一场商品洽谈会。获得这次比赛预赛第一名的团队领到的奖金，成为准备参加 2015 年举办的正式比赛的研究开发资助资金，风险投资资本的功能因此得到了充分发挥。

这个事情充分说明了目前日本年轻人面对难题勇于挑战的现实。尽管这些年轻人没有被列入到写着一大摞姓名的重点项目中去，但是他们展现挑战意欲获得成功时的喜悦，也是令人玩味的。致使这些研究成果和技术最终未能出现的主要原因是那些并不接受这些成果的社会管制措施。最初认定网络达因公司机器人“HAL”可应用于养老护理领域的许可证是德国人颁发的，日本要引领尖端科技发展，就必须实行许可和认证体制为中心的管制改革。

① 实际上最终参加美国国防高等研究计划署（DARPA）主办的救灾辅助机器人大赛的是谷歌公司，他们在大赛举办之前的一个月收购了一个生产传动轴（SHAFT）的公司。

四、严格区分研发风险和制度责任

高桥认为，由于社会体制和管制形成的心理隔阂而造成机器人研究开发失败的情况还可以举出松下公司的吸尘器开发等事例。电子机器人吸尘器(iRobot)“伦巴”已经走在前面，要想超越它几乎是不可能的。

然而，在这里，我们可以举出手术辅助机器人“达芬奇”这个最合适的事例。20 世纪 90 年代这种机器人由美国的风险投资公司开发，2000 年作为临床应用机器获得美国食品医药品管理局认可，同时开始在全世界进行销售。

对于手术施行者来说，从开凿的 1—2 厘米的小洞插入内窥镜和机器手，就可以一边看着 3D 模拟画面，一边就像将手术领域纳入视野那样，通过操作机器手，完成高度复杂的内窥镜手术。

尽管“达芬奇”中使用了很多日本发明的技术，但是，在日本由于考虑到可能面临的多种医疗事故风险，还是将这些技术的研究开发搁置了。“达芬奇”出世后，并不是单纯提高了性能，而且通过附加手震动防止装置等配套设备，产生出能够延长外科医生寿命等效果。

即使在日本，由新能源、产业技术综合开发机构(NEDO)主导的“癌症早期发现诊断及其治疗机器综合研究开发项目”也在东京大学以及奥林巴斯公司的协作下，不断推进支持内窥镜手术的主从型手术机器人的开发活动。

这个项目正在实施的是，比原来更加小型化、拥有多关节机械手(相当于机器人的手和腕部)并兼具躲避障碍物能力的高度改良型机器人的技术开发。然而，该项目并不是那种单纯设定追赶目标的项目，而是那种在延长外科医生寿命需求特定化过程方面较为落后的项目。

由于受到福岛第一核电站事故的影响，日本也在积极推进能够适应异常残酷灾害现场并能够从事作业活动的机器人开发。尽管在启动四轮驱动车问题上日本可能有些欠缺，但是日本设定的项目目标是与美国国防部高级技术研究规划局相同的。

尽管从这个开发和制造机器人小组的成立阶段开始，其成员都是从那些从事机器人开发的大学和在过去拥有机器人开发业绩的企业中选拔出来的，但是人员采用的标准并不是从其技术竞争的优劣来决定的，像转向轴公司那样的风险投资公司并没有能够入选。

与美国国防部高级技术研究规划局优先购买风险投资公司开发的新技术的做法有所不同，日本的官僚们总是对各种技术研究开发失败的后果杞人忧天，阻止日本版“达芬奇”的出现，在日本，连养老护理机器人“HAL”那样的设备都不能获得许可投放市场，那么，风险投资公司开发的新技术自然就被各种制度阻止了。

在技术赶超时代，追究政府的责任是有其正当性的。但是不少人认为，创新和信息化时代的制度责任与以前的时代相比是有差异的。

五、与工业 4.0 相对抗

在机器人开发相关项目的推进方向等问题上，日本与美国也形成了鲜明的对照。然而，在作为经济增长政策进行评价的情况下，相对于把创新性研究项目的方法论、机器人作为经济增长战略支柱产业的日本来说，把周边国家并把提倡“中国制造 2025”的中国也包括在内；强调推进“工业 4.0”的德国提出了销售金额提高 3.3%、每年投入 40 亿欧元、在今后五年内实现劳动生产率提高 18%等奋斗目标，推进技术进步与经济增长政策相结合。日本的相关对应措施则仅仅停留在提出个别政策的对策层面上。

日本的多数企业在处于纵向整合状态时，往往是通过系列网络方式，建立企业链接来保持其领导地位的。然而，在网络化时代，供应链联结方式显得反应较慢一些。“工业 4.0”时代，大众化的专门订制等方式，将可以为新时代产品制造概念提供不可欠缺的开放式平台。

让人们对安倍经济学的增长理论产生疑问的还有这样一种说法。在物联网交易（Internet of Things：IoT）不断深化，而且将人工智能也卷入进来的互联网时代，欧洲最大的软件公司 SAP 提出，德国只有建立把中国包括在内的、能够与不断推进的“工业 4.0”及时对应或者相对抗的体系才有可能活下去。

20 世纪 80 年代，日本在电子信息产业领域占有世界 50%以上份额的时代已经一去不复返了，在 AI 的开发、活用领域，美国毫无疑问是世界上最杰出的。然而，微软公司不仅将与“IoT”相容的软件无偿公开，而且将适合产业应用的、担负着新兴通信产业需求的第 5 代（5G）携带电话的规格作为公共产品予以公开。

根据提出与“工业 4.0”相对抗、提倡“IIC”（工业 · 互联网 · 联合体）的斯科系统公司的计算，到 2015 年，与互联网连接的机器数量已经达到 250 亿台；2020 年将达到 500 亿台。而且，在第 5 代手机开始应用以后，不仅物品交易，而且机器与机器之间的通信、“M2M”(M2M 是 Machine-to-Machine/Man 的简称，是一种以机器终端智能交互为核心的、网络化的应用与服务)都将会变成现实。

在日本尽管也有像富士通、IHI 公司(英语：IHI Corproation，日语：株式会社 IHI，是日本一家重工业公司，亦为日本重要的军事防务品供应商)、三菱电机等 30 多家公司正在推进所谓的“工业、价值联、首创”(IVI)联合体，但它并非是 IT 产业的东山再起，它作为能够引起人们的服务化、个性化生活发生变化的因素，制造业以其共有技术首次被纳入到经济增长政策之中。这并不是那种议论搭乘美国、德国或者中国等哪个国家的政策才好的观望判断，而是要求日本发出应有的声音。

在这种情况下，日本决不能仅仅着眼于国内市场这个短视的射程内，比如说，仅仅考虑将 2020 年奥林匹克运动会纳入视野、开发高精度影像接收机等方面的设想。2014 年，日本的软件银行公司将本公司开发的机器人“胡椒”与 IBM 的 AI“沃森”进行连接通信并在两者之间进行交流演示，在产品制造和销售方面，他们从阿里巴巴那里获得资金，与鸿海公司合资建立了新的公司。

丰田汽车公司以开发和普及不排放二氧化碳和大气污染物质的氢燃料电池汽车为目标，于 2014 年将“未来”牌汽车推向市场，能够把氢气和氧气进行化学反应得到的电力作为动力源的“燃料电池”汽车，就是那种兼具利用氢气做功又不排放有害气体能力系统的汽车。

然而，技术的发展并不是伴随着人们的生活变化而变化的。如果能够实现汽车自动驾驶的话，不仅盲人驾驶汽车这种好处能够成为现实，而且，能够改变人们利用汽车的形态。要提高汽车的市场占有份额、提高汽车的利用率，不改变公路和停车场不足的现状，就不会让人们对亚洲的发展抱有希望。相反，如果自动驾驶汽车市场占有率能够提高的话，汽车就可以成为居住设施的补充，同时可以将其作为娱乐手段加以利用。如果将这个射程纳入视野，首先提出机器人、AI 沃森以及 5G 手机规格的开发及其建议的话，就会开拓出新的经济增长远景。

要在不增加人口的条件下实现经济增长，就必须摸索依靠技术进步推进经济增长的模式。到目前为止，尽管我们看到了一些成功的事例，但是在生产函数中，综合要素劳动生产率(技术进步)是单独存在的，它不是经历挑战就能实现的。要跨越人口减少的不利条件，不实行海外进出、国际合作是不能成立的。

第五节　事实上日本银行在自噬量化宽松金融政策

一、金融机构被亮黄灯

在2013年4月召开的政策会议上，刚诞生的日本银行黑田东彦总裁宣布决定实行“不仅在数量上而且在质量上的量化宽松货币政策（QQEI）”。

然而，到目前为止，尽管日本已经实行量化宽松货币政策超过了一年半的时间，但是日本的消费品物价上升率提高2%的目标却难以实现。尽管国际原油价格下降这个有利于日本经济增长的因素一直存在，但是日本并未对此做出评价就直接推出了将每年的日本国债买进数量提高到大约80万亿日元的第二次量化宽松货币政策（QQE2）。

尽管美国和欧盟也在实行大规模量化宽松货币政策，但是欧盟实行这种政策是因为希腊再度发生经济危机而不得已而为之；而美国实行这种政策则是在掌握实行振兴出口战略时机后才做出的决定。正是由于世界主要国家的中央银行在过去的6年中实行了大规模量化宽松货币政策，从而导致资金未能流入产业而变成储蓄累积的局面。

《纽约时报》警告说，由于资金围绕着投机运行，一部分与网络技术相关的股票已经开始出现泡沫的前兆，这种前兆集中表现在向评级较低的债券进行投资等情况已经发生。

日本也不例外。尽管日本经济有着820万套空房子，但是量化宽松货币政策首先会造成资产价格上涨，要指望它会对实物资产带来好影响的话，恐怕是没有道理的。

实行大规模量化宽松货币政策，必然会造成国债市场收益率的超级平面化，从而造成一部分国债出现“负利率”这种极为异常的情况。其异常之处在于，它不仅会形成因政策而扭曲的市场，而且政策本身也会因此而失去其本来面目。

对于那种认为在利率这个市场功能出现迷失情况下，大量基础资金持续注入到经济中必然会造成通货膨胀率上升的看法，就连担任日本银行政策审议委员、考察过“时序列政策”的植田和男也对此提出了“不把利率当作时序列政策，换而言之，把量化宽松货币当作时序列政策，显然有些不正确”等严厉批评的看法。

岩井克人通过很多实证分析证实，货币数量增长率与物价上升率之间并不存在必然的因果关系，对援用经济学说史上已经被当作遗物的货币数量说的黑田货币政策的正统性当面扎了一刀。

国债市场上出现收益率超级平面化的现象，实际上就意味着市场对于金融机关的经营状况亮起了黄灯。

金融机关是以存款这种短期、低利的方式借入资金，然后将其投入到利率较高的长期贷款或者债券投资中去，从中赚取利息差价的方式来维持银行经营的。如果银行大量购买国债，那么就意味着地方银行的投资客户必定减少。利率差价为零和投资客户的缺乏，必然会导致金融机关出现经营风险，同时也会造成金融体系出现安全相关的问题。

从金融家的立场来看，已经持续维持低利率状态将近二十多年的日本与19世纪的英国极为类似。第一生命经济研究所森馨一郎所长就是这么看的。森认为，19世纪的英国在经历了长年持续低利率状态之后，好不容易出现了利率逆转上升的情况，这种利率逆转上升的情况，即使在日本也肯定会出现。然而，英国金融机关为推进利率逆转上升而遭受重大损失的情况，同样会在日本重现①。

根据计算，如果日本银行将利率提高到1%，那么银行部门就会出现6.7万亿日元的市价损失；如果将利率提高到3%，那么银行部门就会出现18.4万亿日元的市价损失。为此，日本必须具备防范利率逆转上升风险的能力。

然而，在现实中不是有很多银行还在叫嚷着期待日本银行将通货膨胀率提高到2%吗?

如果企业犹如发挥动物性烈酒作用那样推进设备投资，那么在银行利率超过企业利润率的情况下，它就会像投入到旺盛的资金需求中的火柴那样引起燃烧。然而，相反，如果想在没有资金需求的企业中激发2%的通货膨胀率，那么债券的持有者就会基于通货膨胀率提出补偿要求。因此，历史性的2%的溢价要求就会出现。

总之，将日本的国债收益率逆转提高到4%，对于日本经济来说，也许是最为合适的。

---

① 森馨一郎：《19世纪末英国长期利率的螺旋上升与金融机构》，2013年3月发表于双月刊《生命保险经营》杂志。

撇开其他条件，寄希望于通过2%的物价上涨来摆脱通货紧缩的想法基本上是错误的。

日本银行通过利用大量购买国债的做法，即使从禁止日本银行承担国债的财政法第五条及其相关条款中，也可以看到QQE已经处于危险状态。禁止日本银行承担国债相关法律实施的背景是，国债亦即日本银行券这种“货币”，如果日本政府逃避债务偿还义务、日本银行的平衡表被冲破的话，那么不论多少国债都可以发行的担心就会被排除。

然而，由于日本政府在2013年4月实行第一次QQE并在2014年10月实行第二次QQE，从而使2014年年末日本银行从财政部购买的长期国债余额达到360万亿日元，预计到2015年年底长期国债余额将增加到440万亿日元。由于日本银行声称今后每年还将增购80万亿日元规模的国债，那么到2016年年底，日本国债发行余额的一半左右将被日本银行持有。

这就是事实上的“日本银行承担”。总之，日本银行实行的两次QQE显然是违反财政法的“非法行为”。

事实上“日本银行承担”背后反映的是日本的财政部与日本银行之间正在进行着货币往来，日本政府让日本银行支付国债利息。日本银行通过利益分配、将其中很大一部分利益作为日本银行缴纳资金返回到国库，尽管支付到民间的利息不能返回到国库，但是资金可以通过日本银行返回到国库。

2015年度日本的税外收入约为5万亿日元，可以断定，这部分资金几乎就是日本银行的缴纳资金。总之，日本银行实行的两次QQE尽管被称为这是为了摆脱通货紧缩所必需的行为，但是事实上却是违反财政法的“不法行为”。因此在经济学家中开始流传这样一种声音：这是不是在编制以实现经济新生和财政重建为目标的2015年度财政预算方案？

担任日本银行理事的富士通综合研究所早川英男认为，日本银行实行的两次QQE并不是仅仅让人担心它在为实行出口导向性政策做准备，而且同样令人担心的是，在2%的通货膨胀率实现之前，财政健全化的目标能否实现？如果在实行出口导向政策时不能实现上述目标的话，那就不能不让人们担心上述金融政策将会造成利率急剧升高，打击金融机构，进而引起经济混乱①。

① 早川英男：《实现财政健全化的焦点(下)——必须确保通往宽松政策‘出口’的诚信》，发表在《日本经济新闻》2015年3月10日晨报。

人们不禁要问，撇开策略不说，通过实施安倍经济学，到2020年度能够实现财政收支黑字化为中心的财政重建计划目标吗？

二、财政重建岂止引发人们的危机隐忧

欧盟创立时确定的马斯特里赫特条约规定，欧盟圈内的国家必须将其财政赤字抑制在其GDP的3％以下，公共债务总金额必须限制在其GDP的60％以下。然而，托马·皮凯蒂没有进行过算术以外的理论性说明就认为，实现5％的名义GDP增长率，就能够将政府的公共债务水平控制在其GDP的60％以内。

然而，全部公共债务或部分债务违约时常在债务极端过剩的情况下发生，2011年—2012年的希腊就是一个典型的例子。

政府的债务累加与其迫使民间投资减少密切相关，同时又会让人担心它会拖经济增长的后腿。

因此，对于财政部长来说债务违约和金融恐慌将是一场噩梦。然而，到底应该将国家的公共债务控制在怎样的程度上？这是一个难以用理论进行说明的问题。

在这种情况下，卡门·M·赖因哈特（Carmen M. Reinhart，1955年7月至今，美国哈佛大学国际金融学教授）和肯尼思·罗戈夫（Kenneth Saul Rogoff，1953年3月至今，美国哈佛大学金融学教授）使用1790年至2009年两个多世纪的数据进行分析后，发表了题目为“关于将债务余额确定为GNP的90％时存在临界值”的论文。然而，不久就发生了认为这篇论文存在计算错误的事件并引起轩然大波。安倍经济学一方面要把目前面临的问题放在心上，另一方面又要参考劳伦斯·萨莫斯（Lawrence Henry Summers，1954年11月30日至今，美国著名经济学家）和岩井克人的意见，得出敷衍这场争论的结论。

（1）相关性并不能证明因果关系的存在，即使存在高债务与低增长并存的现象，它也只能反映出低增长率可能因为债务积累而发生的事实。

（2）那种计算结果是怎么计算出来的？作为分界线尽管有临界值，但是与其说它会引起经济危机，倒不如说，在危机发生之前的阶段内，即使债务不断增加，它也会在造成经济增长率缓慢下降的同时，也会向着相反的、与累积负债造成的通货紧缩交织在一起的形态发生转换。但是，如果将它与经济危机的相关性绞在一起的话，那么就变成线性问题了。

(3) 那种相信利用大约 30 个国家的数据就能推算出债务超过怎样的水平就能发生经济危机的人肯定是愚蠢的人。即使假定存在这种分界线，那么也会由于本国货币的有无、金融体系、文化、开放度、经济增长的经验等方面存在的巨大差异，使所有国家的债务临界水平不能确定在同一个点上。然而，尽管在没有达到临界点时债务水平不会产生恶劣的影响，但是在超过临界点的时候就会发生期待值的转变，比如说，通过保值基金进行卖空等风险就会急剧扩大。

从托马斯・皮凯蒂的立场来看，与其分析相关关系，倒不如回首历史上的真实数据。

十八九世纪的英国，总之，从拿破仑战争末期，一直到以后的第二次世界大战之后，尽管英国政府怀抱着占 GDP 的 200%这种如此巨大规模的公共债务，但是英国并未发生过债务违约的情况，只不过是用非常漫长的时间，才还清了这些公共债务罢了。

能够以超过经济增长率的利率支付国债利息，同时还将债务余额逐年减少并在 20 世纪初实现公共债务占比大幅度削减的是，1815—1914 年这 100 年间英国保持了 2.5%的持续经济增长，由于年度税收大幅度超过年度财政支出，那么财政基础收支也就保持在经常性、相当规模的黑字状态了。

与托马斯・皮凯蒂分析的 19 世纪的英国相似，怀抱着占 GDP 大约 200%这种巨额公共债务负担的日本经济的走向也是令人非常关心的。

尽管目前日本的现状与已经陷入到债务积重难返最终阶段的 19 世纪后期的英国经济非常相似，但是日本所处的经济条件更加恶劣。

2015 年 2 月，日本内阁府公布的《中长期经济财政推算》在为安倍经济学表功，尽管他们用年平均增长 3%这种如此之高的名义 GDP 增长率来导演经济新生的剧本，但是在 2020 年度的财政收支平衡表上依然还会有 9.4 万亿日元、约占日本 GDP1.6%的财政赤字残余。

更现实一些的剧本是，如果追寻 1%的名义 GDP 增长率、实际上是 0%的 GDP 增长率的话，那么到 2020 年度日本的基础收支赤字将达到 16.4 万亿日元，通过实行解散安倍经济学并将消费税率提高的时期延后一年半的措施，那么届时的日本财政状况，将与赤字金额占 GDP 的 3.3%并实行增税政策时更加恶化 0.1%的、作为起点的 2015 年度的基础收支赤字金额保持在相同的水平上。

安倍经济学寄希望于通过实行托底的经济增长，实现自然增收的目的，并以此实现减少财政赤字、恢复财政收支平衡、很快就会进入到 19 世纪英国那样的黑字化状态、减少公共债务占GDP比例的基本目标。

既把基础财政收支作为中期目标，又看重债务余额占GDP比重的安倍首相发言，不就是一种基于"能够将仅为0.2%左右的潜在经济增长率提升到2%或3%"的错觉、无视财政规则、招致财政恶化、为自民党实行"造势政策"的行为吗？

尽管财政基础收支出现赤字，债务余额所占比例也能够受到抑制，其原因在于，在长期利率被抑制在异常低的情况下，只有利率正常化才是驱散雾霾的真正指标。

那么，作为安倍经济学第二支箭的财政出动政策是可以信赖的吗？尽管克鲁格曼主张不要执著于财政赤字，但是，他的话是对于那些债务平均占GDP的90%以下的发达国家以及美国而言的。他的主张对于债务占GDP的200%以上的日本来说，是不能适用的。在潜在经济增长率只有0.2%并且处于没有供求缝隙状态的日本来说，实行积极财政政策本来就没有什么意义。

尽管R.格伦·哈伯德(R. Glenn Hubbard，1958年至今，美国哥伦比亚大学经济学教授)以及吉川洋教授也对日本未来的财政危机抱有不安，但是，他们认为，推进经济增长同样也是困难的。政策研究大学院教授伊藤隆敏警告说，日本可能陷入到不但经济增长率停滞，而且财政赤字还在不断膨胀的状态中。为了避免陷入债务与通货紧缩并存的恶性循环，日本必须努力减少国债余额。

这就意味着，除了利用削减社会保障等方面的财政支出以及将消费税率提高到超过10%等手段之外，必须检讨使用其他的手段。医疗费的削减、养老金金额的削减和养老金支付年龄的提高等，能够削减的都要削减，但是这些手段的使用都是有限度的。怎么办才好呢？还有多少富余时间可供利用？

正如前面伊藤所说的那样，若是指望民间部门购买的国债超过储蓄总额的话，那么就会陷入到不发行国债财政就得不到好处的、被定义为"财政危机"的状态之中。尽管目前日本的财政赤字情况与其他发达国家相比异乎寻常地严重，却没有发生问题，其原因就在于，日本的国内储蓄将国债发行牢固地罩住的缘故。

根据模拟分析的结果，伊藤警告说，哪怕出现5%通货膨胀率，如果日本不及时把消费税率至少提高到15%的话，那么到21世纪20年代中期日本将遭遇财政危机①。

① 伊藤隆敏：《日本财政的"最后选择"，财政健全化与发展能够两全其美吗？》，日本经济新闻出版社2015年版。

第三章

消除不平等开启经济发展之门

第一节　人类创造的社会价值业已发生变化

一、产品的劳动价值正在下降

现在日本的少年儿童人口占12.9%，65岁以上的人口占25.1%。此外，育龄人口(15—64岁)有7 901万人，其中5 100万人为所得税纳税人。不言而喻，日本经济正处于这种人口结构之中，即使缩减社会福利保险费用也难以避免陷入进退维谷的窘境。因此，日本政府不得不采取依靠增加劳动就业率和提高生产率提升人均国内生产总值(GDP)的政策。

而且政府还认识到，为了从少子化的陷阱中逃出去，除了为年轻人尽早提供与能力等值的报酬，并且实现任何人都可持续工作到70岁的社会目标以外，别无良策(尽管人们担忧高龄者一旦流入劳动市场，年轻人参加工作的机会就会出现被疏远的可能性)。

据说已故大平正芳担任外务大臣期间，曾经向邓小平询问："中国希冀一个什么样的社会?"邓小平考虑片刻后回答说："小康社会。"不过，如果有人问道："你希望现代日本成为一个怎样的社会?"那么谁都可能这样回答：无论对年轻人、女性还是对中老年人来说，都是一个能够顺利度过人生90年的社会吧。因此，我们可以从这个答案得到的启示来绘制自己人生计划的理想蓝图。

在我们描绘未来理想的时候，需要确定技术进步的终极方向。在此，介绍下面两个在2000年前后形成鲜明对照的理论观点。

罗伯特·福格尔（Robert William Fogel，1926—2013年）是一位运用经济理论和数量分析手段研究经济史的著名经济学者，他与道格拉斯·诺思（Douglass Cecil North，1920—2015年）一起荣获1993年度诺贝尔经济学奖。他于2000年出版了《第四种觉醒和平等主义的未来》（The Fourth Great Awakening & the Future of Egalitarianism）一书，他在这本著作中展望未来时指出，21世纪对平等来说，可能是一个极其重要的世纪，并预测每个人都可以均等地获得教育机会和发挥个人能力的机会，个人被赋予最大权限，最终实现人人平等的可能性极高。由此可见，21世纪无疑是"第四种觉醒的时代"。

与此相对，英国的社会学者安东尼·吉登斯（Anthony Giddens，1938年—现在）等人则提倡"第三条道路"。他们认为，30年后占全世界劳动人口N个%的人足以生产出人类所需的产品并提供各种服务，并且警告说，这种情况正是国际化潮流带来的巨大风险。无独有偶，皮凯蒂曾在历史考察中指出：虽然技术进步对经济增长起着巨大的作用，但是同时也会大幅度加快取代劳动力的进程。可以说，他们的理论与皮凯蒂的论述如出一辙。

毋庸置疑，本世纪交替时期的前后30年正是发达国家处于"由工业化时代转入智能创新和信息化时代"的过渡时期。曾几何时，在工业时代物品制作本身就具有创造价值，然而进入智能创新和信息化社会后，产品制作不再产生价值，必须给它创造出某种新价值①。

我们就以上述认识为依据来思考分析一下，福格尔和吉登斯两人提出的这种对立观点具有什么意义。诚然，在工业化时代，只要人们相互合作汗流浃背地劳动，就能获得相应的劳动成果，而劳动者也可以领取足够的报酬维持自己的生活。

但是，如果在智能创新和信息化时代，少数被称为知识精英阶层的专业工作者和技术人员将承担社会的主要工作任务，他们的报酬虽然在一定程度上事先就被明确地预定下来，但是除此之外，或许还能从自己所创造的社会价值成果中分得一杯羹。

---

① 高桥琢磨：《战略经营学》，钻石出版社（DIAMOND，Inc）2012年版。

二、智能制造和信息化时代的新价值

智能制造和信息化时代的价值观是怎样形成的呢？事实上，所谓新型知识精英阶层就是那些依靠专门技术获得权利的人们。可以说，他们构建的或许是一种以过去也曾出现过的新古典派经济学为指导理论，标榜契约自由、启发自由的新自由主义社会吧。在那种社会里，所有企业都以IT和金融业为中心并对创新和信息化产生过度反应，同时为推进金融主导的国际化步伐，导致企业在可持续经营的前提下也为筹措不同凡响的高额股东资本而转化成证券。其结果就是，在世界范围形成了一个占人口构成比1%的顶端富裕阶层。在美国，他们的身份绝大多数是企业老板和金融寡头；在欧洲则是拥有资本的富豪。总之，凡是从事与新产品研发相关的研究者或者天才软件程序设计师均可得到特别高的报酬，企业老板或职业运动员、音乐家等人也能拿到高额报酬。尽管演艺人员中的某些人可以得到相应的高额报酬，但他们的收入变动往往会超出人们的预想范围。

与此相反，如果软件程序设计师的能力平平的话，那么他拿到的报酬就会与发展中国家的同行相差无几，诸如此类的现象说明各国国内的不平等业已扩大化。

由此可见，这种美国标准总是通过国际企业竞争和国际资本市场对世界产生影响。但是在日本，由于受到旧体制的牵制，面临着难以完全适应美国标准的状态，因此只要晚一天采取对策，或者少一分欧盟(EU)这个“帝国”的参与，肯定就会遭受比欧洲更大的影响。

此外，教育成本的上涨和人口老龄化等问题都是伴随着非正规就业的扩大而产生收入减少以及创新和信息化的结果。由于用于教育、老龄化等领域的社会保障费用不断增加等因素，致使年轻人中间非婚化现象日益严重，进一步增加了解决少子化问题的难度，因此社会陷入不景气的困境。事实上，日本发生的问题更接近于吉登斯的预测。

今后世界将如何变化？新自由主义是否会被别的什么主义所取代？技术能否更新？

虽然本书前面就论述到有关工业4.0(第四次工业革命)的计划，但是英国的周报鉴于世界进入第三次革命时代，当时曾经刊登过一组有关“经济学家”针对未来冲击的论述，也许这个专辑将成为一个基本理论依据吧。当今世界新产品不断问世，可以说一场完全改变产业、生活和世界经济格局的“数据革命”正在如火如荼地上演。

总之，这场革命使计算能力、相关性和泛信息处理（Ubiquitous）等三个能力获得飞跃式的提升，从而导致人类社会爆发一次革命性的变化。这个变化今后一旦加速度发展下去，机器人、人工智能和自动驾驶汽车等高科技就会渗透到人们的日常生活当中，使我们的生活发生异想天开的变化。

吉登斯的预测表明，如果我们对这场社会变革随意敷衍的话，就有可能因为中国的劳动者进入国际劳动市场而大大影响发达国家劳动者的工资水平。然而，即使中国影响因素杳然消失，人工智能和机器人此后也会不期而至。

那么假如那种社会一旦梦想成真时，等待人类的将是一个怎样的结果呢？我们继续沿着吉登斯的理论思考下去，就会出现50%的劳动就业人数注定消失的结论。事实上，牛津大学的C. B. 弗雷（Carl Benedikt Frey）教授等学者已经针对700种职业做过一项有关数据革命对劳动就业市场带来破坏性影响的调查分析，他们预测，由于电子计算机正取代劳动力，所以在今后10年到20年以内，美国47%的原有职业种类即将由于实现自动化而消失得无影无踪。

另一方面，大卫·奥特却安慰我们不必因人工智能或者机器人夺取自己的工作而感到过度的担忧。他认为，正如一个医生需要跟随有经验的医师在实际工作中接受诊察和手术等训练一样，由于人类的工作中还包含着各种不能明确界定的成分，所以电子计算机对此也不可能简单地代替我们一手包办下来①。其实，最近的IT投资规模已经跌落到互联网创业狂潮前的1995年前后的水平，这个事实可以让我们提出一个假设，即电子计算机也未必是无所不能的万能神吧。

有趣的是，德国总理安格拉·默克尔当时不假思索地伸手想要握住智能机器人的手时，本田公司研制的直立行走机器人“阿西莫”（ASIMO）竟然没有任何反应。然而，笔者却认为，尽管如此，也不能在看到机器人和人工智能的进步没有撼动人类劳动时就掉以轻心。一桥大学名誉教授野中郁次郎曾经指出：日本制造业的撒手锏就是他们重视在工作中有一套打手式的指示与认知方式。于是

① 大卫·奥托尔（David Autor）著“波拉尼悖论与就业增长”，该论文在2014年8月22日举办的怪诞小镇会议上发表。

乎，笔者就忍不住要拉开辩论的架势，竭力相反地鼓吹应该最大限度地利用电子计算机和数据库的优势①。

正如金融市场应用IT技术玩得风生水起那样，从社会的发展趋势上来看，数字化、当面指示与智能化技术正在进步。我们就拿奥特列举的医生这个例子来说，患者的信息通过数据库对相关数据进行综合处理后给出的诊断指示，其精准程度往往超过专家权威的识见。

那么进入IT社会后又会有哪些不同？其实，我们可以预测到，现在的通信、知识和演艺娱乐等领域必定会出现旧貌换新颜局面。如今人们使用IT产品时便宜得宛如免费的空气一样，无论谁都能够随时使用。还有一点就是可引用福格尔所主张的，即个人必将被赋予必要的权利这种乐观理论，并且希望他的理论能够应对解决新出现的劳动就业问题。但是，令人遗憾的是，我们至今尚未看到个人的必要权利超越被教育赋予的范畴。

能否从高等教育入手寻找突破口，新自由主义是否变幻莫测难以把握呢？事实上，现在我们确实看到它的部分主张已经遭到强烈反对，民意正开始背离新自由主义社会的趋势。

然而，目前看来，日本除依靠金融量化宽松政策寻找金融危机后的经济增长出路以外别无良策。在这种情况下，政府要逆世界的新自由主义潮流而动也会困难重重。

此外，21世纪将实现社会平等化的预测，终究不会在福格尔学派的乐观论中找到依据。其实，理由显而易见，虽然各国也有像大规模的大学联网在线免费座位那样的新型教育系统装置问世，但是对于中产阶层来说，教育机会平等才是他们追求平等权利的唯一护身符。尽管如此，目前不仅在日美、甚至在世界范围内连这个护身符都陷入到自身难保的境地。

即使在奖学金制度完备的美国，如今借出去的奖学金(美国不叫奖学金，称为学生贷款)也陷入当事人不能轻松偿还的窘境。于是，美国的中产者们开始选择居住在教育费用相对便宜、教学质量尽可能好的公立中学校区附近。

在日本也有学者指出：事实上，由于受父母经济状况的影响，孩子获得高等

① 高桥琢磨：《知识和组织在提高日本高科技产业竞争力中所发挥的作用》，发表在《国际技术管理杂志》2001年第22期。该报主编向笔者提议，你来担任临时编辑，组织一期关于《数据信息、语言表达与动作表示》的约稿如何？当时笔者找不到支持自己主张的学者，因此放弃了担任临时编辑的想法。

教育的机会也会大相径庭，所以公立高中再次受到人们的青睐。

但是，教育的需求由谁来支撑？人们一旦重新提起这个问题，那么福格尔学派的超乐观论就必然光华再现。可以说，这个问题与美国哲学家约翰·罗尔斯(John Bordley Rawls，1921—2002年)在其著作《正义论》(A Theory of Justice、1971年出版)中的分析论述息息相关，本来早在1937年GM(美国通用汽车公司)在与全美汽车工会(UAW)签署的协议中就保证“与美国标准相匹配的工资水平”，让公司回归到呼吁社会需求政策的原点，即劳动者买得起汽车的工资水平。

由此可见，社会上的大多数人不但不应该是经济上的弱势群体，而且为了保证社会的需求，他们还必须成为消费强者，所以我们有绝对的把握认为，不要再拥护吉登斯等学者的悲观论。

至此，基于上述分析论述可见，日本必须采取依靠增加劳动就业率和提高生产效率来提升人均国内生产总值(GDP)的政策，因此政府在考虑哪个国家有参考价值时，自然就会花落瑞典。至于选中瑞典的理由，完全在于它是一个高就业率的经济强国，并非看中该国是人人希冀的高福利国家的缘故。

第二节　构建具有流动性的劳动市场

一、北欧拥有较高的劳动就业率

最近有个流行语说“人生有如两季收获的时代”，所以凡事都要未雨绸缪方可。然而，我们却不能把人生50年都始终吊在一个公司的树上而安之若素。其实，在人的一生当中肯定会兜兜转转碰见几个工作机会或者调转几个部门岗位，从中随机设计调整自己的人生计划。在这种情况下，显然，流动性的劳动市场是必不可少的条件之一。

毋庸置疑，目前劳动就业率达到最高水准的国家是瑞典、挪威和丹麦等北欧各国。所以在这个意义上，他们是日本应该借鉴和效法的典范。

例如，对瑞典和日本进行比较时，我们看到虽然两国在1990年都陷入了金融危机，但是在此之后的不景气前期，瑞典却反而在OECD(经济合作与发展组织)的诸发达国家当中，例外地一直维系着低失业率水平。即便当经济不景气进入后期时，两国关系在经济增长率方面也发生了逆转，与当时日本的财政恶化情景形成鲜明的对照。

瑞典在劳动就业方面，虽然始终没有回升到20世纪80年代以前的低失业水平上，但是现在的就业情况还算差强人意，而且经济和财政方面正显示出良好的发展前景。日本却截然相反，为什么财政会出现恶化的状况？

有人说瑞典的财政之所以健全完善，是因为课税率高。这纯属无稽之谈。因为财政负担和福利属于两厢相抵的表里关系。由于瑞典构建的社会经济体系绝对不会容忍一个生产率低下的企业苟延残喘下去，因此政府总是促进产业结构不断地调整创新。但是，日本的情况却恰恰相反，财政往往用于保护公共投资或中小企业等生产率低下以及其他需要支持的领域。由此可见，这种政策理念才是导致日本财政恶化的原因。在这种情况下，甚至大企业也采取多雇用临时工等鼠目寸光的对策。

按照人口计算可知，瑞典国内人均拥有跨国公司的数量为世界第一。因为人口稀少，如果只依靠国内市场发展经济就会难以为继，所以新办企业首先要与各发达国家展开竞争，于是乎，他们最终还是逃脱不了成立跨国公司的宿命[①]。

其实我们应该认识到，自从近代化来临之际，瑞典的社会经济体系就是在如何不断地大量创办跨国公司，如何掌控跨国公司与生俱来的粗暴恶劣行为等这样无休无止的争斗中，逐步形成并不断完善和强大起来的。

所谓无休无止争斗，其含义就是说，在企业公司的档次水平上，无论如何都要确保自家公司具有能够经常去挑战新型产业的自由能量。事实表明，劳动者不可能单方面地取得胜利，而企业则往往置身于随时执行那种经常革新产品技术至上命令的状态。

日本政府从来没有要求过所有企业必须一律成为跨国公司，这是因为彼时日本人口众多，国内市场还能维持住一定规模的缘故。然而，随着人口数量的减少，迄今为止人们依靠国内市场赖以生存的生活方式越来越不被经济环境所允许。因此，我们看到政府史无前例地开始要求现有企业转型为瑞典模式的跨国公司组织[②]。

---

① 阿萨尔·林德贝克（Assar Lindbeck）著《瑞典的经济政策》（永山泰彦等人译），东海大学出版会，1981年出版。

② 高桥琢磨：《日本企业的跨国公司化：从出口立国到投资立国—瑞典拥有人均数量最多的跨国公司，他们的目标：全球化系列经营（1）》，2013年由 http://www.amazon.co.jp/dp/B00ED8R8DM/出版电子版。

在第二次世界大战结束后不久的日本，驻日盟军总司令部（GHQ）立即解散了财阀企业，放逐了财阀大老板。不过，瑞典却没有经历过这样的历史洗礼。总之，当时日本以三菱财阀为首的财阀集团全部被解散，资本家及其经营者都被赶出公司。但是瑞典的财阀瓦伦堡（Wallenberg）家族却得以幸存下来，他们拥有的投资公司叫做银瑞达集团（InvestorAB）。

据说瓦伦堡家族掌控的产业，直到1990年陷入金融危机为止，他们在斯德哥尔摩证券交易所所占的股份竟高达40%。但是金融危机过后，现在瓦伦堡家族公司的投资组合仍然保留着表5所示的股票持有率。在此附带列举的企业排名榜是巴克恩斯·阿法雷每年公开发表的瑞典前100强企业。

表5　瑞典的企业排名榜与银瑞达集团（Investor AB）的主要投资组合

（2014年，单位：1亿瑞典克朗，%）

排名	公司名称	业务领域	销售金额	股票市值	持股比例	表决权占比
1	沃尔沃（Volvo）	卡车、客车制造	2 727			
2	爱立信	通信系统设备	2 275	2 517	5.3	21.5
3	Vattenfall, AB	电力	1 747			
4	斯堪卡（Skanska AB）	综合建筑公司	1 372			
5	H&M	服装专卖连锁店	1 286			
6	伊莱克斯（Electrolux）	家用电器	1 092	482	15.5	30.0
7	TeliaSonera AB	通信设备	1 089			
8	富豪汽车（Volvo Personvagnar）	汽车	1 051	—		
9	斯堪尼亚汽车（Scania AB）	客车、卡车制造	915			
10	斯道拉恩索集团（Stora Enso）	纸浆	912			
15	阿特拉斯科普柯（Stora Enso）	工业设备、重型机械	844	2 104	16.8	22.8
19	ABB（属于银瑞达集团）	机器人、重型电机	668	3 923	8.1	8.1

续　表

排名	公司名称	业务领域	销售金额	股票市值	持股比例	表决权占比
24	阿斯利康制药 (Atlas Copco Aktiebolag)	生物制药	512	4 814	4.1	4.1
28	瑞典北欧斯安银行 (SEB)	银行业	416	1 859	20.8	20.9
44	福斯克格鲁纳	发电机、工具	303	221	16.8	30.5
56	萨博	航空、军事	240	184	30.0	39.5
	3　斯堪的纳维亚	移动电话	90		40	40
	阿凯利斯	医疗、养老	70		100	100
	帕莫比尔	轮椅	17		95	90
	Kunskapsskolan	公立民营学校	88			
54	瑞典银瑞达集团 (Investor AB)			2 610*		

* 指纯净资产。2015 年当时 1 瑞典克朗相当于 1 元人民币。

注：排名和销售金额根据 veckansaffares，前 100 强企业 2014 年版。市值、持股比率等，根据 Investor AB 年报编制。

其实，我们试着查看一下巴克恩斯·阿法雷发表的 1976 年度企业排名榜，便可知排名在第 6、7、8、9 位的股票持有者分别是萨博（Saab，瑞典的汽车制造公司，通称绅宝）、阿西亚（Asea，瑞典通用电器公司，ABB 集团公司的前身）、伊莱克斯（Electrolux，瑞典最大家电厨具公司）和爱立信（Ericsson，瑞典的通信机器公司），但是其中排名在第 1、3、4 位的企业都是非上市公司，坊间风传这三家公司的财产加起来所占的股市份额可达 40%，估计这种传言与事实真相也不会相差太远吧。

作为财阀世家瓦伦堡家族的历史可追溯到其现任第 6 代家族掌门人马库斯·瓦伦堡（Marcus Wallenberg）的祖先、海军出身的安德烈·奥斯卡·瓦伦堡（André Oscar Wallenberg），当时他根据自己的海外任职经验创办银行业务，并于 1856 年成立了瑞典北欧斯安银行（SEB）。

该银行还开展企业融资业务，换言之，其银行性质类似于当今所说的风险（投机）资本。因此，当 19 世纪 70 年代发生金融危机时，该银行在挽救企业的过程中，与企业债务重组，开始全面包揽银行投资业务。结果演变成持有很多家企业股份的银行，即通用银行。

例如，在表5中排名第15位的阿特拉斯·科普柯（Atlas Copco，瑞典的工业企业集团）就是那时以来的该银行股东之一。

1916年瑞典政府颁布了一项银行修改法案，致使该银行拥有的公司股权不能用于内部结算，于是瑞典北欧斯安银行经过抽离重组才诞生了银瑞达投资公司（Investor AB）。虽然，现在的银瑞达投资公司拥有的纯资产只不过相当于爱立信公司的市场时价总额，但是他们却能够利用手中掌握着特殊股票这一欧洲传统经营方式对主要企业发挥影响力，也可以说银瑞达投资公司才是爱立信、ABB等公司的幕后推手。

虽说瓦伦堡家族的影响力比过去下降了很多，即便如此，他们的家族成员依然是稳坐在瑞典企业跨国公司化的中心位置上挥舞大旗的领袖人物。然而，实际上他们本人却过着质朴无华的生活，让人们常常联想到那种尊贵高洁、重视名誉、履行义务和勇于承担责任的贵族式生活光景。

瑞典人口稀少，仅有938万人，相当于大阪或神奈川县的人口，所以政府的行事风格绝不是像新加坡那样的一个强大的领导者，也不会采取强硬的政策手段。因为这不是瑞典人喜欢的故事戏码。每当讨论推行跨国公司化问题时，我们总会听到那种自以为在小国可行而在日本这样的大国却行不通等高见，实在是毫无意义。

跨国公司化看上去，甚至被安倍经济学当作成长战略的中流砥柱，因为企业减税等政策正是日本政府为取得安倍经济学效果所做的努力和尝试。另外，如果我们再联想到日本财政状况恶化的背景和方式并与瑞典模式恰好形成对照，那么谁是谁非就更加无须赘言了吧。

二、瑞典的制度与日本相似，但其工会组织却似是而非

瑞典经济也是从一个社会不平等现象比日本还要严重的时期发展起来的，之后几乎每年都会降低不平等指数，现在已然成为一个比日本更加平等的社会。日本工会的春斗体制产生于第二次世界大战后，中间经历过驻日盟军总司令部（GHQ）的改革演变至今。与日本的情况相比，瑞典的近代化始于严酷的社会环境，然后逐渐地构建起近似于日本春斗体制的工会组织。

我们把时间转回到1880—1930年那段历史时期就会看到，当时蒸汽涡轮

机、滚珠轴承、赤磷火柴等新生事物争先恐后地涌现出来，工业化伴随技术革命开始起步。毋庸置疑，那是一段在近代历史发展过程中最令人感慨良多的时期。

即便如此，那个时期的跨国公司也不例外，同样面临着如何保持竞争力这个今昔永恒的课题。所以，研发出他国企业望洋兴叹的优良产品、提升生产率和降低劳动工资等举措，是解决这个问题的必要条件。

当然，从比较优势的观点来看，木材、钢铁和造船等产业将首先发展起来，当时脱颖而出的有瑞典企业排名榜中迄今仍然稳坐第22把交椅之上的SKF(斯凯孚)轴承公司等企业。虽说如此，其实即便像SKF这样拥有优质产品的企业，如果那里有廉价劳动力的话，自然也当仁不让地加以利用。此外，政府推算的劳动所得分配率在瑞典国民纯收入中的所占比重，也从约占65%减少到50%，连年降低。皮凯蒂曾经指出，瑞典在1900—2010年期间，财富集中程度跟法国或英国不相上下。可见，他的研究结论也是令人信服的。

瑞典自19世纪伊始，历经禁酒运动、工会斗争、生活组合等一连串的社会变革，当时人们高举相互扶助、自救互助的旗帜波澜壮阔地出来开展国民运动[①]。工会活动就是在这种社会浪潮中应运而生并发展起来的。

瑞典之所以选择“合作工会”这一解决社会矛盾的策略，其背景就是因为他们那里有着官僚、贵族阶层和劳动者能够互相妥协的社会风土文化。在这种情况，正像我们在电影导演英格玛·伯格曼(Ingmar Bergman，瑞典著名的电影、剧场及歌剧导演)的电影里所了解到的那样，贵族阶层在以自耕农为主体的农村中，如果得不到自己的利益，就一定会设法制定各种带有协调主义精神的制度，并以城市官僚的身份试图行使国家权利。一般来说，工会也往往借着东风开展行动[②]。

最早的工会组织兴建于1846年，之后的1883年设立中央劳动委员会并于1889年组成瑞典总工会(LO)。消费者协会创立于1899年。

当时，在瑞典总工会(LO)的领导下，迅速提高了全国的工会组织率。可以说，作为后起之秀的他们蒙受到的福利是，能够预先观察研究英国和欧洲大陆的

① 乔哈南·斯特路易扬：《瑞典：出现包括劳动市场在内的综合型社会企业》，出自J·波尔扎加、J.多夫尔尼主编的《社会企业——就业、福祉，欧盟的第三种企业组织模式(The third sector，由地方政府与民间企业共同出资的企业)》。

② 宫本太郎：《瑞典的福祉国家与劳动运动：未完成的制度构想》，发表在《生活经济政策》杂志，2008年9月。

社会动态，而后一边有效地抑制各地工会过于激进化的要求，一边以国民共有的民族性文化本质的同一性为杠杆取代禁酒运动，与此同时把工会运动投影到理性启蒙的文化运动层面上去。事实上，他们正是靠着这种巧妙高超的领导能力才取得令人满意的效果。

如果与大致处于同一历史时期的日本进行比较的话，可以对比当时提倡工会积极行动主义的大杉荣等作为无政府主义者被陆军抹杀的事实相互印证。由此可见，瑞典政府和统治阶层对于工会运动的态度多少还是有些同情的因素在内。

总之，即使工会，也不是一味要求涨工资或缩短工作时间那么简单，还应该进一步提出退休养老金、改善国民教育制度等方面的要求，主动站在公共社会的角度上扩大自己的视野来开展活动。工会只有这样做才能获得国民的支持。

三、从劳资双方与国家共同制定的不景气对策中寻找出路

虽然当时瑞典总工会（LO）的活动属于自主运动，但是在世界性不景气的20世纪30年代，自从与总工会（LO）的活动同呼吸共命运的社会民主党取得政权后，工会活动也发生了巨大转变。曾任财政大臣的冈纳·缪达尔（Karl Gunnar Myrdal，瑞典著名经济学家、教授，1974年获得诺贝尔经济学奖）在高桥是清于第二次世界大战前担任日本财政大臣的几乎同一时期，制定实施了后来被称为凯恩斯主义的政策。

可以说1932年的总选举为瑞典带来前所未有的重大变化，总工会（LO）支持的社会民主党获得多数议会席位，瑞典历史上第一个社会民主党政府自此诞生。

毋庸置疑，这个结果完全改变了劳资双方之间的关系和状况。那是因为工会方面不必再把政府看作资本家的同盟者。这种情况下，总工会（LO）自然而然地向新的战术策略方面转换。

综上所述，瑞典工会运动的特点，既有社会民主党脚踏总工会（LO）和瑞典政治两个风火轮执政的政权色彩，又有劳动者积极踊跃地参与企业经营或干预国家制定和实施政策的群众基础。即便民间企业，虽说劳资双方遵循以团体交涉为中心的谈判原则，但是公司内部却要导入劳动者出任高管的监督制度，甚至在国家安全委员会等机构也有工会参与其中。

20世纪的经济大萧条时代，总工会(LO)成员中每六个人就有一个人处于失业状态，对当时的政府来说，最大的课题就是怎样解决失业问题。实际上，自从1920年起，政府已经在地方行政单位设置失业委员会，专门研究有关失业对策及进行各种救济工作。然而，因为此乃失业者的救济事业，所定工资标准极低，连就业者的工资水平也受其影响，以至薪金制度陷入恶性循环的泥潭。

因此，政府开始探讨缩小和废除那些救济失业者的事业项目和导入失业保险等方法，于是1934年，原则上按照相互扶助的方式，只是依靠劳动者共同筹款建立的失业保险以根特模式(工会管理运营失业金库的方式)开始启动。

虽然，这种失业保险主要采用由工会分期缴纳保险费、市政府填补其中不足部分的方式，但是里面却不含雇主方面的出资部分，所以也有人认为它并不是真正的失业保险，应该称之为根特系统。

无论如何，正因为这是一种简易保险模式，结果采用根特模式的国家，那里的工会组织参加率都有所提高①。

如前文所述，缪达尔提出的“没有凯恩斯的凯恩斯主义政策”之所以能够实施，就是因为有这种保险模式做后盾才得以实现。

但是，也有学者不以为然地指出，从原理和法则上看，虽然依靠借贷支付公共支出本身意义重大，可实际上财政资金投入的规模却很小，理所当然其经济效果也是有限的②。

本来社会民主党已经在政界握有主导权，却仍然联合战前的农民党(The Center Party，中央党)共同执政，而后又转手与联合人民党一起组阁，看来他们总是通过这种方式，一边对经济结构的瞬息变化作出及时反应，一边稳坐在执政党的位子上泰然处之③。

瑞典于1956年开始在争取劳工权益的总工会(LO)和经营者团体联盟(SAF)之间启动“中央授权代表交涉制度下的工资谈判”模式，正好比日本工会的春斗晚一年。

日本工会的春斗理念也同样具有提升生产率水平和劳动合理化的价值，在劳资双方中央层次的交涉方面，与瑞典的“中央授权代表交涉制度下的工资谈

① 天地洋介：《瑞典工会的经济政策》，2014年3月发表在《日本福祉大学福祉学论文集》第130期。

② 阿萨尔·林德贝克(Assar Lindbeck)：《瑞典的经济政策》(永山泰彦等译)，东海大学出版社1981年版。

③ 冈泽宪芙著《瑞典的政治：国家在实践检验条件下形成合意的政治模式》，东京大学出版社2009年版。

判”模式异曲同工。其实，皮凯蒂曾经描述，根据他所掌握的历史数据来看，瑞典已经成为一个不平等指数处于最低水准的社会，可以说 1970—1980 年的日本也与瑞典的状况不相上下。

四、让劳动力向生产率水平较高的领域转移

虽然瑞典在 20 世纪 90 年代前期面临着景气急剧衰退、财政严重恶化等局面，并且遭受失业率飙升的打击，但后期经济却重新恢复了发展能力，到 2000 年时失业率下降，实现了财政体制的健全化。

日本尽管有过相同的历史体验，但是后来却痛饮了经济发展失去 25 年的苦酒。事实上，自石油危机发生后，20 世纪 80 年代后期，房地产业的发展又出现泡沫状态，直到 90 年代初期面临经济崩溃为止，瑞典和日本一样都是低失业率的国家。既然如此，那么两国的转折点到底是在哪里出现的？

瑞典当年导致经济危机的社会民主党于 1991 年被迫内阁总辞职，取而代之的是保守稳健联合政权，他们指令政府向银行投入占国内生产总值(GDP)4%的国库资金，把银行资本的 22%收归国有化，于是在很短的时间内就结束了危机的局面。

另一方面，企业和政府配合工会对失业者开展支援再就业、职业技能训练等事业，作为回报条件，工会同意企业对剩余人员的整编，为产业结构转型和企业制度再构建铺平道路。然而，日本却误入歧途，1989 年工会总联合会(联合)诞生，增加了工会在劳资双方交涉时的力量，坚持一贯立场不变。不仅如此，企业经营者也缺乏危机感。

其实，日本当时也不是完全没有可能采取与瑞典相同的政策。笔者想起一件事来，有次自己跟同学上司一起与抱病参加竞选自民党总裁和内阁总理大臣的渡边美智雄在永田町十全大厦的一个房间里整整度过了一天的时间。“如果都甩手交给大藏省或日本银行的话，那么收拾好经济崩溃后的残局肯定需要花费 10 年乃至 20 年的时间。我决心一鼓作气把它结束掉。这件事情我不做谁来做？”我当时就是一边洗耳恭听渡边先生雄心勃勃的政策论争，一边度过了那一整天。

瑞典的局势也是一波三折，稳健派的右翼政权仅仅来得及确定改革的路线方针就下台了。这是因为与执政党提出福利菜单计划的同时，还坚持“有选择的自由革命”等政治理念，虽然叫停了“高福利、高负担”制度下雪上加霜的企业裁

员，却使经济危机进一步恶化。因此他们在1994的大选中败退下来。

我们先回顾一下瑞典劳动市场发生的变化。1982年通过的就业保护法修正案规定无正当客观的理由不可解雇。当然仅凭一项法案的出炉是不会突然加快就业市场的流动性的。

纵观瑞典的代表性经济模式就是同工同酬(equal pay for equal work)。事实上，他们的模式蕴含着积极的劳动市场政策(Active Labour Market Policy)理念，即促使劳动力从低生产率向生产率较高的经济领域转移。因为劳资双方共同认识到保持现状难以连续维持国家的竞争力，所以政府不断扩充职业技能训练等支持政策，企业也积极接受以金钱解决就业问题的模式。总之，这个经济模式有很多应该值得我们理解借鉴的内涵。

按照就业保险法的规定，有客观理由的情况下可以提前1—6个月发出解雇预告，如果劳动者上诉控告并被判定无客观理由时，则该解雇无效。但是，同法律条文又规定根据雇主的申诉可以金钱补偿的方式终止就业合同。

另外，当公司因整编、重组而进行裁员时，应该遵守严格的工作岗位"先来者优先(seniority)"制，具体是"25岁以下要提前1个月"发出解雇通告，规定期限逐级延长直至"45岁以上要提前6个月"。

尽管如此，但在就业依赖跨国公司的瑞典，因为跨国公司各自采取的举措会导致工场、研究开发(research and development, R&D)中心，甚至连事务所也遭到倒闭，所以失去就业机会的案例也是可想而知的。

沃尔沃(VOLVO，港台富豪汽车)汽车公司由于经营成绩不佳被中国吉利汽车公司收购后，2014年竟然销售了47万台汽车，一举转为盈利性经营。乘此东风，公司甚至决定投入5亿美元在美国建设汽车组装工场，并决心到2020年实现销售80万台汽车的目标。

此外，像法玛西亚生物医药企业(Pharmacia)，先是与美国普强(Upjohn)制药公司合并，后来被美国瑞辉公司收购，结果导致瑞典国内的产业基地大幅度缩水。

索尼移动通讯公司(Sony Mobile Communications)认购其前身索尼爱立信(Sony Ericsson Mobile Communications)所持有的股份，并将其并入到索尼集团旗下。尽管公司把总公司从瑞典的隆德市迁移到东京时裁员了1 000名雇员，但原来的公司依然存在。

庆应义塾大学教授鹤光太郎把经济合作与发展组织(OECD)成员国有关对

非法解雇的赔偿标准和回原工作单位复职的义务、频度之间的关系制作成图表，指出越不要求复归原职的国家越倾向于灵活使用解雇赔偿金制度，赔偿金的水准也越来越高（见图 8）。

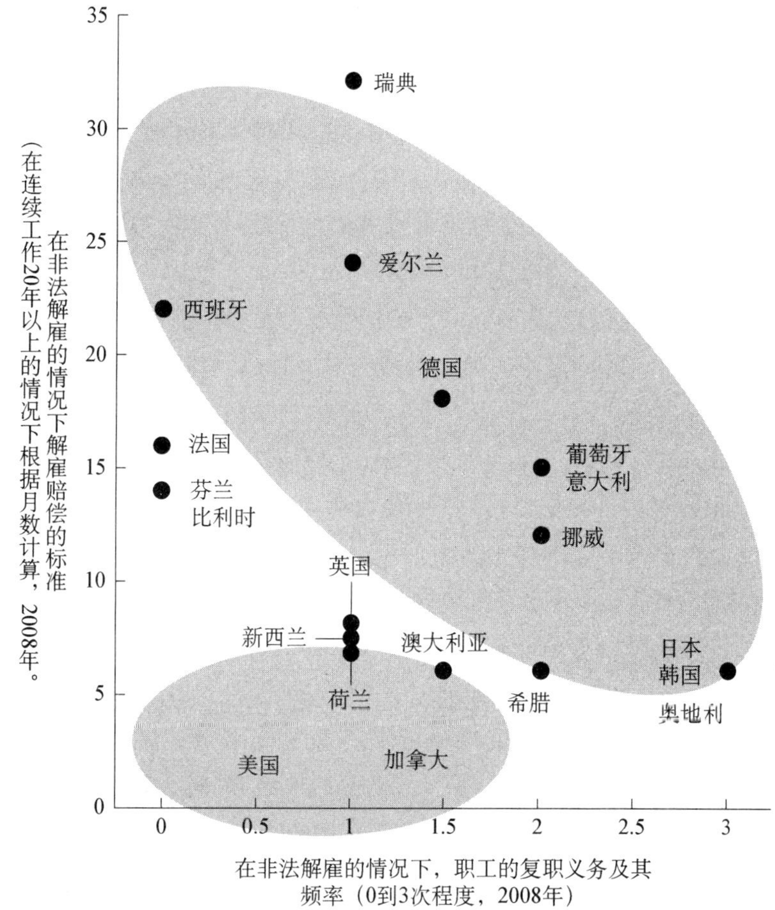

图 8　非法解雇的赔偿标准与职工的复职义务及其频度

注：在日本，当职员回原工作单位复职之际，对其支付工资的标准月数可追溯到诉讼裁判期间，一般可以设想审判时间平均为 6 个月，在此期间职工可要求企业支付赔偿金。美国和加拿大因在损失赔偿方面进行法庭争论，所以没有事先规定解雇赔偿金的限额。

资源来源：鹤光太郎的论文《论导入金钱解决解雇问题》，发表在 2012 年 9 月 18 日《日本经济新闻》。

图 8 显示赔偿金的模式一般是失业保险的补偿率越好，而且重新就业率越高，以及市场利率越高，赔偿金的数额就越来越少。

鹤光太郎教授对法国国立统计与信息分析学院(ENSAI)教授斯特凡·奥雷等学者的论文进行计量分析时,得出一系列数据并制成这份图。我们从中可以看到挪威、德国、法国等国家的赔偿金总是随着图中的理论值波动,而西班牙、意大利等国家的变化则远远超过这个理论值的范围①。由此可见,在瑞典即使回原单位复职的义务也意义不大,以至于2013年度的就业赔偿金标准被提高到相当于32个月的工资水平。

第三节　人生处于两季收获时代的对策

一、从就业维持型转换到劳动力流动型

从2013年经济合作与发展组织(OECD)规定的就业保护指标来看,日本普通劳动者的就业保护水平处于34个成员中的倒数第10位,低于经济合作与发展组织(OECD)的平均水平。日本政府原计划在“从就业维持型转入劳动力流动型”的口号下,根据“《日本复兴战略》修订版关于面向2014年乃至未来的挑战”所述,以“构建一个可预知的能够解决高度纠纷的系统”为前提,在借鉴和参考其他国家经验的基础上,研究那些依靠金钱就能解决解雇问题的制度。本来政府当局预定在2015年度着手探讨这项被看作实现安倍经济学效果一环的方案,结果厚生劳动省却取消了这个计划。

然而,如果少子化、老龄化社会需要人生有如收获两季乃至三季的时代,那么就应该推进“从就业维持型转入劳动流动援助型”社会早日到来。

尽管如此,我们仍然需要政府在制度设计上为此变革早做准备。韩国与日本一样,存在着被世人认为严格无情的解雇规定。但是在产业现场,经济萧条以及延长60岁退休年限等劳动环境相关论争却从未间断过,韩国政府重点锁定40—50多岁的人群为对象一直在研究人才结构调整工作。换言之,那就是企业裁员。

于是乎,若是有人追问他们那里发生了什么状况?毋庸置疑,社会上堆满了为数众多的歇业个体经营者。据韩国现代经济研究院统计,2013年韩国虽有58

① 鹤光太郎著“该如何确定解雇补偿的‘合理金额’?”,发表在《日本经济新闻》2015年1月19日晨报。

万人成为个体户老板，但是66万人的个体经营者却关门大吉了。

为什么个体经营者在人才结构调整中首当其冲被挤出局呢？根据韩国每日报纸《中央日报》报道：因为流通业、服务行业等创造就业机会的新型部门比比皆是，所以个体经营就被人们消极地选中出局了。

在2013年退出个体经营的人群中有45%是40多岁的人，个体经营歇业者和开业者人数连续保持高水平，前者超过后者的现象已经半常态化。事实上，在过去10年左右尚存着500—600万人个体经营者，然而这个保有基数正在出现逐年减少的趋势。

一般来说，人们提前从原公司辞职后，总是去搞一些个体经营事业，但实际上，多数人最终都逃不脱失败的命运。不言而喻，这一代人都是出生于后人口高峰期，如果他们的状况像这样沉沦下去的话，那么韩国经济的未来也会随之陷入到一种无法保证的悲惨境地。由此可见，政府有必要采取措施，大胆地改革劳动市场，增加就业机会，把那些被挤出工作岗位、年龄在40—50多岁的人重新拉回到产业现场。

假如有人要问，对于这种情况有什么解决办法吗？中央日报的回答肯定是"创造就业机会"。换言之，终究要回归到所谓期待跨国公司的议论上来。

然而，即使瑞典早已致力于实行积极的劳动市场政策，但是事情的进展也未必都尽如人意。事实表明，虽然这种积极的劳动市场政策昔日曾经为实现低失业率作出过贡献，但是时至今日其有效性也下降得不可同日而语了。在劳动市场的调整速度问题上，我们看到，即使政府能够做到一边实行短期职业训练计划，一边促使生产率由低水平的产业领域尽早向高水平的产业领域转移，但是对于这种经济调整，其他国家最多也只是花费一些时间而已。有学者认为，瑞典不过是像美国那样，只是稍微提早完成了劳动市场调整工作罢了。

本来，生产率较高的产业部门就具有高度的劳动节约性，所以我们对于能否期待地方成为劳动就业的大本营也留下这种疑问。

二、建立职业教育制度的目的是为了促进劳动力流动

从另一个方面来看，瑞典政府正在不断地充实完善提前退休制度等菜单式配套政策，其中之一就是重视包括基础能力的职业教育，并制定了半年乃至两年的各种培训课程，结果他们却发现从中可能衍生出一个后遗症来。换言之，现在

有将近20%的人口肯定会不失时机地依附在这个制度上生活[①]。

于是乎,政府总是对劳动市场政策的具体措施频繁地朝令夕改(scrap and build)。近年来,他们采取措施缩短职业培训长期课程计划,还提升在职培训的比重并开始把施政重点放到通过心理咨询指导面试者找到合适的工作等领域。

总之,瑞典既是一个实行积极劳动市场政策的发达国家,也是发表劳动市场问题研究意见的宝库。例如,关于刚才前面指出有问题的依附制度,有学者问道,利用提前退休制度辞职后,花时间去学那些新兴领域的基础知识,接受职业培训,这真的是罪不可恕吗?说到底,职业再培训究竟是应该由个人负担学习费用,还是依靠政府在某些制度方面施加援手?可以说,这里提出了一个引人深思的问题。

最近,东京大学教授柳川范之主张"40岁退休",还提出一个具备弹力功能装置的"蹦床模式安全网"制度方案,那么他的方案最终会演变成一个什么样的结果呢?关于这个答案可参考瑞典经济学家耶斯特·莱因(GöstaRehn)所倡导的"翅膀保障(security by wing)"计划。

所谓"翅膀保障"计划就是,劳动者在超过事先设定好的限度内终生劳动时间以外,根据各种目的随机选择使用其他个人时间之际,为得到收入保障而加入的特定保险。这个保险的具体操作是雇主按照每个雇员的工资水平收缴保险费,再以这些保险费为基础资金运作"翅膀保障"系统。

总而言之,在瞬息万变的社会里,形式早已固定僵化的制度,保障不了我们未来的生活安然无恙,所以制度设计的目的就是要通过明确有效的方式把每个人的潜在能力及时转换出来。

正如我们从韩国的失败案例中看到的那样,贯彻落实教育制度必须具备支持力量,因此国家投入公费开办职业培训学校以备国民失业之需也是必要的吧。

关于效法瑞典模式为再教育提供职业培训学校或技术教育的场所等问题,即使在安倍经济学的支持下,例如大学应该成为更接近职业教育的机构,还有培训学校的教育课程要经常更新等主张正在引起人们的争议。

作为美国版开放式综合大学样板的菲尼克斯(Phoenix,又名凤凰城)综合大学之所以能够提供接近职业培训的教育课程,从而成功地开办大学联网教育事

① 宫本太郎:《瑞典的福祉国家与劳动运动:未完成的制度构想》,发表在《生活经济政策》杂志,2008年9月。

业，是因为校方深谙美国社会重视自主权利的传统文化，熟知在这种社会风土条件下怎样实现让学生以支付高额学费的方式换取企业也给予他们相应评价的做法[①]。

即使是大规模网上公开讲座（Massive Open Online Courses，简称MOOCs），工科的课程也是人们青睐的热门学科。因为企业单凭那张结业证书也可以直接判断此人已经掌握了尖端技术基础知识，所以在这个前提下，不论就业还是转职都十分有利。

加利福尼亚大学伯克莱分校（University of California, Berkeley）公共医疗卫生硕士课程的网上在线教学比校园授课更受欢迎，不过学费也很昂贵。这是因为平时工作繁忙的医生不必特意抽时间去大学上课就能提升自己的资格级别，这对他们以后的晋升或改行等都有价值意义。

总之，看来社会在进行这种重大改革之际，必须首先准备好让人们顺利调转工作的软着陆装置是必不可少的。

三、具有一家专用能力或者多家适用能力

瑞典的同工、同酬模式（Rehn-Meidner model）本来就拥有帮助劳动者提升转换工作能力的支援体制。日本的终身雇用制也是以不断增加能力积累的模式提高劳动者基础潜在能力的体系。可见，两者在这一点上并非没有相似之处。

本来，指出两国的经济模式似是而非的是中央大学的宫本太郎教授。他认为福利国家的体制应该重视就业问题，政府要通过维持就业市场的稳定来实现政权的长期化。其实，瑞典的社会民主党政府和日本的自由民主党政府正是在这一点上具有共同之处。

然而，日本的就业形态是长期雇佣习惯和利益诱导政治的产物，即利用被雇用者对企业和家庭的归属感确保就业市场的稳定性。

况且，大企业往往获利丰厚，因此它下面的承包商等中小企业也可分得其中部分福利。此外，地方政府总是通过公益事业投资得到丰厚的财政收入，于是政

① 高桥琢磨：《新世代的互联网在线课堂教育、大规模免费开放在线课堂（MOOCs）和大学的改革（修订版）》，2010年由 http://www.amazon.co.jp/BOODW4RFIG 出版电子版。

府投资的恩泽必然惠及建设部门的劳动者身上。简单地说，国家和企业之间不过是建立起一条共同获得利益的途径而已[①]。

瑞典的“中央授权代表交涉工资谈判”于1990年陷入金融危机时被废止。1990年前后，工资谈判从以中央授权代表交涉为中心的劳资双方交涉演变为以产业个别交涉为中心的谈判方式，自此劳资关系迈入新阶段。然而，在个别的劳资双方交涉中，即使履行“同工同酬”制，但原则上说，那必须是双方在共同合作的框架内作出的决定，也应该叫做有组织的分散化[②]。

这个“同工同酬”的框架内涵意味着，效率不好的企业发不出工资的话，就要被淘汰出局，而且可持续对该国的产业施加竞争压力。在瑞典，正如对沃尔沃或萨博(SAAB)等公司的倒闭置之不理一样，由于政府不会去救济一个经营不佳的企业、核算亏损的企业，所以在泡沫经济破灭后，尽管产业状况出现大幅度恶化，但是伴随着产业结构转型，经济效率却得以恢复[③]。

相对而论，日本习惯于通过工会的春斗形式来调整宏观工资水平，虽然现在这个功能已经降低却一直维持下来。尽管如此，毕竟瑞典国内的工资不平等程度比较平缓，而日本则截然不同，正式职工和临时员工之间的收入不平等已经达到极其严重的程度。于是乎，由于企业整体的工资水平降低而使成本削减下来，可以说，这个经济效果同时也缓解了因为产业结构转型而给企业增加的压力。

当工会开始进入春斗之际，虽然他们总是在年功序列工资体系范围内提出斗争目标，但实际上，工会常常要一边考虑到会员们对结婚、养育孩子、购买住房等一系列生活计划的需要，一边在同雇主谈判斗争中要求提高基本工资。总之，这样的斗争模式正是为“1.0赚钱模式”的家庭能够维持再生产而设计出来的。

看来典型的终身雇用制完全吻合“家庭”模式，至于严格遵守这个制度的企业数量，即使当年达到最高峰值时也只占全体企业的35%左右，现在恐怕已经减少到仅占雇主总数的10%前后吧。然而，整个日本社会在按年龄段决定工资模式方面，依然维持着原有的年功序列方式。而且年功序列式的工资体系就是一种让年轻劳动者先工作后支付工资的结构模式(见图9)。

---

① 宫本太郎：《福祉国家战略：瑞典模式的政治经济学》，法律文化出版社1999年版。

② 筱田武司编著：《瑞典的劳动与产业》，学文社，2001年出版。

③ 汤元健治、佐藤吉宗：《瑞典的矛盾：高福祉与高竞争力经济的真相》，日本经济新闻出版社2010年版。

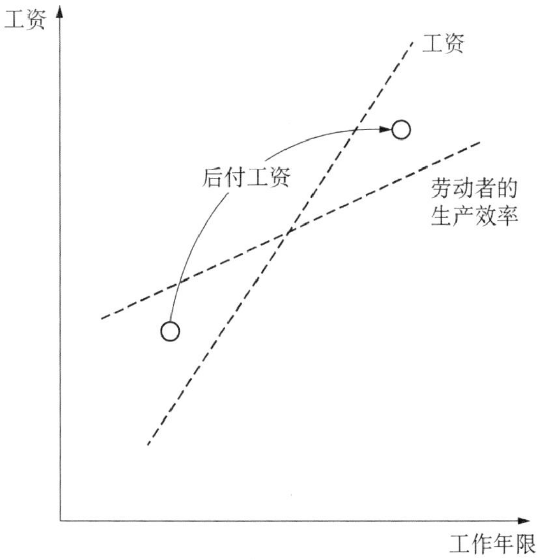

图 9　年功序列体系与中介代理店的关系

资料来源：高桥琢磨《战略经济学》钻研出版社，2012 年出版。

工资后付方式，一方面可以抑制公司员工的机会主义行为，另一方面也会给特定的关系或所属组织训练特化技能提供激励机制。因为这样的企业在雇主和雇员之间都具有双方默认的契约关系①。

长期雇用的优点是：(1)有利于对企业的特殊人力资源进行投资；(2)在劳资双方默认的契约关系下实行有效率的工资制度；(3)可以评价劳动者对长期目标所做出的贡献②。

所谓"企业的特殊人力资源"就是具有在某一家企业里专用的能力，具体指那些只在现任雇主的领导下能够提高该公司的生产率却不能为其他企业所用的知识、技能和人际关系等资源。因为拥有这种人力资本的雇员往往认为自己还是在该公司才能提升效率，所以他们会选择留在这个公司。况且，由于这样的人才长期在一家公司工作，因此他们在公司内的合作关系也日益密切，必然促进企业的特殊人力资源进一步积累。

---

① H. L. 卡米查尔(Carmicchael)：《自我强制契约、退缩及其生命激励周期》，《经济展望杂志》第 3 卷(4)，1989 年出版。

② 保罗・米尔格龙(Paul Milgrom)、约翰・罗伯茨(John Roberts)：《组织经济学》，NTT 出版社 1997 年版。

其实，终身雇佣制度并没有法律的约束，但若是雇员工作不偷懒、没有犯致命的错误，就不会失业。如果本人努力作出更好的成绩，还可以在一定程度上得到较好的工资待遇。在这样的企业系统里，有关人员可以从长远的观点评估工作绩效，所以这种评估结构能够把公司雇员锁定在组织内，只要工资稍微高一点他们就不会跳槽。总之，企业可以利用效率性工资制度。

四、工会的春斗已经不再为家庭再生产服务

事实上，即使在日本的企业里，也开始启动频繁裁员模式。本来欧美的惯例是首先从工龄数较少的雇员开始解雇，这一点也被明确地记载在劳动合同里面。我们在图 13 看到的是解雇赔偿金越来越高的结构系统。但是，日本如图 14 所示的那样，工龄长的劳动者由于企业过后支付工资，实际上总是能够得到超过自己生产效率的报酬。因此，在日本一旦提到裁员时，往往中高年龄段的人更容易被踢出局。

显然，即使在日本企业，劳资双方默认的长期雇用合同被撕毁也是可以想象的。归根结底，这种事态意味着企业结构与“家庭”模式已经产生错位。

尽管如此，但是在“家庭”模式内涵的期待值仍然有效的前提下，工会的春斗也会持续地进行下去。然而，他们最终将不知不觉地迷失掉原本为家庭再生产而斗争的初衷。

岂止如此，在未来前景不十分透明的形势下，政府必然要保留工资过后支付的政策，对于正规员工与非正规员工之间的不平等问题视而不见，同时工会也将不断地发动春季加薪斗争，其结果势必把年轻人置于悲惨的境地并使之成为加快少子化的重要因素。

如果政府不能充分顾及这种事态，纵使在解决少子化的举措中把支援养育孩子放在核心的位置上，也不过是权宜之计而已。关于企业经营问题，由于非正规就业增加，结果临时员工当天做剩下的工作自然就强加在正式就业的年轻人身上，不可避免地增加了他们的加班时间。于是乎，2014 年的劳动时间数是 1993 年以来最多的一年。

日本的劳动派遣法明文规定：正式职工的工作不可为派遣员工取而代之。显然，这个保护正式职工的规定不仅歧视派遣员工，而且还给工资低的年轻正规职员带来过量的劳动时间等问题，结果导致他们中间时常有人产生一些负面情

绪，认为自己碰到的倒霉事都是拜派遣员工的“旷工”所赐等怨言。其实，这也是造成日本企业固有的协调体制崩溃的重要原因。

此外，虽然有的学者认为日本企业拥有高度的产业转型能力，实际上，人力资源已经捉襟见肘，闲置资本也暴露出枯竭的状态。

近年来，由于智能创意产业领域显著地发展起来，因此尽管公司一直习惯于采用大学毕业生或研究生院毕业生来提升企业的特殊技能标准，实际上按照以往的做法毕竟是越来越行不通了。

况且，在全球化的进展过程中，总公司与国外子公司的人事制度经常会发生不协调事态，或许这种情况极有可能成为跨国公司一体化管理的瓶颈。特别是在年功序列制度下，日本企业始终维持着发挥阶梯型组织作用的人事调动制度和有条不紊的职务晋升速度，总是依靠提升人类潜能的教育模式努力培养经营管理层面的人才。

尽管国外的劳动市场可以让年轻人反复历练积累经验，可是他们往往与快速晋升节奏失之交臂，所以公司内部在执行国际化人才政策过程中，这种情况也显得令人感到棘手。

另一方面，大企业里还有 160 万人是人口高峰期出生的那一代人的后代子女，这些人虽然不会再像他们父母那样仍旧在那种完全与“家庭”模式吻合的公司工作，却于 2020 年前后将达到高层管理职的年龄段，倘若得到的待遇能够按照年功序列型的工资上升曲线提高的话，那么到 2025 年左右，他们的人事费用必然会持续增长。

迄今为止，不少劳动经济学家也曾阐述过下面的见解，认为在长期就业制度下，因为有些雇员本身是企业的特殊人力资源，所以他们调换工作的机会常常受到限制而处于不利的境地。还有一些学者指出，长期就业制的劳动市场应该转型为聘任制的劳动市场。然而，实际上劳动市场并没有发生什么大的变化。

但是，根据 2013 年制定的修正高龄就业稳定法规定，公司对职员有义务连续雇用到 65 岁，因此企业和当事人都越来越认识到今后应该充分利用聘任制等就业方式，而且必须迅速向招聘制录用模式转型。

目前，我们正面临着人生有如收获两季的时代，日本企业在 2020 年到来之前，必须废除公司统一录用毕业生的会员制就业制度，将劳动市场、劳动惯例转型为聘任制录用模式。根据新的录用模式，应该给年轻人支付接近正规员工额定的报酬，还需要提供机会协助 40 多岁的雇员转型积极参加“人生有如收获两季的时代"计划。

总之，在全球化不断扩大的过程中，一方面对将来成为经营者的人来说，需要以不亚于国外人才成长的速度迅速提升自己，严格沿着预备最高经营者的培养路线走下去；另一方面对其他成员来说，应该积极鼓励自己大胆向专职、其他企业和其他行业转型改行。

随着这样的时代潮流，我们必须优待那些对"创新和信息化社会"不可或缺的优秀人才，还要建立能够让他们充分发挥创造性的组织体系。

如果没有优秀的企业文化和恰当的监察系统，就不可否认那个组织可能隐藏着难以发挥真正作用的弊端①。除此之外，因为已经接受特殊聘任录用的雇员也有权利选择辞职离开公司，所以企业组织在运营管理上置身于聘任制录用模式的劳动市场中也有其他不可言传的难处吧。

然而，公司依据工作绩效评估普通雇员的报酬分配模式，我们可以认为那是一种保持公平的手段，除美国以外，其他国家也开始采用，可以说这种报酬分配模式正是国际标准。

五、创业或者吸引外资企业，他们是流动劳动力的接收单位

就业接受单位应当如何创立？虽然许多日本企业借助日元下跌增加利益，但是他们却把利益部分用于内部留存或者分发红利。

然而，投资家总是委托给经营者的是事业投资。更何况，每项投资都必然牵涉到企业的发展战略问题。于是乎，投资家往往要求企业建立新体制，从公司内部不断地积极培养出大胆革新人才。为了实现经济增长目标，需要创业型企业来承担创办新市场的任务，实际上经济现状呈现停滞不前的原因，主要是在产品技术研发(Research and development，R&D)过程中，人们习惯用大企业的标准进行衡量与判断，所以新技术的萌芽难以出土成长起来。

总之，任何企业不应该借口产品技术市场不符合自家公司规模就不搞研发，只有企业内部构筑起对商品研发敢于冒风险大胆尝试的文化氛围，才能有助于发展日本国内的创业型企业。在这个意义上，安倍经济学通过培养国际化创业

① G. 贝克尔(G. Becker)、G. J. 斯蒂格勒(Stigler)：《执法、渎职和补偿》，《法律研究杂志》，第3卷(1)，1979年出版。

型企业家的《桥梁计划》，试图加速创业型企业的发展，可以说这是一个良好的开端。

我们看到企业在内部产品研发领域，至今仍然灵活运用自主研发(under the table，除企业分配下来的课题项目外，还对自己感兴趣的项目与主题开展研发活动)制度，对取得研究成果的员工会按一定比例给予奖励。笔者认为，今后公司对个人创意发表的新颖设想与理念也应该给予奖励。

东芝等公司都有一个决策系统，专门评估判断自主研发是否继续进行，或者是否动员公司内部别的资源一举建立研发体制等问题。当此之际，他们在预测市场规模时，对于那些敢冒风险的研发项目，总是一边利用外部的风险资本资源，一边采取积极扶持培育的方针。

然而，政府应该做的工作，其实应该是整顿完善投资环境、促进对内投资吧。如果自己国家诞生不了跨国公司，就要招揽跨国公司来本国投资，确保劳动就业的接受单位。虽然这个效果未必会尽如人意，实际上我们可以期待依靠外国企业拥有的技术或科技信息的转让、扩散效果，提升日本的生产率。

迈克尔·波特(Michel Eugene Porter，美国经营学者)曾经自问，为了提高美国的竞争力究竟应该做什么？之后，他首先建议促进对内投资，并且为此目的需要降低法人实际负担税率。总之，美国拥有反应敏感的消费者，而且市场广大又很发达。此外，法律体系牢固完善、透明度高，当然商业交易也使用英语。因此，即使法人税很高，可是对内直接投资余额与国内生产总值(GDP)的比率却依然保持着25%左右。

与美国相比，日本到2013年末只有3.5%，是经合组织(OECD)34个成员国中水平最低的国家。即使在世界银行对商业环境的评估中，日本比排名第5位的韩国、第7位的美国也要逊色一截。

于是乎，在安倍经济学的构想里，设想创建残疾人咨询服务中心(Reginal Centers)、研发中心(R&D)、投资中心等设施，通过整合完善居住·教育·医疗机关、充实娱乐传媒设施、实行地铁24小时运行服务等措施，把东京治理成一个外国人能够安心愉快地生活的国家战略特区，打造成各种条件都接近完善的国际经商环境。

然而，安倍经济学的最大期待就是把法人实际负担税率降低到能够对抗其他发达国家的20%—30%。为此，降低对象以地方税中的法人事业税为中心进行减税，把本书后面要论述的消费税增税部分分给地方，同时也需要考虑好税源交换的方法。

政府对于今后的卧龙企业(日本国内有国际化潜在能力的中小企业)或者是那些一直把工作重点放在国内的企业，也可以鼓励他们积极地参与市场经济和转让国际人才等事业领域。撰写《革新型中小企业的国际战略》的作者们从中小·中坚企业中筛选出那些企业理念与卧龙企业类似的“独家企业”加以探讨，指出他们虽然在独具特色的经营尝试中吃了不少苦头，却开始意识到国际化经营的重要性①。

有报告显示，政府制定实施的支援中小企业在国外发展的方针对策，已经通过地方银行对中小企业进入国际市场提供各种支援措施，正在为地方重新焕发出活力发挥着积极的作用②。日本应该一边开发有效的宣传渠道，一边有意识地敦促实施大企业向中小、中坚企业，东京向地方转移的人口流动计划。

为了顺应全球化潮流，至关重要的是，企业也必须舍弃不必要的特定元素，取而代之为国际标准。例如，若采用国际会计标准，那么不论是分散在世界各地的子公司还是总公司都一律要求他们一边对商业交易做出判断，一边把得到的信息和数据输入软件公司 SAP(德国思爱普)提供的会计程序里。如果企业需要确保普及会计技能的话，即使是职业教育也能够轻而易举地编制出培训课程表。

六、职业再教育很重要，但应该从兼业多居做起

日本不会立刻形成耶斯特·莱因式的保险市场吧。一方面，企业要为聘任制转型做准备；另一方面，改革过程中循序渐进也至关重要。因此，对企业来说，也不是单纯地把报酬分配从中高年龄段转移到年轻人身上，就像富士施乐(Fuji Xerox)或才望子(Cybozu)等公司正在身体力行实践的那样，允许达到一定年龄段以上的雇员兼业，最理想的是帮助他们做好跳槽改行或创业的准备。

富士施乐公司设定 50 岁以上的人有兼业资格，现在兼业人数与正业人数的比率为 40%，其实这个比例涉及加入社会保险的资格问题。本来建立在“1.0 赚

---

① 土屋勉男等：《创新型中小企业的国际战略》，同文馆出版社 2015 年版。

② 乾友彦等：《论企业的出口行为和金融机构的海外信息所发挥的作用》，2013 年 3 月发表在日本内阁府所属经济社会综合研究所编辑出版的专业论文集第 297 期。

钱模式”基础上的社会保险制度，今后也必然随着改革的深入发展，需要先从能够设计合乎实际的兼业模式制度开始输入新的系统。

政府明文规定，能够用于独自目的的特别补贴资金是地方重建的综合性战略核心政策。

然而，在村上泰亮所说的“家庭”核心据点被放在东京的时代，地方政府能够用于独自目的的补助金也仍然没有超出中央惠及地方的手段范围。这种鸡尾酒式的价格分配模式如同生产厂家根据制造业的生产率水平，从产品价格构成中拿出一部分廉价分配给理发美容师一样。为了地方重建，消费税可以充当地方政府为发展经济而进行创意创新的财源，因此需要中央政府把这部分消费税作为独自资金，准确无误地调配给地方。

另一个核心政策是政府帮助国民尚在健康的时候“移居地方”安度晚年的日本版乡村健康退休生活乐园（Continuing Care Retirement Community，CCRC，可持续性保健护理的退休生活社区）。据说美国有 2 000 所 CCRC 共同体，老龄者移居到这些社区之后，从身体健康的时候起一直到需要生活护理、医疗的整个生活期间，都可以在那里一边享受可持续性护理或生活援助等服务，一边参加终身学习或社会活动等各种活动。

但是，无论如何日本社会却在未来时空里难以持之以恒地输送老年人到这种隔离空间中来安居乐业。这种情况可能像以前住宅公团建设的住宅区一样，尽管没过几年，可那里的居民人数却越来越少，最终那个地区呈现出来的完全是一副残旧破败的样子。

日本有 140 万被称为在住宅小区长大的一代人已经到了退休年龄，或许这些身体还算健康，又在延长工作年限后已退休的老年人将成为 CCRC 计划设想的候补对象吧。但是，当时根据“人生有如收获两季的时代”理念，成功地开创了地方重建样板小镇之先河的海士町，那里也是城里人按 U 字型调头回乡定居之地，这些外来户都是一边在东京和地方两地拥有工作生活据点，一边创办风险型企业的实干家，可以说，这些人是日本式的在美国硅谷（Silicon Valley）和本国之间行走往来的华侨、印度侨民。总之，2020 年将有 160 万人届时自然会晋升到官僚要职或公司经营管理层，不过这些人都属于父母出生在人口峰值时期的第二代。由此看来，政府应该把他们视为 CCRC 计划的候补对象吧。

无论如何，或许人生迎来 40 岁后的选择之一，最好是一边到地方去发挥废弃校舍的作用或者便宜地租下闲置空房，一边另辟蹊径尝试区别于 I 字型直进式和U字型调头式返乡定居含义的创业型企业模式。例如，尾野宽明先生一直在东京和岛根县本町两地多居，同时保管着一个存放12万册专业古书的仓库，并利用互联网在全国各地运营环保学院，他实现了自己早在学生时代就已经萌发的构想。冈本佳子女士在东京的地产公司工作，她充分利用公司的兼业规定在岛根购置了一幢旧房子，自己也搞起了合租房出租业务。

城市居民到乡村居住的模式就如英国有绅士式的居住方式、美国有农场型或别墅型住宅一样，日本有日本型的居住方式也是势在必行的①。

山区尚未开发的山林地却会迎来收获的季节，其实我们可以理解为政府以支持开发的形式引导人们到地方去开采至今休眠中的木材资源。实际上，比山林开发更重要的是政府最好对放弃耕作的农田采用高额课税政策，给土地所有者施加压力以便加以充分利用，同时也应该大幅度地放宽农业法人参与农业生产领域的法律限制。至于所有者不明的山林所有关系，应该像笔者在本书后记里论述的那样，政府最好依照非法营利的法学理论，通过特别立法程序将其确定为公有财产。

在这种情况下，地方作为城市居民多居或定居等多种生活模式的接受地，一方面需要不断地维持当地的空间环境保护·防灾能力，另一方面还需要有能力领导管理农村观光、农林渔业、自然能源发电、保健护理等数个微型事业团体的人才来这里工作，如果地方上的就业机会增加，所谓“兼业·兼居”计划就能够顺利实行下去吧。

事实上，喜欢以像“美味”“新鲜”等字样为关键宣传词句的创业公司，如经营有机蔬菜等产品的美味可思(Oisix)公司或者M协作(M-collabo)等新兴产业正在诞生成长。自主经营的农协(农业协同组合)为了对抗这些创业公司也开始进行改革，但同时还要力求兼顾地区范围的经济发展，因此他们有可能成为这种经济结构的主体。回归故里的综合政策研究所玉田树所长根据2009年对全国10万人进行问卷调查的结果推算，移居、两地居住的普及率是4.7%。他指出如果把这个比例提升到15%的话，兼业多居势必能形成一种社会趋势②。我们希望2015年正式挂牌营业的全国移居促进中心为推动兼业多居最终成为一个社会新潮流而努力工作。

① 高桥琢磨：《从历史的角度看新社会的基本建设》，1993年发表在《财界观察》杂志第58卷8期。
② 玉田树：《推荐兼业兼居生活方式》，东洋经济新报社2006年版。

第四节　最适合青年男女就业的模式

一、“2.0 赚钱模式”阴影过重

工会春斗的致命弱点就是永远摆脱不了“1.0 赚钱模式”。所以，他们早已忘掉了春斗当初的精神和原则。

本节将以夫妇分别一周工作 35 小时以上的“2.0 赚钱模式”和特指夫妇一方一周工作 35 小时以上，而其配偶者一周工作不满 35 小时的“1.5 赚钱模式”为对象进行比较说明。

首先，笔者还是从日本的年轻人希望拥有的生活模式来开始分析论述吧。很多问卷调查的结果显示：不论男女，大多数人都希望结婚，还有主要是为了确保收入，竟有 80%的人希望夫妇共同工作。

然而，现实存在的问题是，不结婚乃至坚持终身独身的人正在增加。与此相对比的是，已经结婚的一对夫妇仍然和过去一样要养育着两个孩子。如此说来，坚持独身生活的人群，逐渐增加起来，到 2010 年的时候，50 岁男性的未婚率已经达到 20%，据国立社会保障和人口问题研究所的计算，现在年轻人的未婚率竟然是 25%左右。

那些战胜这类难关而步入婚姻殿堂的年轻夫妇在现实生活中所面临的就业形态，一般来说，丈夫和妻子共同上全天正常班的家庭由 1990 年的 60%左右慢慢减少，最近稳定停留在 50%前后。

一方面，丈夫全天上正常班，而妻子做计时工（一周工作在 34 个小时以内）的家庭占 45%左右，相反妻子全天上正常班、而丈夫做计时工的家庭只有 2%左右，夫妇双方都做计时工的占 5%。在双职工的收入、送小朋友去托儿所或请祖父母帮忙照顾等条件不具备时，工作与家庭不能两全。在这种情况下，我们总能够看到这样的模式，即在生育抚养小朋友期间，父母只能靠做计时工或休假应对过去，待以后再返回原工作单位复职。

况且，我们只要看一下日本女性的就业模式，就会发现但凡是以结婚为契机进入家庭的“1.0 赚钱模式”，都会呈现 M 形，但是现在，女性积极参加社会工作，因此 M 字型的中间凹陷部分趋于平缓，显示出那种类似驼峰的海普曲线

(Hype Curve)形状。从男女共同参与社会工作的立场来看，可以说这种情况表明女性的地位有所提高吧。

这个社会现象是伴随30多岁的单身女性增加而出现在人们的视野中的。2007年2月，根据政、劳、资三方一致意见，筹划制定了“劳动与生活的和谐之宪章”(work-life balance)以及具体实行阶段的“行动指针”，但是如今却形同一张废纸般的状态。因为现实中有某种正在促使非婚化社会的侧面因素不容小觑。

总之，现在实行的都是奖励非婚率超过20%以上的政策。事实上，结婚最后又离婚的家庭竟然高达1/3，在这种情况下，也造成了很多女性身为母子家庭的母亲络绎不绝地进入劳动市场参加工作的局面。

二、女性积极参加工作可以提高劳动生产率

本来，不少企业都会以已婚女性分娩育儿为契机来减轻她们的工作负担，还为此周到地预备了所谓“妈妈育儿期工作制”，使当事人不得不离开正式的工作岗位。其实，妈妈们常常对自己被调离工作感到失望，或者觉得恢复原职困难重重。显而易见，关于这个育儿的时间分配方式，在多数情况下根本就是形同虚设。

于是，企业方面也开始觉察到，要想充分发挥女性的作用，就得把“妈妈育儿期工作制”直接转换成“2.0赚钱模式”。

芝加哥大学教授山口一男先生指出：本来人口的一半是女性，如果我们认为潜在性的生产力不可能存在男女差别，那么由于不让女性在工作上积极发挥她们的能力，结果必然是约有半数的职位被生产力相对较低的男性所占据。假如让生产率较高的女性来取代这些男性的职位，可以确定生产率一定会提高得超过现状，至于个中道理也会不言自明吧。

预测女性在社会上活跃程度的大致标准，可以应用经济合作与发展组织的数据，将表示女性在政治和经济方面参与决策和活跃程度的GEM指数(gender empowerment measure)作为横轴，竖轴代表每1小时的国内生产总值，总之是拿劳动生产率为例，说明两者之间的关系是成正比的。显而易见，女性越活跃的社会，劳动生产率也越高涨(见图10)。

从图10可以看到，安倍经济学明确地肯定了女性所起的作用。图10还表

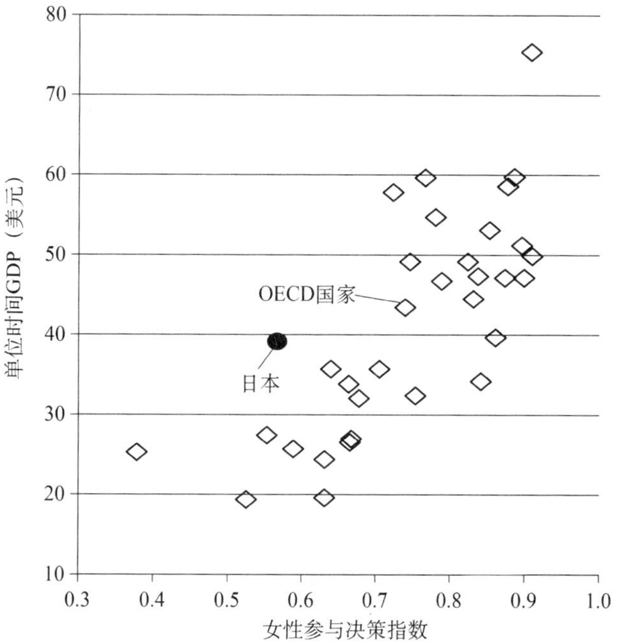

图 10　单位时间 GDP 与女性参与决策指数之间的关系

资料来源：山口一男“较低的女性管理人员占比：积极启用，提高劳动生产率”，《日本经济新闻》，2012 年 7 月 16 日晨报。

明，在老大哥级别运用“2.0 赚钱模式”的美国，当时由一对夫妇与未满 18 岁的孩子构成的家庭中，妻子是主要劳动力的家庭收入（2011 年，8 万美元）比丈夫是主要劳动力（7.8 万美元）或同等程度的家庭收入略高一些（7 万美元）。

美国是一个重视学历的社会，在他们那里明显地反映出女性学历越来越高（即不仅有大学毕业，还有律师、医生、博士等学历的人）的事实。可以说他们显示出来的社会理念正是日本也必将朝着那个目标前进的“最佳模式”。也许人们会认为，美国女性的成功只是一个不可多得的新闻吧。

三、美国也经历了由专业主妇到双职工的演变过程

历来标榜男女同权的美国，在 1950 年时专业主妇率为 75%，比日本还高，属于典型的“1.0 赚钱模式”。然而，由于全球化经济的发展，本来只有普通技能特长的中产阶层竟然领取到相当于金砖国家同等水平的报酬，时至今日美国已

构建起“2.0 赚钱模式”的社会体系。事实上，美国中产家庭再也不是他人满怀憧憬眺望的对象。此外，即使是信奉相同的民主主义，日美各自呈现出的形态却有相当大的差异。

尽管如此，我们之所以要了解美国中产家庭的房地产状况，是因为日本人总是莫名其妙地觉得美国发生过的事情早晚也会在日本发生。有人说日本花费25 年的时间逐渐脱胎换骨却令人难以觉察，但美国的变化却一目了然。看来其中也不无道理。

对美国人来说，拥有住宅已经成为社会意识平等的象征，所以国家为了让每个人都能拥有住宅，最终导致本来由政府支援的机构却通过资产证券化转换成债券进入市场，掀起了房地产证券化以及流动化的金融革命运动。

结果美国中产阶层可能得到的居然是所谓充分利用房地产担保贷款（home equity loan，略称 HEL），依靠“安全”的借债享受生活的途径。

在通常情况下，消费者首先依靠房地产投资银行的房地产贷款（Mortgage）购置住宅。之后，他们就一边按揭分期偿还贷款，一边等待住宅资产升值。因为住宅的卖出价格和住宅贷款的余额之间可能出现差价。总之，这种方式就是房地产担保，而将要购置的住宅作为担保的借款则是房地产担保贷款。

房地产担保如果在住宅买下后价值急速上涨，需要重新更换住宅贷款的情况下，即使是房主处于停滞偿付贷款的阶段也能够贴现，但是多数人都转换成房地产贷款继续利用。

其实，因为那是拿自己有变卖价值的财产做担保的借债，所以这种融资比较安全而且利率也便宜。但是，为了保证借贷真正安全，前提条件必须是住宅价格要永远上涨。

于是乎，次贷危机终于爆发，在此有必要了解一下次贷危机爆发前的情况，我们可以根据美国参议院议员伊丽莎白·沃伦在哈佛大学法律学院上学时使用的资料解读一下当时的事态状况。

我们看到一个结婚成亲的男性实际收入所得，自从 1970 年代初叶以来几乎没有上升。能够弥补家庭开支不足的是 1980 年以后开始增加的双职工家庭，把夫妇两个人的收入合在一起才勉强达到所得上升的目标。

在这种情况下，实际生活到底改善了没有？事实上，家族用于服装费、包括上饭馆在内的伙食费以及家具或家电产品等消费都在减少。我们就算承认那些减少的现象，都是由于经济增长超稳定化（Great Moderation，指从 2000—2007

年的金融市场整体持续呈现出稳定状态的时期)的因素而连累物价下跌的结果，但是其他方面的费用增长情形却显著得不容小觑。

家庭开支增加的是房费，即伴随购置住宅要支付的房地产贷款。此外还有支付医疗健康保险以及孩子的抚养费等各种叠加费用。总之，与 30 年前相比，增长了 100%。凡是抚养两个孩子的家庭要支付更多的房费和抚养费，一旦孩子增加到 3 人时，原有的生活水平必将难以维持下去。如今住宅已经不能说是中产阶层的象征，反而成为他们的重负。

四、美国的“2.0 赚钱模式”导致家庭关系捉襟见肘

尽管经济增长超稳定化，可是由于公司业务向国外转移(Job Offshoring)、进口商品等原因，反而有可能促使妨碍男性收入增加的负面因素大大增加。于是乎，我们发现妻子出去工作来弥补丈夫的亏损，正因为如此，中产阶层才能勉强达到增加收入的目标。

但是，与 20 世纪 70 年代乃至 80 年代相比，虽然房地产贷款的利率已经大幅度降低，但是家庭仍然局限于不得不把几乎所有的收入拿来偿付贷款的窘境。这是因为住宅销售价格不断上涨造成的。

如果夫妇共同参加工作，家里的汽车台数就得增加，孩子也要送保育院照看或者雇用保姆等需要支付更多的费用。在此之上，由于医疗保险的上涨，现在从普通家庭加入的保险种类来看，他们已经处于无法接受像以前那样的医疗、保健服务的困境。

加之，在家庭储蓄为零的状况中，为了维持生活水平而利用的是依靠住宅升值的房地产担保贷款以及银行信用卡等手段。

根据沃伦的资料得知，美国双职工的中产阶层家庭生活早已陷入捉襟见肘的窘境。如果家里只有丈夫一人工作，在这种状况下，即使丈夫失业或患病，还剩下妻子外出工作的选择。如今，就算有人患病，例如孩子有病也意味着直接牵连到家庭收入减少的问题，更有甚者，说不定会发生难以偿还住宅贷款那样的尴尬状况。

美国个人破产法于 2005 年制定通过，我们根据沃伦对该项法律实施后的结果所做的分析研究来看，虽然这个法律在实施前就预先过度地宣传针对的对象是能够调动大量资金的人，结果却事与愿违，落入法网的几乎都是那些每天过着

极普通生活的中产阶层[①]。而且他们的大多数人开始都是无论如何也要挣扎着免于破产的结局，结果导致债务缠身，最终被债务追得无处可躲而宣告破产。

总而言之，看来中产阶层的绝大部分人总是将自己置身于“信用的悬崖”边上。有学者指出，由于医疗保险的上涨，所以当家族中有人罹患重病之际，他们从中产阶层跌落下来的可能性越来越高[②]。因为保险的等级越低，就越发难以补足医疗费。

虽说家庭经济状况捉襟见肘。然而，美国房地产的价格却好像一直无止境地上涨。因此，研发房地产价格指数的著名经济学家罗伯特·席勒（Robert James Shiller，1946 年—现在，美国经济学者）教授等人主张，恰恰是人们这种必须要趁早购置住宅的心理决定着市场动向[③]。

这种情况下，对盼望拥有自家住房的中产阶层来说，一边负担房地产贷款，一边期待将来房地产价格上升，依靠重新贷款保证支付的方式必然成为他们的最佳选择。而且，直至最近几年为止，由于房地产销售价格总是上涨，因此重新贷款绝非难事。其实，融资方也希望房地产价格上涨，毫无疑问他们肯定是这样期待的，即利率一直停留在较低水平的话，重新贷款也不是没有可能性。

五、金融危机导致中产阶层没落

当时，房地产价格持续上涨，加之早买有利的心理占上风，而且由于美国联邦储备委员会（FRB）议长艾伦·格林斯潘（Alan Greenspan）在 IT 危机后，又提出大幅度降低利率的金融宽松政策，其实贷款也比以前容易得多了。

因此，相对家庭经济收入的负债比率到 21 世纪，最初的 6 年中居然增长了

---

① 在克林顿政权时代，当时的美国总统夫人希拉里认为，这项破产法是一项对于普通平民予以处罚的法律，因此试图说服议会和总统取消，最终总统使用否决权使这项法案搁置起来。但是，当几乎相同内容的现行法案被提交到议会上时，正在为争取总统候选人而不遗余力地进行奔走活动的希拉里·克林顿参议院议员却没有表示反对。可以说，对于知道事情原委的伊丽莎白·华伦（Elizabeth Warren）来说，必然更强烈地感到有关金融的法规都是议会外游说集团的人们进行的纸上谈兵，或者说是能够用金钱收买的东西。

② 伊丽莎白·沃伦（Elizabeth. Warren）：《消失的中产阶级》中的约翰·爱德华兹，玛丽恩·克雷恩（Marion Crain）、阿恩·克拉伯格（Arne Kalleberg）主编：《解决美国的贫困问题：如何恢复美国梦》，新的出版社 2007 年版。

③ 卡尔 E·凯斯（Karl E Case）、罗伯特 J. 席勒（Robert J. Shiller）：《房地产市场有泡沫吗?》，《布鲁金斯经济活动论文集》，2003 年秋季第二期。

1 倍。于是乎，雪上加霜的是那时雷曼兄弟破产（Bankruptcy of Lehman Brothers）事件一下子就引爆了次贷危机。在这种形势下，不仅借贷人陷入骑虎难下的境地，更加速了白领阶层的没落。

诚然，次贷危机释放出来的冲击力绝对是压倒一切的。因为抵押的住宅价格直线下跌，财产价值大幅度贬值，只是原有的借债额却原封不动，不曾减免一二，所以两者之间的差价出现亏损的案例也在大量发生。尤其是在经济不景气的情况下，年终奖金骤然减少，更何况稍有不慎还会失去工作，结果使得债务人偿还贷款越来越困难。

实际上，当阪神・淡路大震灾或东日本大震灾发生后，灾区的房屋价值旋即为零，但这种情况毕竟有地域限制。然而，美国房地产的价格跌落却是涵盖全国的普遍现象。

埃曼努尔・萨伊斯（Emmanuel Saez，1972 年至今，法国经济学家）与加布里埃尔・萨克曼（Gabriel Zucman）在共同执笔的论文中指出：处于社会底层人口的 90％占有资产的比例，由于次贷危机的打击，一举下跌了 8％左右[①]。总之，资本的波动幅度竟然如此之高，实在是非比寻常。可以说这是象征中产阶层的住宅发起还击的结果。

从图 11 中我们看到，养老金在中产阶层的资产构成中勉强支撑着倒数下位 10％的财富，但是其中股票或债券却寥寥无几。皮凯蒂曾说过，除上流阶层以外的财富都是已知数，遗憾的是，他的这句话正中时弊。股票或债券等金融资产，一旦等到金融危机过后，或者依赖政府制定实施的危机后不景气对策，例如"金融利率超宽松"措施等，肯定会大大地恢复元气。

然而，象征中产阶层的住宅市场却险象环生。究其原因何在呢？实际上，大多数住宅都被债主扣押，最后成为变卖的抵押品，所以中产阶层的财富势必遭到破坏。在此期间，二手房市场反而获得大量供给，结果造成住宅价格跌落的恶性循环。

既然消费者背负着这种债务缠身的沉重家计负担，政府必须向他们伸出救援之手，把住宅市场从恶性循环中解救出来。普林斯顿大学的阿提夫・米安（AtifMian）教授在分析研究 2002—2006 年的住宅价格动向与消费者的行动时

① 伊曼纽尔・赛斯（Emanuel Saez）、加布里埃尔・扎克曼（Gabriel Zacman）：《1913 年后美国的财富分配、资本收益和收益率》，《工作论文》，2014 年。

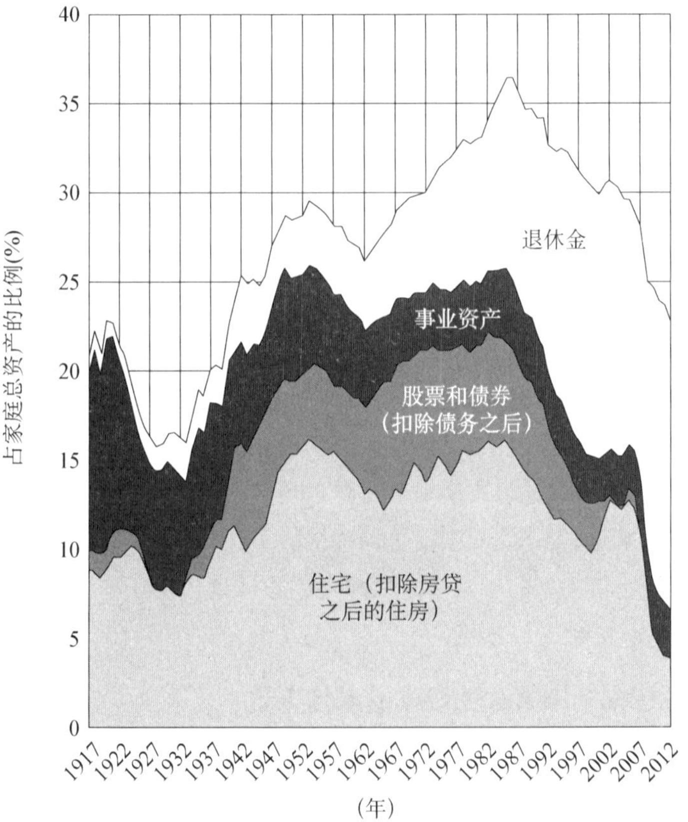

图 11　大起大落的美国中产阶层的财富(占人口 90%的人持有的资产占比)

资料来源：伊曼纽尔赛斯、加布里埃尔.扎克曼：《1913 年以来的财富、收入分配和美国的回报率》,《工作论文》,2014 年。

指出：美国尚有好几百万人处于住宅价格的价值小于借债额的窘境，这个现象正在削弱美国经济的恢复能力。

如果比较一下住宅价格下跌严重时期和平缓时期所显现的特点，我们就会对阿提夫·米安(AtifMian)教授进行的现状分析一目了然。毋庸置疑，为了给美国经济带来强大的生机，理应需要政府采取那些让人们返回住宅市场的政策措施。

从上述情况看，据说对米安教授等人建议的新型金融商品"责任分散型抵押"(Supplier Relationship Management, SRM)，包括政治家在内的多数人都抱有好感。在美国，迄今为止也有许多以减轻风险为目的的新型保险商品被投入市场，早已为人所用。

虽然信用违约交换(Credit default swap, CDS)被誉为终极保险商品，但是它被人们广泛利用的结果却成为引爆次贷危机的震源地，也是这个灾祸程度扩大的原因。

当然，正是基于这种反思，在国际结算银行(Bank for International Settlements, BIS)的规定(关于履行国际业务的银行等金融机构持有自己资本比率的国际统一标准)中，他们把保险商品的风险指标都制定得很高。“责任分散型抵押”(SRM)也按照该标准办理金融信贷业务。

在处理个别保险的风险时，声称中产阶层无可救药的是美国参议院议员伊丽莎白·沃伦。这种情况下，政府应该采取什么样的救济措施才能奏效呢？沃伦的主张是，不能单纯地解决房地产贷款以及金融问题，还要加强家族成员之间的亲情纽带关系，扩大充实社会安全保障网。

虽然家庭纽带关系的主张带有共和党色彩，但它的本质却是安全保障网。

六、哪怕是在福利国家女性也难以成为主角

笔者曾经在1997年的时候就提出过一个“从基建国家到福利国家”的口号，当时还预测说，历来依靠造价突出昂贵的基础建设劳动支撑过来的日本的雇用以及与雇用互为表里共进退的财政投资，必将从一个以基本建设为核心的国家如同瑞典模式那样、朝着能够有效地提供福利服务的社区中心(Compact City)机制靠拢，最终转化为福利国家吧[①]。

之所以提倡从基建国家向福利国家的转型，其意义在于可以恢复劳动与生活的和谐关系。至于官本位主导的基建国家，其特征就是政府习惯于把国家建设事业构建成一个庞大的产业模式。虽然外出打工的丈夫多少从中获得一些高额报酬，但是他们基本上都是单身赴任，而家族被留在乡下。事实上，当时工薪阶层的家庭状况也大同小异。

笔者认为，如果是福利国家就不会发生这种情况，因为具有标志性的医疗、护理服务等产业一旦成为社会主流，家族成员自然能够作为一个整体生活在一

① 高桥琢磨：《改革结构、限制的意义受到考验——论以国家、革新、体制为中枢的社会契约》，1997年刊载于《财界观测》第62卷12号。

起，彼此或多或少地都可以过得自在轻松一些，至此劳动与生活的和谐关系肯定会恢复过来。

政府于2000年引进并建立了护理保险系统，因此显示了社会结构转型的方向。之后历经10年的摸索积累过程，单从就业人员的情况来看，在1998—2008年，从事基本建设的劳动者减少了111万人，而在医疗福利行业就业的劳动者从2003—2008年增长98万人，在2008年前后已经达到政府所预定的目标。

然而，现实情况却是距离劳动与生活和谐关系恢复、家族成员彼此有闲暇时间相处的状况相差十万八千里。

在对这个理由刨根问底之前，我们先了解一下今后的医疗·护理服务等相关产业的人才供求情况将会出现怎样的变化？关于需要护士的问题，由于在岗人数充足，几乎饱和，所以不用担心，但护理福祉士却被认为是一个难题[①]。社会保障审议会福祉部会推算，出生于人口高峰期的一代人在2025年到达后期老龄者的年龄段时，他们所需护理师的人数高达237万—249万，但是有关部门预计最多只能确保215万人，届时全国将出现30万人的空缺[②]。

为什么会发生护理人手不足的情况？现在，这个业界以中心护理股份公司(Saint-Care Holding Corporation)为首，不仅已有日本规模最大的、开展护理服务事业的日医学馆等专业集团，还有倍乐生(Benesse Corporation)以及和民(Watami Holding)等跨界参与经营的企业，事实上这些公司即使在收益方面也已经获得成功。

虽然医疗、护理服务事业可能存在集约化难度大，还要添加房地产租金等费用乃至有跨界参与的隔行隔山障碍，但当今时代，难道不是恰好已经到达一个需要全社会共同创业的临界点了吗？

不管是谁，如果想成为一名护士，必须要由专门培训学校毕业，再参加国家资质考试，所以供求有限，可要是护理福祉士的话，除培训学校以外，还可另辟蹊径，就是在工作中积累实际经验后，再参加国家资质考试。

护理福祉师的报酬有没有过低的问题呢？假如提高护理报酬的话，也会反弹到护理保险的费用率上面，因此恐怕不能单纯地判断报酬越高越好吧。其实，关于运营管理护理设施等方面，企业可以在改善运营方式的过程中，依靠法律限

① 川越雅宏：《关于护士、护理员等的需求预测》，2009年发表在《社会保障研究(季刊)》冬季版。
② 2015年2月确保福祉人材专门委员会编辑出版的参考资料。

制上的宽松措施，或者采用最近研发问世的像那种随身穿戴的康复训练机器人(Hybrid Assistive Limb, HAL)之类的尖端技术，减少护理福祉士的人数，此外护理福祉士的待遇方面还必须具有吸引人的魅力。

山口一男警告说：不只是限于护理福祉士的报酬，就连护士、幼儿教师等“教育护理”“医疗保健”以及“社会福祉”等领域的专职人员的报酬也正在形成不合理且工资低廉的体系。

如果借用山口一男的论述来说明村上的“家庭”系统的话，笔者认为，“1.0赚钱模式”适用于全体社会，从男性主要赚钱养家，而女性在一旁辅助这种社会分工模式来看，“教育、护理”、“医疗、保健”以及“社会福祉”等专职工作必然演变成现在社会流行的所谓妈妈育儿期工作制。

于是，笔者在此提出这样一个假设，即在企业这个“家庭”中，为了维持男性主要干活、女性在旁边辅助的模式，他们居然设置一种相当于妈妈育儿期工作制的事务岗位(办公室的内勤工作)安抚女性。对于这个假设，笔者可以举证的是，与美国企业相比，日本的企业确实设置了多如牛毛的事务岗位。

本来，正当基建国家向福利国家转型时期，女性理应改变身份成为主角。在这个努力追赶的过程中，至此为止“1.0赚钱模式”主要作用是提升企业内部的凝聚力与往适合的方向集中人才，所以这个模式所构建起来的“家”系统，不仅要把女性当成主角迎接进来，还要在此基础上，必须重新构建能够包容多种人才的“2.0赚钱模式”的“家”系统。尽管以扣除配偶者一定所得的课税制为首，各种制度早已今不同昔，但“1.0赚钱模式”却依然不变。

七、“1.5赚钱模式”的优势

本来，这个模式理应具有优势可以适应智能创新・信息化社会的“家”系统。诚然，在创新和信息化的社会里，如果我们不提示新的理念就不能产生利益。因此，社会需要诞生那种能够灵活应对多种多样的消费者需要以及市场变化的弹性组织，或者包括可进行各种创意活动的女性以及拥有各种知识、经验在内的集团模式。总之，社会对集团组织的多样性需求程度更甚于女性的劳动参加率。

然而，日本企业在走进未来时代大门口时，居然栽了一个大大的跟头。其实，关于政府既定目标的“2.0赚钱模式”，我们根据“劳动一代人口1 000人的调查”结果得知，如果女性走上社会的步伐一旦加快，则有70%的人认为少子化问题就会越发严重。

于是乎，为了突破这个社会发展瓶颈，日本应该何去何从？山口一郎主张，只有依靠最高经营者坚定不移地承诺不分性别、不拘一格地选用人才，才能改变长久以来早已根深蒂固的企业风气和男子至上的意识等旧习。

况且，他还认为解决这些问题，绝非只是比较分析一下国际状况就采取那种追随社会新常态的政策那么简单，而是要不断创造完善一个女性在未来也能够行动自如地加入劳动市场的社会环境。

本来，美国式“2.0 赚钱模式”是与费用昂贵的托儿所、保育所的成本费用捆绑在一起的结构体系，目前它已陷入危机状态。与此相对，瑞典的孩子在满 1 周岁之前，一般由父母照顾，之后政府提供保育所，即建立起所谓社会育儿的“2.0 赚钱模式”系统。

瑞典的保育所在教育厅的直接管辖之下，他们奉行的教育理念就是从孩子的视点出发，搞好培养教育孩子的支援工作。法律规定地方政府有义务在父母为孩子提出入保育园的申请后，必须在 3—4 个月之内提供空位。此外，全国还有约 450 所开放性保育所，当局规定那里一律实行父母也可以跟孩子共同入托的利用制度。

其他，瑞典政府还规定父母双方可享受合计 480 天的育儿休假，在孩子满 8 周岁之前能够随时利用，不过未满 1 周岁的孩子要在家里由父母照顾，所以保障月收入在 80%的 480 日育儿休假期间，其中 390 日多数用在这一期间，剩余的 90 日一律实行日薪制。但是，支撑这种充实的设施以及丰厚保险的后面却是高税金和社会保险费。

日本的理念与瑞典不同，既没有依靠社会抚养儿童的制度，也不存在高百分率的租税负担，同时对于美国那种费用昂贵的保育服务也感到难以接受。

笔者但愿“2.0 赚钱模式”在三代同堂等条件下能够顺利维持下去。另外，夫妇两人都是前文介绍的特聘正式职工、即通过聘任制录用的话，多少也能够创造出一些自由宽松的生活环境。然而，倘若把“2.0 赚钱模式”运用到极致，那么政府将面临的肯定是双职工的父母要求提供费用低廉的保育服务、并且可能对政府施加压力，保证不再出现儿童在家排队等待入保育院等现实问题。

在这种情况下，孩子的父母们不会优先选择“1.0 赚钱模式”和“2.0 赚钱模式”。事实上，他们选择的是配偶主要照顾孩子和参加短时间工作劳动的“1.5

赚钱模式”。

日本迄今保留下来的“1.0赚钱模式”应当归属于经济增长率尚能维持在高水平的社会系统，然而，现在它已经丧失其理应发挥的功能和作用。另一方面，美国的“2.0赚钱模式”也会陷入到家庭成员完全失去轻松和谐关系的危机事态中。

在“劳动一代人口1 000人的调查”中，询问双职工夫妇的问题是，为了让女性积极走上社会和照顾孩子两不误，最需要的是什么？男女对此回答最多的是“丈夫的理解与合作”。

厚生劳动省委托外部机构做的调查也显示，为了生育第二子，回答最需要的是“丈夫的理解与合作”的人数是回答“需要收入”的3倍。

政府通过将这种家庭保育与尽可能利用廉价保育员相结合的“1.5赚钱模式”制度化，是否能够给日本年轻人的生活方式开拓一个展望未来的新视野呢？

八、“1.5赚钱模式”可以使工作与家庭生活保持和谐

实际上，有个国家已经将“1.5赚钱模式”制度化了。那就是荷兰。他们那里不论是生活的便利程度也好，还是生活的质量也好，都已经达到凌驾于瑞典之上的水平。据政治学者水岛治郎先生指出：在荷兰，与基督教相关联的非营利机构(Nonprofit Organization，NPO)众多，尽管民间承担福利工作这一点与日本大相径庭，然而以标准家庭为单位设定“1.0赚钱模式”，提供补助金倾斜政策的福利方面却与日本同出一辙。

原来的“1.0赚钱模式”在自由应对两次石油危机的过程中，功能逐渐丧失，他们这才转向重视就业型福利社会体系[①]。那么“1.0赚钱模式”到底发生了怎样的变化？我们最好先来了解一下背景原因吧。

(1) 以短时间工作制应对劳动中分工合作的能力接近极限，由于当时实行抑制工资增加政策，从家计实际情况出发，产生了夫妇共同劳动赚钱的必要性。

(2) 然而，因为国家长期运用“1.0赚钱模式”维持社会与家庭的稳定，所以

① 水岛治郎：《大翻转的福祉国家——荷兰模式的光和影》，岩波书店2012年版。

保育所的数量不足，怎样调整育儿、护理等对家族的责任与劳动之间的和谐平衡关系，已经成为刻不容缓的重大课题①。

(3) 在摸索寻找劳动模式的过程中，于 1996 年政府出台了同工同酬的计时工作制。

1999 年，政府制定保护计时劳动者权利的政策，允许他们转为准正式职员，2000 年，允许雇主采取更加灵活的方式将他们录用为正式员工。另一方面，政府对家庭采取的补偿措施是将原本每周 38 小时的工作时间缩短为 36 小时。

由于这些施政方针得以贯彻执行，使抚养孩子和生活护理与荷兰型的劳动合作制相结合，在家族需要与本人所希望的工作彼此保持和谐的关系下，已经形成了一个满足人们生活需要的社会系统。事实上，现在荷兰劳动人口的半数已占领了计时工作的劳动市场。

这个结果显示，荷兰女性的劳动参加率以 25—50 岁的范围为限，与 1985 年相比，大约提升了 20 个百分点左右。

为构建荷兰型社会系统的"1.5 赚钱模式"所需的前提条件(社会公约)是，夫妇分别申报所得收入，双方成为低税率的课税对象，在此基础上建立家庭与劳动相辅相成、和谐并存的社会环境②。

日本难以产生半日制劳动型的正式职工，正在抚养小孩的女性只能去做短时间的计时工作，之所以造成这种社会现状，是因为彼此心照不宣的公司内交际活动过于频繁的结果。

曾几何时，他们彼此通过这种只可意会领会的方式进行智慧较量，可以说是日本企业的强项。但是在智能创新·信息化时代，过去的强项反而变成弱项。为了让半日制劳动型的正规雇员在日本诞生，必须健全完善组织内部信息的数据化与表现形式(明确)智能化。这正是当今日本的企业组织所追求的目标。

然而，假设这个目标已经达到，再者日本的"1.0 赚钱模式"也早已形同废品，那么荷兰型的"1.5 赚钱模式"到底能否成功地引进日本呢?

如若引进荷兰模式，首先必须实行"同工·同酬"制，即在从事几乎相同劳动的计时工与正式雇员之间实现同酬的制度。如今，这并不是荷兰特有的制度，在

---

① 竹信三惠子:《家务劳动的苦恼》，岩波书店 2013 年版。

② 获原洋:《向荷兰的工作分享模式学习》，野村综合研究所主编《日本的优先课题 2001》，野村综合研究所，2000 年出版。

欧洲早已普及。

荷兰最大的人才派遣公司日本法人总经理麦赛尔·维卡斯劝告日本引进荷兰式劳动合作制，他指出日本社会少子化、老龄化现象日益深刻，随机应变地接受移民的国民共识难以形成。鉴于这种社会状况，除了在全体社会实施促进女性或高龄者参加劳动、坚持改革以男性为中心的企业意识等一系列对日本劳动市场进行改革的政策以外，别无选择①。

他还指出，对计时工采取无限期就业化、改善待遇等措施，即使暂时能引起社会保险费等费用上涨，可也是临时性成本，我们应该把赌注下在新的组织系统肯定会充分发挥作用上面。

第五节　地方重建是救命稻草还是改革良药

一、地方重建、攻防兼备的海士町

为了提高女性和高龄者的劳动参加率，是否可在日本引进荷兰型"1.5赚钱模式"呢？能否将一个包容众多的、从村上先生界定的"家庭"系统中被排挤出来的非正规雇员在内的社会寄托在荷兰型"1.5赚钱模式"上呢？

安倍经济学因提出地方重建的策略方针而广泛引人注目。这个理念的发端始于日本重建会议主席增田宽也先生。当时他首先敲响了警钟，指出日本到2040年时将有523个市区町村（日本的行政管区）可能消失殆尽。为此，增田宽也先生提出5点地方重建的方针如下：

（1）建立向地方输送新居民的组织系统。

（2）想方设法让新来的人在地方创业并能安居乐业。

（3）满足年轻一代的结婚·抚养孩子的愿望。

（4）建设符合时代要求的地域空间，保护安全的生活环境。

（5）地域与地域之间建立联合协作关系。

笔者关注分析的案例是岛根县隐岐岛海士町山内道雄町长（相当于镇长级

① 马塞尔·维格斯：《通过给予合同工均等待遇来变革社会》，2014年发表在美国综合研究开发组织（NIRA）主编的小册子《我的构想：女性就业与荷兰模式》。

别)领导居民让市镇重新焕发出活力的改革经验。海士町作为地方重建的样板模式,当时山内道雄町长不管是来自保守主义的建议、还是来自自由思想的理念,总之他锁定海岛要幸存下去的目标,提出"小岛的挑战——从倒数落后到最尖端",经历过一番拼搏,最后取得成功。

主张自由思想的是宇野重规,他提倡把实用主义应用于现代,谋求重建民主主义体制①。相反,保守主义的进言人是小泉进次郎,他在地方重建担当大臣石破茂的手下出任政务官(相当于副部长级别)。小泉认为地方重建正如人们在海士町的重建经验中所看到的那样,是一个涉及定决心排除万难的问题。

海士町在1950年前后人口尚有7 000人,不过现在不足2 500人,老龄化人口比率占39%,是一个典型的人口稀少的小镇。每年出生的孩子也只有10人左右,年轻人的数量又少,当地的活力早已衰退。

山内道雄是2000年当选为町长的,当时町政府(相当于镇政府)还欠着113亿日元的公共事业费等债务。他新官上任伊始,首先处理整合债务问题。关于町村合并(日本的地方行政改革)问题,他跑遍所有管辖范围内的村落听取村民们的意见,认为行政合并毫无益处,当时就放弃了。因此被岛根县砍掉了一部分回流的地方财政税收等资金,遇到了相当大的阻力和打击。

于是乎,三个小岛组成的海士町只好各自本着自我解决问题的方式抱定守一。他们赌上海士町的死活,独自制订计划,为了海岛自立主动与有关方面进行协商。在整个协商过程中,一直充斥着"守"与"攻"这两个要素。

"守"的内容是财政改革,他首先提出的是大幅度削减町长的报酬。于是,有一天夜晚,财政科长打来电话说:"我们也要减工资。"可以说这是他们在向居民们表明自己与海岛共存亡的决心。接着第二天总务科长过来提出了相同的建议。议会议员也减了自己的工资。

刚到9月,就听到从工会那边也传来了要减工资的消息。还有门球协会也来说不要补助费。甚至连委员会也宣布会议津贴减半。甚至老年人俱乐部也不例外,本来只要年龄在75岁以上可买半价公共汽车票,可是他们却提议要买全价票。

他们就这样,一旦商量好缩减对策后,就立刻展开了"攻"的全岛品牌化作战部署。为了达到产业振兴的目的,全体岛民都把海士町当成一个百货商店来经

① 宇野重规:《民主主义的做法》,筑摩书房2013年版。

营。当时提出的广告关键词是“海”“潮风”“盐”。“海”，于是这个系列的第一阵就是“海螺咖喱”。海士町通过搞商品研发，一年竟然销售 4 万份。第二阵是岩石牡蛎，命名为“隐岐海士的岩石牡蛎春香”，虽然这里的一个牡蛎比其他地方贵出 150 日元，但是买卖依然兴隆。开始做这个生意的是岛上的一位渔民。

结果，海士町终于发展成为一个有不少人从全国移居到本地生活的乡镇。而且居家搬迁到这里的人几乎都是年富力壮的年轻一代，因此财政状况也随之好转起来。

第三波“海参”趁着犹如潮汐上涨的势头闪亮登场。那时，这位 U 字型返乡定居的年轻人，发现岛上出海捕捞的海参根本不加工就直接发送货物，让他立刻盯上了这个商机，干脆修建了一个加工厂，最终开拓出一条将产品销往中国的路线。于是乎，这又带动更多的渔民出海捕捞原本就藏量丰富的海参，至此他又从怎样管理、养护资源的观点出发，致力于企业发展的经营模式，发挥着越来越大的作用。

为什么不过是一介返乡的年轻人却能够成功地建起工厂来？海士町有个叫“海士粉丝基金”专门融资给创办中的新公司。每股 50 万日元，本金由町政府担保，可 7 年后偿付。融资期间每年的利息约相当于 15 000 日元的海士町产海产品等特产，这部分由町政府发给实物补贴。这就是海士町版乡村融资银行(Grameen BANK)。主要以海岛出身的人为中心筹集预定的款项。当年 U 字型返乡的年轻人中，还有人复活了岛上传统的制盐业，如今已经开始向东京都内的高级酒店供应自己的产品。

话说他们取得成功的关键因素到底是什么呢？山内町长这样透露说：那时虽然觉得削减工资实在是个下下策，但还是先从那里打开了局面。“事到如今，我一直在想，从那里找突破口，还是找对了。”正因为工资大幅度削减激发出町政府职员们的正能量和全体岛民的干劲来，所以给海士町带来了蓬勃的生机与活力。

山内町长的话表明，改革正如小泉政务官讲的那样，确实是一个置之死地而后生的问题。然而，山内町长认为下下策的削减工资，恰恰是发挥人们潜在的包容精神、包容力的改革手段。结果，正是因为这个地方重建的改革机制才促进了海士町的复兴与发展，取得了就像宇野重规先生所说的“年轻人创办地域经济”，这种经过实用主义学说见证过的社会改革成果。

山口一男先生曾解释说：为了创造出这种有包容精神的社会生活环境，需要彼此保持不离不即的人际关系、尊重个人意见和互相信赖的社会。实践证明他的判断是正确的。

岛根大学名誉教授保母武彦先生指出：一部分地区发生返乡回流（U字型回转）或从城市直接移居到乡村（I字型形后转）的现象，说明地方重建事业已经开展起来。在岛根县的海潮地区，出现了几个与海士町一样、具有接纳包容精神的村镇，自然而然地吸引人们居家搬迁到那里定居①。

如果自然资本、制度资本以及社会基础设施等这三个社会共同资本能够保持平衡协调发展的关系，那么在追求效率的前提下，从政治上的选择来考虑，人口流动也可以不必都向中心城市（根据日本地方自治法规定的政令所指定的城市，法定人口在20万人以上。相当于中国的二、三线城市）集中。总之，所谓地方重建计划只不过是重新复兴日本的第一步而已。

二、地方行政区的人口减少将导致地方财政破产

根据总务省的报告，2014年10月，有40个道、府、县（相当于中国的省、直辖市或自治区级别）人口减少，青森县、秋田县的减少率超过1%。毕竟人口急剧性减少的代表新西兰减少率也才0.5%。笔者去采访时，财务大臣说："这种情况下，国家势必崩溃。"当时周围聚集着抱有同样危机感的近乎有200人，都看到他下定决心为了防止国家崩溃要不惜一切代价的坚决态度。

若让所有人都产生至死方休的勇气就必须对共同的危机感同身受。"早晚会有行政机关消失!"一旦这种危机来到眼前，只要是关联者都会有感觉吧。或许地方重建计划能给我们一个共同面对危机的最佳机会吧。

在2014年地方公债的发行量方面，只看一下公开债券一项就有12.982 7万亿日元，地方财政改革对地方公债的依存度居然占12.7%，依然处于高水平状态。地方公债中也包含处理官民合资企业、撤除设施等入不敷出的负债项目在内。

这难道不是一种为应付人口减少目的的地方重建措施吗？没有充分的税源，而依存国家税金补助的地方公债不断累加的结构机制，必然导致地方行政机关的破产，乃至引起国家破产的结果。

---

①《人民主导的地方重建：采访保母武彦先生》，发表在《日本经济新闻》2015年1月24日晚报。

政府制定地方重建、日本重建的第一阶段工作目标时，首先是实现“同工同酬”的法制化，虽然在全国范围逐步适用实施过程中，多少设定了一些延缓期限，但是首先在总成本的制约之下，应该把荷兰型劳动合作模式适用于地方行政机关。目的是解决地方政府过高的成本问题，总之我们需要应用荷兰型劳动合作的方法去解决问题。

为什么要从地方行政机关开始重建日本？其中理由是地方政府比民间企业更喜文件程式化，即利用明文规定的方式，另外如同下文所见，由于行政机关内都有“聘任”的正规、非正规职员，所以适合雇用半日制的正规职员。还有一点就是可以矫正地方上存在的官民报酬不平等的问题。

我们顺便看一下富山县高冈市的环卫清扫工、学校食堂服务员、办公室勤杂工等官与民的不平等状况，就不难发现工资相差在30%以上。城市地区的东京都练马区也存在相同的情况。至于保育院，保育士（幼师）有市政府职员和派遣劳动者等两种身份，尽管他们做的是几乎相同的劳动服务，但是报酬体系却各不相干（见表6）。

表6　从技术岗位职员收入现状看地方公务员与民间的不平等

高冈市			高冈市、民间			a/b	a/b
	年龄	年收入		年龄	年收入	高冈市	练马区
学校配餐	41	4439,881	厨师	42	3422,800	1.30	1.78
勤杂工	47	5397,581	勤杂工	54	2861,400	1.89	2.17
清洁工	51	6194,781	收垃圾的工人	45	3989,200	1.55	1.69

资料来源：根据高冈市主页和练马区主页制作。

此外，如果单亲妈妈是护理福祉士的话，就可以按照不必接受生活救济保护的水平相应领取标准工资，因此这个措施还可以为日本社会形成必要的工资体系作出一份贡献。

理由何在？首先是因为单亲妈妈参加工作，就能大幅度削减市政府的生活救济，保护扶助事业规模，可以从中挤出一部分资金来。其次是工资体系的扭曲现象在很大程度上是片面地受到社会保险费等因素的影响。

全国接受生活救济保护的家庭，到2014年年末共有164万户。其实，地方政府根本不需要特意去劝说那些拼命工作的人接受生活救济保护，只要把工资体系里面的扭曲现象纠正过来，市町村的事业费自然就会被削减下来。

当地方行政机关的工资体系变更成这种模式时，除了政府职员与计时工实现“同工·同酬”以外，为了确保资金来源，还需要改正年功序列型的工资体系。如果地方经济顺利发展的话，或许地方政府以后也会设想一个可终身雇用的行政系统吧，但我们应该牢记一个事实，即地方重建本来就是从行政机构也会消亡的那个时刻开始浴火重生的。

根据这套工资体系，可以解决地方公务员工资过高的问题，为社会提供新型工资体系的模式，也能够让政府在引进荷兰型“1.5赚钱模式”时当作入口。

于是乎，结果必然是：(1)上涨幅度过高的地方公务员工资被纠正；(2)过后支付方式的工资能够在不同年龄段实现平准化；(3)可以把现在大量被雇用的计时工转为“新体系”的派遣劳动者。

此外，在实行改革、采用新制度的时候，如果不以一定范围的区域为对象的话，那么从完善制度的方面来说，就没有任何意义，之所以要具有一定范围的区域规模，也是因为行政机关需要雇用劳动者。

三、地方重建必须先看准目标再行动

在民间企业应用落实“同工同酬”制度时，应该主动地跟地方行政机关齐头并进，虽然政府强制命令民间企业贯彻实行之际，总会预留出一定的缓冲时间，但是我们看到早已有带头实行制度改革的先进企业当仁不让地涌现出来。

这种情况难道不是正像下面那样模拟的改革结果吗？如果不断增加非正规雇用者，必然会在某个时点上出现他们的人数超过正规就业者的可能性。同时一个公司内出现两个工会组织，根据企业的具体情况，我们也不难想象有的工会掌控的半数以上劳动者都是非正规就业者的光景。

劳动基准法要求公司在制定就业规则的时候，如果有半数以上的劳动者加入工会，就必须倾听他们的意见。根据这个简单的模拟结果，显示非正规劳动者工会的主张肯定会通过的时代正在到来。

与其在正规、非正规的劳动者之间相互争吵不和、在矛盾冲突中工作，不如提前削减部分员工的工资，同时应该让全体合同制员工实现转为正规职工的愿望。广岛电铁就是一个如此计划并采取行动的公司。该公司的倡导发起人是正规职工工会、私铁中国地方工会广岛电铁支部执行委员的佐古正明先生。

广岛电铁公司在1990年的泡沫经济破灭后，虽然以1994年举办的亚洲运动会为契机，研制出新型交通系统“明日电车线(ASUDRAM LINE)”，实现通车运行，但加上人口减少的因素，结果因人口结构的变化成为不景气的行业。之后该公司重新分析研究以前运行的多元化路线，认识到必须创建别人无法模仿的电车、公共汽车运行公司，才能幸存下去。

如果公司各部门在工作中能够做到齐心合力，难道不是即可提升劳动者的工作士气，也能取得最佳效率吗？当时，公司经营管理层也赞成支持佐古正明等工会方面要求工会组织一体化的判断意见。如今，该公司劳资双方同心协力，正在积极努力地工作，力求在广岛打造新型的公共交通系统模式。

由此可见，广岛电铁的改革力量是由公司内部迸发出来的。至于创办“优衣裤”品牌的FAST RETAILING公司，他们重新制定出1日8小时、1周5日的工作体系，启动1日允许工作4个小时以上的店员录用制，即所谓1周工作20小时的正规职工制度，可以说这是日本国内先行采用欧盟(EU)在1997年发出的计时工劳动指令的案例之一。

所谓地方重建的决心，就是要求有关当局认识到这是一场只能紧盯着终极结局的孤独挑战，必须付诸行动。如果取消终身雇用制的话，赊账型年功序列工资体系就不必等到2020年，尽快提早矫正以前的工资体系，提高年轻人的工资才是重要的课题。总之，消除正规和非正规职员的工资差别是日本起死复生的基本策略，也是日本新生的必由之路。归根结底，劳动者必须积极采取行之有效的方法，才能实现劳动岗位同工同酬的目标。

第六节　新型老龄模式和老龄者参加劳动的趋势

一、制订面向健康老人的计划

应该提高高龄者的劳动参加率，可以说这种议论与提高领取退休金的年龄、力求维持养老金制度互为表里共为一体。虽然由于物价浮动引起的贴水现象，近年来也需要建立所谓削减退休金的制度体系，但是将健康的高龄者从养老金的领取人转换成劳动贡献者的方法毕竟更加行之有效。

首先，我们想要确认一件事，即所谓活到高龄自然是成全了人类不老长寿的梦想，说到底这本来就是一桩值得庆幸之事。在这个意义上，日本新生计划的主题就是讴歌赞美国民的健康寿命。

人类生命的终点站之所以看上去令人黯然郁闷，是因为其中有几分之一的人口最终会损害健康，不得不依靠别人的护理与照顾才能生活下去。东京大学特聘教授秋山弘子先生的研究团队，曾分别以10年和15年为期，锲而不舍地追踪调查同一高龄者小组，从中得到的结果证明，人类属于一生都在不断自我成长的存在，并且提出身体功能的衰退总是在临终前呈直角形式突然发生的所谓"新型老化模式"（见图12）。实际上，我们看到能够身体健康地迎接人生晚年的，都是通过某种方式参加社会生产的人们。

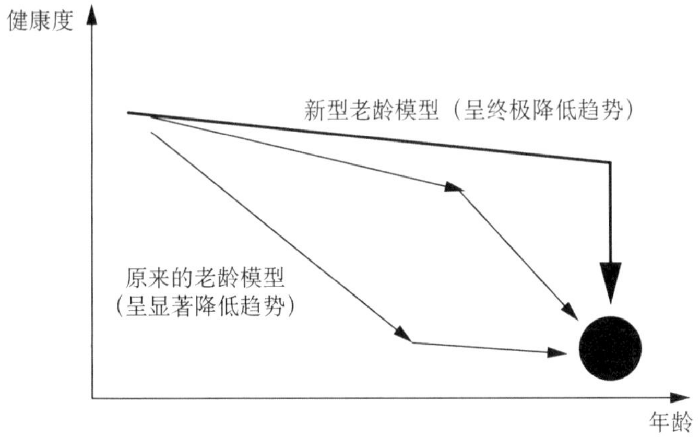

图12　新旧两种老龄模型

资料来源：根据秋山弘子等著《2008年老龄者追踪调查》的相关材料绘制而成。

例如男性的情况，虽然人们普遍认为其中不幸运的10%会骤然死亡，而70%左右的人可以通过购物、烹调等行动显示出来相当高的生活自立水平，但棘手的是其余20%的人们毕竟需要护理照顾等问题。然而，我们再来看看女性的情况，她们由于一直从事家务劳动，日常得到锻炼，所以需要护理照顾的人数仅占12%而已。

于是乎，尽管社会保障制度在预防万一时是必要的安全岛，但是老龄化对策的首要课题，就是保证人们能够拥有身体健康、专心致志地工作的机会，并且提供终身自食其力的社会机制。

需要老后护理照顾的人口，男性接近20%，女性不过是10%多一点，两者之所以会出现这样大的差距，可以列举的原因有很多，例如因为男性没有工作、结果不是自我否定、而是被社会否定参与价值，所以最终陷入这种不能自拔的状况中。因此，随着年龄的老化，为延缓体力衰退，需要政府采取对策发挥健康老人群体的作用，所以社会上开始出现了在工作中搭配消费的生活模式。

老龄化对策的第二个课题就是充实保健、康复医疗等制度，尽可能让更多的人们能够以健康充沛的精力迎接人生的最后一刻。总之，虽然有些表现出自立性的人们也往往强调老年病等负面因素，但是我们应该在陪伴他们老龄化的进程中，有意识地引导他们去尝试新型老龄化模式度过健康的晚年。

当然如果能够维持高龄者的健康，护理福祉士就有机会被分配到生产率水平高的领域中去工作。

二、合理调整医疗费在老年人与年轻人之间的分配比例

老年人与年轻人之间的利害对立之一是医疗、护理保险制度。虽然这种对立不可避免，但却是人们在人生过程中需要面对的问题，因此肯定具有在什么地方能够达成妥协的属性特点。然而问题是怎样才能找到妥协的途径。

厚生劳动省准备在2018年把国民健康保险移交给县级行政机关管辖，为了维持老年医疗制度，当局已经提高了组合健保(健康保险组合运营的被使用者保险制度，即组合掌管健康保险，简称“组合保险”。主要是大企业以及大型集团企业的员工加入的健康保险)的保险费。曾几何时，当护理保险成为市、町、村等行政机关的过重负担时，尽管推行市町村合并的政策，可在健康保险的范围内也无法维持下去。于是，为了能够容纳护理保险，政府首先作出的选择就是把高龄者的医疗负担提升到与健康保险相同的水平。

据厚生劳动省的调查(2011年)，医疗费最多的是人均高达115万日元的福冈县，医疗费最少的是人均73万日元的岩手县，两者之间竟有1.6倍的差价。例如，通过测量血压等健康检查，我们可以一边在旁守护当年“人口出生率高的一代”老年人，一边维持他们的身心健康，在此基础上缩小他们与使用保险费少的一方之间的差额，抑制75岁以上人均使用的保险费。因为把药物过量地开给病人等医疗场所，使用计算机联网处理中心，会找到很多加以改善的地方，所以在都道府县级单位水平上竞争医疗效率的方法，也许能够发挥作用。

然而，即使在县级单位水平上竞争医疗效率，政府也必须把经营的指挥棒授权给知事，领导医疗制度的改革工作。其理由是从美国的健康维持机构（Health Maintenance Organization，HMO）的经验来看，政府在考虑把健康保险打造成日本式健康维持机构的政策时，需要全新的实现手段。

于是，日本政府开始计划整合文部科学省和厚生劳动省所属的大型医院，并将运营管理置于知事的管辖权限之下，让其承担地区核心医院的职能，构建与医疗机构协同合作的体制。在此基础上，各地还应该建立有效的家庭医疗以及延长线上的家庭护理经营模式、系统。

在老龄化日益加深的首都圈，势必要求有关方面与更为广大的地区为单位进行协作，也许根据不同地区的需要，内容多少会有些修改吧。为此，政府在制定医疗保健制度时，也应该引入辅助医师的医疗助理师、急救医生等系统。

事实上，废除老年人医疗优惠制度的主要原因当然牵扯到引起医疗费涨价的临终医疗问题，有关当局使用计算机联网中心（big data）综合处理，通过新型老龄化模式厘清有关临终医疗观念，以简约质朴的临终医疗代替2007年出台的"关于决定临终医疗过程的指导方针"，为此形成新的社会理念也是当务之急。

因为75岁以上的高龄医疗费竟然占全体医疗费的35%，所以这种情况可以看作是老年人对医疗供给存在着很高的依赖性。实际上，政府从新指导方针中删除的医疗措施已不再适用于健康保险范围，结果回归到应该采取最终可抑制老年人医疗费用的中心战略问题上。

三、运用大数据实行标准化医疗管理

计算机联网中心之所以被寄予希望，是因为要实行医疗标准化。如果能够实现医疗标准化，就不只是能够废除医疗费上涨的原因之一——计件付酬制度。在瑞典有组织地去收集"进行了怎样治疗?""治疗结果如何?"等数据，并对数据加以具体应用，结果成功地提升了治愈率。

瑞典自20世纪70年代开始，就一直在收集各种疾病的相关数据，称之为"记录表(REGISTRY)"，明确地建立起一套标准的治疗方案体系。尽管这套治疗体系也达到了大幅度降低成本的目的，但最为重要的是，正像我们在小儿急性淋巴性白血病的病例中所看到的那样，通常只有12%的生存率竟然会提升到 47%。

尽管我们可以确信无疑医疗成本的上涨是与日本老龄化的进程齐头并进的，然而美国在 2012 年的医疗费支出却是 27 452 亿美元，居然占国内生产总值(GDP)的 16.9%，如此昂贵的医疗费支出，只归罪于老龄化进展的结果是不能令人信服的。因为这种情况，即使与其他发达国家相比，也是高得出奇，而且飙升的速度也是不同寻常的(见图 13 和表 7)。

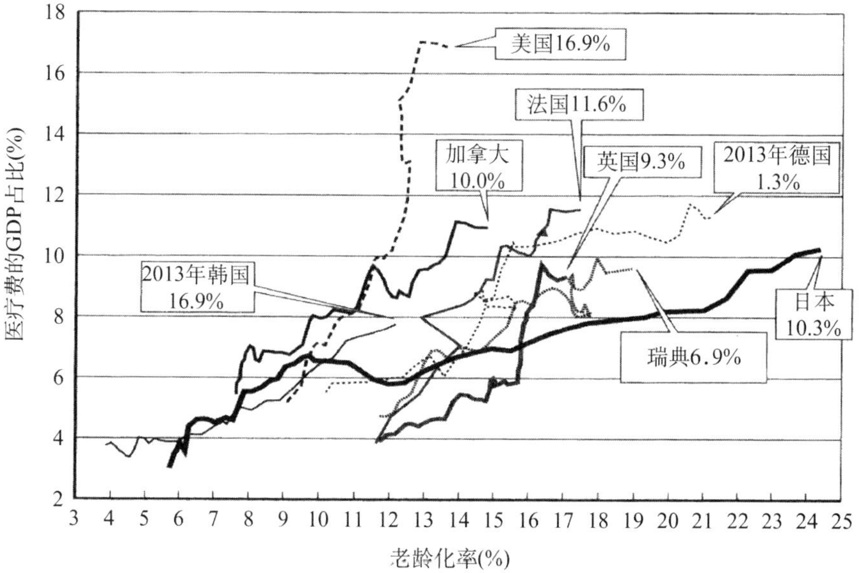

图 13　医疗费支出的变化情况(美国突出反映在 GDP 占比上、日本突出反映在老龄化上)

注：韩国的数据开始于 1980 年，途中的数据是最新年度的医疗费的 GDP 占比(日本只是前一个年度的)，德国的数据是 1990 年以前旧西德的数据。法国的数据是 1960—1989 年每 5 年的平均数。

资料来源：2014 年 OECD 健康数据(2014 年 6 月)(1960—1989 年德国和瑞典的数据源于《1996 年健康数据》，图中的老龄化率数据源于 WDT 网站 2014 年 11 月 10 日公布的数据)。

表 7　日本国民医疗费占国民收入的比率(年度别)　　单位：%

年度	占比	年度	占比	年度	占比	年度	占比	年度	占比	年度	占比
1960	3.03	1970	4.09	1980	5.58	1990	5.94	2000	8.11	2010	10.61
1961	3.19	1971	4.13	1981	6.08	1991	5.92	2001	8.48	2011	11.05
1962	3.13	1972	4.36	1982	6.30	1992	6.40	2002	8.51	2012	11.17

续　表

年度	占比	年度	占比	年度	占比	年度	占比	年度	占比	年度	占比
1963	3.51	1973	4.12	1983	6.29	1993	6.37	2003	8.51		
1964	3.00	1974	4.78	1984	6.21	1994	6.37	2004	9.69		
1965	4.18	1975	5.22	1985	6.15	1995	7.30	2005	8.86		
1966	4.10	1976	5.40	1986	6.37	1996	7.48	2006	8.70		
1967	4.03	1977	5.50	1987	6.43	1997	7.56	2007	8.95		
1968	4.12	1978	5.82	1988	6.20	1998	8.02	2008	9.80		
1969	3.99	1979	6.00	1989	6.15	1999	8.43	2009	10.46		

资料来源：日本厚生劳动省“2012 年度国民医疗费”。

关于人均医疗费的总支出，我们可以 2012 年为例在国家间进行一番比较，结果得知美国是 8 745 美元，英国是 3 289 美元，日本是 3 649 美元，德国是 4 811 美元，即使在经济与合作发展组织（OECD）成员国家中进行比较，美国的医疗费用也出乎意料地高得惊人。顺便说一下，瑞典是 4 104 美元，韩国是 2 291 美元。

美国医疗费飙升的背景可以列举自由诊疗、高难度医疗等几个原因。事实上，这种情况已经致使本书前文论述的中产阶层伴随着医疗费的上涨，陷入购买不起医疗保险、得不到医生充分诊察的窘境。

虽然，我们几乎可以把人均医疗费总支出与医疗保险费看作是并行的两条活动曲线，但是医疗保险费与劳动收入的增长以及一般物价的动向等因素，总之与通货膨胀率相比，2013 年的通胀率比 1999 年上升 40%，所得增长率是 50%，与此相对的是医疗保险费竟然飙升到 182%。

根据美国总统咨询委员会的报告得知，1975 年以后，国民人均年医疗费（物价调整后）的增长，每年以 2.1 个百分点超过人均经济发展的增长。

即使一贯标榜个人负责的美国，但凡是加入联邦政府面向老年人及其残疾人的公营医疗保险（Medicare）、面向低收入阶层及其残疾人的政府医疗扶助制度（Medicaid）等医疗保险的人们，美国政府对他们在看病治疗期间也一贯采取支援的政策。然而，从国家负担的比率方面来看，美国是 46%，英国是 82%左右，日本以及德国都是 76%，还有比 56%的中国比率更低的国家。尽管如此，相对来说还是靠现金收入的低收入阶层属于蒙受恩惠的一方。从这个意义上来看，“真正意义”上的收入不平等比现金收入上的不平等还要小得多吧[1]。

当然，如果在身处1%的最上层人口当中，他们一定会享受到世界最高水平的医疗服务。问题是“并不十分穷困”的中产阶层，居然会出现有人因为保险费高买不起保险的状况。一旦患上疾病，他们就像手里被塞进一张前往破产终点的通行证一样惶惶不可终日。这样的无保险者，在2000年的时候，美国就有3 820万人，而到2011年时竟高达5 000万人之多，居然增加到17%。

鉴于这种情况，让奥巴马总统认识到如若抑制医疗费的支出必须制定医疗保险制度，并且提倡全体国民加入保险的主张，毋庸置疑正是在他的倡议背景之下，2010年通过了“保护患者以及医疗费负担合理化法案(PPACA)。但是，共和党保守派却认为强行加入保险违背自由原则，奋起抵制PPACA法的实施。

另一方面，在安倍经济学的倡导之下，日本的医疗正向高难度化·产业化发展，而在这个领域里，安倍首相曾引经据典提到的美国综合医院梅奥诊所(Mayo Clinic)堪称优等生。

他们的特征之一就是最尖端的医药品公司、医疗器械厂商都聚集该医院隶属下的、号称年度销售额高达94亿美元的HIS公司周围，形成以提高临床研究、临床技术为目标的科研中心。另一个特征是该诊所将根据地设在明尼苏达州，因为明尼苏达州让人们看到无保险州民的人数在2014年下降了40%等事实，已经成为实行PPACA法的样板模式。

四、高难度医疗费中包含“和平红利”

美国医疗转入混乱时期正值冷战结束的时候，因此美国政府开始寄希望于生物工程技术带来的医疗革命，将医疗领域看作科学投资的对象，通过有效的投入，重点开拓尖端医疗科学技术领域。

他们的殷切期待，直到克林顿政权时代围绕全体国民加入保险法案展开辩论时，才能迸发出火花来[2]。当时的默克公司(Merck & Co.美国的医药品公司，1889年在纽约创立)董事长刊登在报纸左右两大页上的广告中写道：“良药问

---

① 加里·斯坦利·贝克尔(Gary Stanley Becker)、理查德·A·波斯纳(Richard Allen Posner)：《贝克教授和波斯纳法官超常规的经济学》(鞍谷雅敏·远藤幸彦·稻田诚士译)，东洋经济新报社2011年版。

② 默克制药公司：《来自默克及其公司的公开信》，《新纽约时报》，1993年2月19日。

世，即可让人不进医院、手术室、特别养老院，也可节约成本”。可以说这种时代潮流表现出人们追求“和平红利”的愿望。

那么冷战后，人们能否拿到和平红利呢？从医疗费上涨这个意义上来看，我们至少可以确定地说，没有和平红利。

恰恰相反，医疗费飙升的几个百分点难道是医疗高难度化带来的结果吗？根据S·史密斯、J·P·纽豪斯、M·S·弗里兰等3人的共同研究分析，显示因高难度医疗成本飙升而引起医疗费自1960年起开始增加，但增加部分比原来想象的还要少，一直徘徊在27%—48%之间[①]。

近年来，诚然针对保险费的支付能力，由于保险公司提供优越的成本削减一条龙服务获得的契约数量有所增加，但是在一部分拥有支付能力的人口阶层的鼎力支持下，出现生化药品的价格上涨、对患者提供高难度医疗服务等现象，也是不可否认的事实。

事实上，将医疗制度当作投资，是试图通过技术革新达到降低医疗费的目的，但美国的这种意图却以失败而告终。因为生物医学带来的结果之一就是医疗成本上升，所以即使在保险补偿率很高的欧洲各国也不例外，有的地方甚至把现在日本属于保险补偿范围内的抗癌剂等抗体性药物置于保险之外。归根结底，看来即使日本也不得不沿着这一方向演变，即采用医疗保险范围治疗与无保险治疗的混合医疗模式。

在这种情况下，从对医疗研究进行投资的结果来看，我们似乎可期待成本降低的灵丹妙药，或许是荣获诺贝尔生理学·医学奖的京都大学教授山中伸弥先生研究发现的iPS细胞（诱导性多功能性干细胞）。

现在，理化学研究所多细胞组织生成研究中心、项目负责人的高桥政代先生正在使用iPS细胞，进行“加龄黄斑性变”的临床研究。

此后，京都大学主导研究的帕金森病和大阪大学主导研究的心脏疾患等临床治疗也将在不久开始，庆应义塾大学主导的神经细胞再生等研究课题也已经列入今后的科研计划，然而从目前来看，这些病症治疗研究为取得临床试验疗效，一定会花费骇人听闻的成本吧。

人们对iPS细胞寄予期待的理由，是因为如果这种万能细胞能够大量生产

---

① 亚当·斯密(S. Smith)、J. P. 纽豪斯(J. P. NewHouse)、m. s. 弗里兰(m. s. freeland)：《收入、保险、技术：为什么医疗保健支出超过经济增长?》,《健康事务》杂志，2009年1—7月。

的话，成本必然会降低。医药用品和医疗器械法于2014年开始实行，再生医疗的早期批准制度也相继出台。因此，人们愈发期待iPS细胞治疗技术达到实用化阶段的流程进一步加速前进。武田药品工业公司与京都大学iPS细胞研究所决定实施综合性共同研究计划，因为他们都看好iPS细胞、再生医疗蕴含的潜在能力。

例如，将来有一天能够利用iPS细胞技术制造肾脏的话，那么现在不得不依靠极为痛苦并且花费大量经济成本的人工透析治疗，就能够像早在22年前默克公司刊登在报纸上的广告那样，肯定会给无论是患者还是保险带来减轻负担的充分可能性。在这个意义上，对iPS细胞来说，通过技术革新，也有可能促进降低医疗费的时代到来。

政府通过采取这样的措施，并且在进行预测的前提下，应该引导整个健康保险朝着自主化方向发展。2012年度医疗费支付是35.11万亿日元，待到“处于人口高峰期的一代人”进入75岁以后的2025年度预计还要飙升到54万亿日元。除去个人以及企业负担的社会保险费以外，就拿税金投入份额来看，将从15万亿日元必然一路增长超过25万亿日元。

现在的保险系统具有制定制度的功能因素，因为厚生劳动省也想在万一的情况下拥有支援选择权。政府决心花费时间，尽量减少税金投入，把医疗和保险引到国民自主选择的方向上来，并最终成为社会保险改革的支柱之一[①]。

第七节 作为财政重建对策的资本税

一、分别制定财政重建政策和经济发展政策

尽管政府运用经济发展战略，促使女性以及高龄者提高劳动参加率，提升社会生产率，但是要想把现在的低水平潜在性增长率再提升到2%也是相当困难的。假设社会始终处于不能提升潜在性经济增长率的状态下，通货膨胀反而达

① 为了引起人们的关注，笔者提出的尽量减少税金投入的建议，主要参考了以自立医疗保险为前提进行经济预测的日经中心模式。但是为了稳定政治制度，佳能国际研究所的松山幸宏先生提出了仿照澳大利亚事先投入30%税金的方案。笔者认为，这个建议是值得重视的。

到2%，究竟会发生什么问题呢？显而易见，依靠经济发展实现财政重建的所谓安倍经济学效果必然失信与民。

早川英南先生曾忧心忡忡地指出：假如健全化的目标尚未看到确立的场合，就极有可能导致利率暴涨，打击金融机构，引起经济混乱。也许会成为对冲基金的牺牲品。

从政策的优先顺序来说，如今财政重建计划几乎排在前面已经先行启动。他认为在安倍经济学效果下，通过经济发展就可以简单地寻找到重建财政的途径。鉴于这种情况，经济合作与发展组织(OECD)在对日政策的告诫中指出，财政重建政策须有别于经济发展政策。

另一方面，日本综合研究所副理事长翁百合先生在国际比较研究中，对照日本与瑞典的特征，把财政重建与经济发展看作一个不可分割的整体，阐明了瑞典经济发展与财政重建能够并驾齐驱的理由①。

从国际比较论来看，这个事实能够说明什么问题呢？翁百合先生指出，早在20世纪90年代，政府就已经开始削减社会保障费用，其后也一直得心应手地驾驭增税与财政支出的平衡关系，实现了经济可持续发展的目标，这是瑞典财政重建成功的关键。

总之，他们的成功与社会民主党政权下的税金高负担国家、瑞典国家管理型大政府(Big Government)的形象毫不相干，主要是依靠降低汇兑率增加出口等措施，消除紧缩财政的负面影响，理顺经济发展与财政支出的关系，在健全性的财政运营原则下，坚持贯彻落实各项国家政策的结果。

翁百合先生得出的结论表明，围绕日本财政重建的未来前景是严峻的。归根结底，瑞典曾经容许与经济发展齐头并进的财政重建计划，在日本已然失之交臂，结果政府在面临财政重建之际，不得不从实际出发重新考虑制定有关财政重建的政策方针。

伊藤隆敏先生通过模拟演示指出，如果政府不把消费税至少提升到15%，到2020年将遭遇财政危机。他主张在2020年之前加上2%法定的消费税，至少还要提高5%。

瑞典在平衡课税、社会保险等国民负担与社会保障服务的方面，早已克服了

① 翁百合：《瑞典财政重建的教训》，2013年发表在独立行政法人经济产业研究所编辑出版的专业论文集(RIETI Discussion Paper)。

20世纪90年代的危机影响。他们之所以能够在短时间内完成企业的合理化重组，是因为税金高负担、高福祉的组织系统早已构建起来的结果。

对此，日本从课税制度的设计阶段就缺乏那些能够向国民说明两位数消费税意义的精致武器。因此企业发生截留消费税的问题，即使政府试图实施适用于低收入阶层的减轻税率政策，其结果也总是在技术操作层面上陷入困难的状态中。

二、税制的功效在于推动经济发展

虽说税制具有三个功能，即“为提供公共服务而筹措必要的资金”“收入的再分配”“维持经济稳定、调节景气状态”，然而，对日本而言，因为财政波及效果(Multiplier effect)严重缩水的公共投资，导致过度发行赤字国债，整个国家一直处于连税制的功能也不能充分发挥的状况。

于是，日本政府重新综合地研究收入、消费、资产3个领域的税制问题，认识到当务之急是通过实行混合税制度，构建适合老龄化社会的税制模式。

中央大学教授森信茂树先生主张，日本如今正是应该通过税制改革，复苏经济以及社会等各领域。因为日本的税金和社会保障等收入再分配功能处于减退、劣化状态，所以只有整顿好社会再分配环境，经济才能再次获得发展的机会①。

森信先生的主张要点恰好与笔者前边论述的内容完全一致。

首先，为了促进对内投资，政府应该把法人税的实效税率降至20%—25%左右的要求纳入改革视野，在此之际还要考虑法人税与地方税的税源交换问题。无独有偶，森信先生的上述主张竟然与笔者提出把消费税增税部分回馈给地方的建议不谋而合。

笔者认为，可以把税制改革界定为发达国家之间的“税金斗争”，从强化日本的竞争力环境这个观点来看，森信先生的主张与笔者在本质上也是相同的。

他指出，因为税制不知从何时起由支援经济发展因素沦落为阻碍因素，所以政府理应修改税制，通过优惠税制激发人们的勤劳意愿以及努力自助的意识，同

① 森信茂树：《依靠增加税收才能让日本复活——关于提高经济增长率的改革》，日本经济新闻出版社2015年版。

时给予实惠奖励等一系列政策，在此基础上再构建人们敢于冒险的税金机制，这个观点也如出一辙。

森信先生虽然列举荷兰的税制改革作为重要的参考模式，但因为主张日本扣除配偶者纳税等制度落后于时代却大触霉头。尽管如此，笔者仍然要大声疾呼，建立在“1.0 赚钱模式”基础上的日本税金和社会保障制度已经不适应时代的发展，需要向“1.5 赚钱模式”转型。

总之，为了消除收入不平等和财富不平等的社会现象，我们应该全方位地制定凡是涉及所得税以及财产税等方面的税制政策，阻止不平等程度继续扩大，最终也有助于经济可持续性发展。笔者的这个主张也出于同一目的。

自 2008 年开始又实行“个人号码制度”①。这个举措必将成为日本改变经济社会形态的重要机会。

政府应该从国民（纳税人）方便使用的观点出发，有效地利用“个人号码制度”，不只是单纯地用于税制方面，还应该在改变行政以及社会现状方面发挥作用。毋庸置疑，我们对森信先生的主张几乎没有提出异议的余地。

森信先生建议有效地利用“个人号码制度”，并且换成清单记录方式，目的是一方面矫正现行消费税的缺陷，另一方面继续执行消费税增税的路线方针。但是，笔者对于他的理论不敢苟同的地方是，尽管他在论述中提出，消费税如果有缺陷，那么资本税将更符合时代的发展，然而这个论点竟然发展到资本税也要应付事先发现的金融界特有的、即自我负责制度不能贯彻执行的结构系统。对此结论，森信先生指出，正如皮凯蒂也承认的那样，其实资本税在征收技术操作上是极其困难的。下面将要整理说明资本税的问题。

三、赞同皮凯蒂征收资本税而不是消费税的主张

当年访问日本的皮凯蒂曾直言不讳地表明反对消费税。他反而告诫我们一定要导入专门为 21 世纪的全球化世袭资本主义而量身打造的“资本税”（皮凯蒂所说的资本几乎等于财产的意义）。

可以说，资本税是为专门解决民间资本与其收益这个永恒课题而提出的新

① 将银行的个人存款账户附加银行卡号只能是“任意”的条件，尽管银行发生过客户信息泄露事件，但是通过传媒来营造让人们履行义务的环境或许是可能的吧。

概念，其中非暴力性和有效性的因素一目了然。国家对于个人财富实行递进征税制，就是在社会整体利益的名目下，一方面收回对资本主义的支配权，另一方面要利用私有财富与社会竞争力。

事实上，皮凯蒂以欧盟设定条件具体构想出来的理论就是“奖励理论”（重视对资本总量进行征税）与“保险理论”（重视对资本的盈利部分进行征税）的搭配组合。他还主张征收递进性高的“欧元资本税”补充所得税和遗产税。总之，可以说这是遗产税的分期预垫付，例如即使只引进遗产在100万欧元以下时免税、在100万～500万欧元之间时征税比率为1%、在500万欧元以上时征税比率为2%这种模式的资本税，欧盟人口的2.5%都会列入征税对象，税金收入将增加相当于欧洲国内生产总值的2%左右。

阿兰·霍韦尔巴赫（美国加利福尼亚大学柏克莱校教授）在美国经济学会上指出，正如皮凯蒂阐述的那样，不平等现象产生后，假设将来“r＞g”的法则也适用的话，就能够理解对本来是工资收入的资本进行直接征税的构想。

但是他还说，难道能够补偿对资本直接征税所带来的经济效率降低的后果吗？这就从评价平等问题与经济效率并非属于交易关系的观点，驳回了皮凯蒂的大胆建议[①]。

资本预扣税除了具有直接打击股价等负面影响之外，还有由于征收不区分事前与事后，结果引起议论，指出对课税范畴的资本盈利征税不是更好的选择吗？

在历来提倡机会均等而否定结果平等理念的美国，对递进性高的资本税拒绝反应强烈；相反，他们却认为导入征税基数规模大、运作简单的消费税足矣。

一方面在欧盟各国，对资本交易的预扣税已经达到行政指令的水平。这里边虽然存在叫停全球化与惩罚银行过度保护的侧面因素，但却对制度、机构拥有影响力。对于这种情况，笔者提议的资本预扣税是通过广泛地征收那些享受银行过度保护的人们的税金，确保经济体系公平性的手段，从这个观点来看，尤其符合欧美各国的纳税意义。

如果我们把这个征税手段直接套用在日本的场合，那么由于国内没有像欧洲那样的资本家，不可能指望总税收额提升国内生产总值的2%左右。哈佛大

① 埃安J.奥尔巴茨（Aian J. Aurrbach）、根·哈西特（Keun Hassett）：《二十一世纪的资本征税》，《美国经济评论》杂志，2015年5月。

学教授马丁·费尔德斯坦(Martin Feldstein)也与阿兰·霍韦尔巴赫教授一样对于资本税持有批判性意见,特别是在储蓄率急剧下降的日本,也有可能引起更大幅度的下跌,所以他指出这才是问题的所在①。

尽管如此,笔者仍然坚持认为,即便是日本,为了确保经济制度的公平性,也应该导入资本预扣税制度。

如果我们把资本预扣税理解为遗产税分期垫付,通过纳税技术操作,也许能看到它可以回避消费税固有的逆向递进性以及企业合法挪用税金的弊病等,正如皮凯蒂指出的那样,拥有很多优点,然而笔者的论点包含金融交易中最后要回报债主的观点。

四、对于未开发森林征收二氧化碳虚拟排放税

财政重组必然要增税。但是,为了纳税制度的公平性,笔者不但主张导入资本税,而且还提倡对以前未利用的资源加强征税力度,这样做不仅可以确保税收,还能有效地利用资源,是一项可期见效的经济发展政策。

国家在制定发展战略时,应该对弃耕土地适用通常税率,以此促进土地的利用率,还要对迎来收获季节的山林综合进行开发·管理和征收虚拟二氧化碳税。日本的森林覆盖面积有 2 500 万公顷,森林蓄积量(森林面积乘以树木成长程度的积数)也高达 44 亿立方米。

过去 40 年间,森林面积增加 2 倍以上,主要原因是山林在第二次世界大战以后没有被列入土地改革的对象,之后海外进口的木材量又有增加,采伐就此停了下来。另外,我们正面临世界范围水资源不足和自然灾害严重化时代的到来,所以有义务保护包括水资源大本营的溪谷在内的山林。

然而,政府依然对森林的管理漫不经心,已完成地籍调查的面积只占 48%。日本的森林有2/3属于民间所有,由于上述理由,森林的所有者也没有进行维护利用。他们即使继承山林遗产,也始终不能确定自己的山头到底有多大。

税法必须规定明确的征税对象。所以笔者提议首先根据特别立法,确定公共财物。因此我们可以把以下看作虚拟的课税效果。

---

① 马丁·费尔德斯坦(Martin Feldstein):《不平等扩大的现象并没有被证明》,发表在 2015 年 4 月出版的《中央公论》杂志。

归根结底，问题的关键是日本的森林不进行间伐，即使是有人去做这项工作，也有2/3的间伐材都会被随手丢弃在伐采地里无人问津。

由于弃置不管的木材，不久就会腐朽，向大气层中释放二氧化碳，所以有必要利用间伐材资源。为此必须强化森林的管理工作。

于是，国家要对山林所有者规定必须间伐的法律义务，并在当地设置负责处理间伐事务的工作岗位。对于那些不对私有森林进行间伐的业主，在负担机会成本意义上，征收加重碳素税。加重预扣税的理由，就是经由无法纳税的山林所有者或者希望捐赠山林的人们之手，姑且把众多的山林收归国有，然后委托民间非营利活动法人(NPO)、社会事业活动家等组织运营管理。国家原有山林也可以考虑把所有权移交给在每个大河流域设置的河川流域委员会(暂称)运营。

另一方面，如果管理充分到位的话，也可不必征收虚拟碳素税。曾经由于被委托管理丰田公司购置的山林而传为一时佳话的速水林业公司，自 1790 年起就在海山町(现在是纪北町海山区)以林业经营起家。当时的纪州藩采取一种叫做“植林权”的政策，即谁植树造林，谁就拥有那片树林，所以三重县尾鹫地区以前存在着广袤的人工林，可以说速水林业公司就是继承了他们的衣钵。

速水林业公司在各项事业的实施过程中都精心地实行保护照顾环境的方针，在林地上除丝柏或杉树以外，往往留下阔叶树灌木或者树荫下的杂草等丛生植物，防止地表水土流失，维持土壤环境。此外，围绕在最近引人注目的“熊野古道”周围的山林也有部分属于他们公司所有的山林，那里的石板路以及人行道周边的森林景观，自古以来就一直受到适当管理，也充分发挥着地域旅游观光资源的功能作用。如果全国的山林都能够得到这样精心管理与照顾，不仅有助于经济发展，而且也可以防范自然灾害的严重化吧。

五、建立防范逃税的国际联网系统，弥补课税漏洞

对于新型课税，正如皮凯蒂指出的那样，任何人都倾向于反对。当一个世纪以前刚开始导入所得税的时候，也遭到了人们的强烈抵制。然而，皮凯蒂却说由于欧洲带头讨论资本税问题，所以实施的时代已经到来。

另一方面，如果新型税制启动，是否逃税的人们只有出走外国一条路呢？这种说辞也像下面看到的那样，在各国、各国际机构等组织开始实行防止逃税对策的过程中，显然缺乏说服力。

在皮凯蒂的资本税构想中，百万富翁利用的信托财产也纳入预扣税对象的范畴，为了阻止逃税行为，我们就必须要进行耐心细致的国际合作。

美国为防范纳税人隐瞒资产，已经导入外国银行账号税务法令遵守法(Foreign Account Tax Compliance Act，FATCA)，要求银行与金融机关提供顾客信息，皮凯蒂根据这些信息在各国之间自动共有的原则，呼吁各国政府允许建立纳税数据库。该法作为纠正瑞士金融机关帮助有钱人逃税漏税的手段，也可适用于其他各国。外国的所有金融机关都有法定义务必须向美国当局申报美国人的银行账号信息，大约在 100 个国家・地区中，有 8 万个以上的金融机关被美国强行要求合作①。

即使在国籍不明的场合，根据交易和汇款等附带信息，如果判断出可能是美国人的话，银行也必须提供有关银行账号的信息，这个措施对外国金融机构来说，确实是一个很大的负担。

在前所未有的交涉过程中，瑞士陷于难以坚守保密义务的窘境，为了摆脱帮助顾客逃税漏税的罪责，他们在坚持不公开顾客信息的情况下，结果对有关隐瞒的财产数额，根据银行账号的开设时期，采取了支付 20%—50%罚款的暂定措施②。

貌似成为牺牲品的瑞士联合银行集团(UB 是一家总部设在瑞士的、在世界屈指可数的通用银行)，竟然提交了 4 000 人以上有逃税漏税嫌疑的顾客信息，支付了 7.8 亿美元的罚款。2013 年，瑞士最早的私家银行承认有指示顾客逃税漏税的言行而关门大吉。

日本也开始建立防范有钱人逃避租税的系统机制，规定凡是外国拥有超过 5 000 万日元以上资产的人负有申报义务。另外，金融资产超过 1 亿日元的人移居国外时，自 2015 年起对评估利益征收所得税。

日本已经与 85 个国家分别缔结了两国之间的条约，国税厅对有逃税漏税嫌疑之人可照会的国际联网对象超过 40 个国家。

但是，正如皮凯蒂所说，让 2.5%左右的人口都对接上银行账号，也不是未

---

① 美国政府决定，对那些不予以合作的金融机构采取征收 30%国债以及股票红利所得税等处罚措施，同时让他们将信托以及以法人名义购买的金融商品等的客户信息也要向政府报告，以此向他们施加压力。

② 根据国内法(当初是州立法)，自 1713 年以来，瑞士一直禁止银行向他人提供客户信息，同时以该法为依据，要求银行严守客户的秘密账户信息。

尝不可的事情。允许逃税的事实就意味着征税水平已相应下降。

另一方面，也有舆论指出只对个人采取严厉的措施，却允许法人自由地去钻法律漏洞逃避租税，难道这样就可以吗？当然我们针对法人形成的包围网并不是毫无进展。虽说欧盟给加盟各国留有相当大程度的权限，但是对为企业招商进行税金优惠竞争的好几个国家却试图加以限制。

现在世界上，两国之间缔结的租税条约竟然有 3 000 个左右，如果各自分别重新修订的话，可能需要花费 10 年时间，然而如果在统一国际规则后置换成多国间协定，一次就可修改完毕。

六、课税、征税领域的国际合作将日益密切

国际课税准则，通常做法是询问跨国公司在外国成立子公司的原委，然后要求有关子公司提交世界统一的财务申报表，旨在防范可能逃税漏税的行为。

具体办法可以规定提交：(1)俯瞰企业集团所有组织成立原委的基本文件。(2)整理各国在各自据点收集的交易信息等地区文件。(3)记录所在国的收入、税收、税额的各国申报表等。

经济合作与发展组织(OECD)对收入转移和蚕食租税基础的现象一直持警惕态度，总是率先亲自制定国际准则堵截课税漏洞以及转让知识产权等问题。虽说这是他们迫于舆论不满国际企业集团逃税行为而有所为的结果，但也是顺应天时地利的行动。

当面临这些现状时，我们看到日本企业也主动采取行动试图解决双重课税结构的问题，因此政府应该在苦于失业问题的国民与一心想增加税收的国税厅以及企业的纳税态度之间认真努力地探索新的平衡关系。

笔者在前面论述时，虽然提出要引进外国企业，就降低法人税等意见，但是面对不远的将来，我们还是应该竭力挽住贬值竞争的狂澜，寻找妥当的税额范围。

虽说在经济合作与发展组织(OECD)的行动计划里，一方面规定计划启动后的约 3 年当中，以对电子交易课税的方式为首，在相关联的公司之间交涉知识产权、决定转让价格之际应该遵守的方针，另一方面对有关如何处理可能引起的纠纷问题，强调充实扩大税务当局相互协议的职责范围与委托第三者解决的仲裁制度。

表8 经济合作与发展组织(OECD)的行动计划概要

2014年9月之前	1. 讨论对电子交易课税的方式 2. 防止利用租税条约逃税 3. 审查各成员国实行的优惠税制是否相当于有害税制?
2015年9月之前	1. 将外国子公司的收入与其总公司的收入合计结算,强化课税制度 2. 变更作为课税根据的永久设施(PE)的定义 3. 制定相关企业之间决定知识产权转让价格的指针 4. 强化跨国公司的纳税义务 5. 扩展税务当局相互协议的范围以及委托第三方仲裁的制度
2015年年底之前	1. 普及和推广限制利息计入亏损的措施 2. 为有效地落实逃税对策,研究制定多国合作协议方案

资料来源:经济合作与发展组织(OECD)于2013年7月公布的资料。

可以说,最大的课题就是他们能否消除逃避税金。还有人指出,金融限制放宽的结果致使社会衍生出轻视税法的思潮,人们对逃税漏税行为变得宽容起来,这才是金融立国的问题所在。

究其原因,这种情况可以看作是"挡箭牌"存在的结果,因为银行只有按照税务当局的要求才能准许公开银行账号的信息,事实真相是,他们依靠这种手续上的有力援助,通过搭建几个离岸逃税乐园的"跳板方式",让本金的投资者几乎隐去真身,而逃税漏税者则不费吹灰之力就能隐藏起来①。

总之,令人忧虑的是,跳板方式的逃税结果,也许让这种甚至连洗钱也有可能的组织结构正在演变成以恶制恶的反面教材。

在没有税收的地方,社会基本建设不完善,经济停滞不前;相反税金负担大的北欧各国却赞许带来竞争力的政府,让我们从中看到希望。这种情况下,如果必须平衡,一是希望增加课税的国税局与,二是希望顺利开展国际活动的企业之间的关系,就得考虑取缔逃避国家税金的措施。

① 尼古拉斯·沙克森(N. Shaxson)认为,只要根据请求就可以让银行改变他们业已承诺公开账户信息的现状的话,那么就会在相当程度上提高透明度。基于这种立场,他高度评价了经济合作与发展组织(OECD)提出的应该确立自动交换信息惯例的主张。N.萨克斯森(N. Shaxson):《历史上经合组织文件支持自动信息交换》,2012年6月28日。

第四章

消除不平等可以对抗全球化

第一节　全球化和平等化政策的循环互动

一、国际组织提倡在消除不平等的条件下发展经济

经济合作与发展组织(OECD)于2014年公布，在过去的30年当中，其多半的加盟成员国的富裕阶层与贫困阶层之间的收入差距达到了最高程度，20世纪80年代上位10%的富裕阶层与下位10%的贫困阶层之间的收入差距已达到7倍，到如今两者居然拉大到9.5倍。

据劳动新闻报道，从西班牙、法国和爱尔兰的情况来看，经济危机前的贫富差距缩小有助于人均国内生产总值(GDP)的增加。然而在墨西哥和新西兰，由于贫富差距不断扩大，直到2000年下半年发生经济危机时为止，据推算前20年间的经济增长率跌落了10%以上。

报道指出，对于经济发展来说，最大的问题在于处于下位的中间阶层、贫困家庭与其之外的其他社会阶层的收入差距在不断扩大，作者在论述中主张，只有矫正收入差距，才能给经济发展注入活力。

基尼系数(可显示收入分配不平等的程度)在整个经济合作与发展组织(OECD)中，也从1985年的0.29扩大到2011—2012年的0.32。通常，如果基

尼系数按 0.03 的指数上升，经济增长率每年就要下跌 0.35%，由此可见，25 年间连续累计减少可达 8.5%。

其实，在 1985—2005 年的 20 年间，日本的基尼系数一直上升，从 0.304 上升到接近 0.35，它表明日本经济状况在持续恶化。所以有关当局推算，最近贫富差距扩大的结果，已经导致经济增长率在 1990—2010 年间下跌了 6%。

2014 年，国际货币基金组织(International Monetary Fund, IMF)发表官方报告指出，收入不平等将会造成经济增长钝化，或者降低经济持续增长的可能性。

这些报告的出笼表明，各国政府对于伴随着财政收入再分配而产生的收入不平等现象表现出的冷漠态度已经发生了 180 度的大转变。更有甚者，他们还通过经济分析报告传达了如下见解："那种单纯重视经济增长却对收入差距问题置之不理的态度是错误的。从逻辑上来讲，这种做法岂止令人失望，也许它会导致经济萧条、可持续性增长举步维艰的后果。"

国际组织本来一向信奉皮凯蒂抨击的对象、即西蒙·库兹涅茨(Simon Smith Kuznets)发现的倒 U 曲线，挥舞全球化大旗，坚持走"只要经济增长，就能缩小贫富差距"的路线。然而，"贫富差距扩大的结果必将对经济增长产生负面影响"的舆论之所以能够在国际组织中占据主流，是因为他们认识到不平等问题产生于全球化的环境之中，所以国际组织善意地表明叫停全球化的态度。这难道不是 180 度的大转变吗?

二、通过增加工资实现金融的良性循环与大量消费

虽然曼昆(Nicholas Gregory Mankiw)一边自问为什么现在要提倡平等论?一边提出两个假说，但是笔者认为还应该提出第三个假说。

这个假说主张，从历史经验来看，所谓全球化的转折时期总是出现在按照平等化的政策规定进行份额分摊的时候。

英国的全球化源于 19 世纪，它是在金本位主义的条件下发展起来的。众所周知，英镑是世界任何地方都可以使用的国际货币，伦敦市场是在整合英国内外长期短期金融市场基础上诞生出来的一个大型金融中心。

由于当时英国的国际经常收支盈余(甚至更多资金)金额几乎都被用于海外

投资，因此，伦敦证券交易所交付长期资本的一半都是来自国外[1]。

为什么伦敦金融市场最终能够形成长期资本出口市场呢？美国出身的记者埃德尔斯坦在对英国内外的566家股票、优先股和长期债务的性价比(1870—1913年)进行调查后指出，与国内盈利的46%相比，国外却能获得57%的投资回报。特别是对美国、中南美洲铁道债券进行投资的项目，竟然能够取得比国内几乎高出1倍的盈利收益。

P. J. 凯恩与A. G. 霍普金斯却对此表达了个人独到的见解，他认为国内储蓄的主要来源大多偏重于过去的地主阶层、伦敦周围地区的政府机关和服务行业等群体，可以说这是面向国债投资，但是由于威廉·格莱斯顿(William Gladstone)的财政政策出笼，国债发行数量减少，从而导致他们不得不改弦更张向国外投资。

实际上，与其说是直接投资，不如说是证券、尤其是债券投资扮演着主要角色[2]。我们只要比较一下对外直接投资盈余与世界各国的国内生产总值(GDP)之比就会发现，即使时至1990年也没有超过1914年年末的9.0%的水平[3]。

当时，金融交易全球化将人们带入不平等时代，在欧洲被称为“美好时代(Belle Époque)”，在美国则被叫做“黄金时代”。这个时期恰好与皮凯蒂指出的历史上最好的不平等时期重合在一起。在同一时代的日本，正处于有闲阶级兴起的大正年代过渡到昭和年代的第二次世界大战前阶段。

然而，在世界范围形成的通货过剩所带来的后果是1929年华尔街崩盘，之后各国都陷入全球性经济萧条时期。

所谓金本位制，就是要求全世界实行统一的汇率、金融政策，不过这种经济体系在经济萧条面前往往作茧自缚。于是，高桥是清的财政计划谋求独立自主的国民经济，突破金本位制的条条框框，制定独自的汇率政策和金融政策。

但是，如果各国一味追求自身利益的话，这些政策就会蜕变为汇率贬值竞争，乃至发展成为彼此设置进口障碍的交战状态，于是世界经济出现板块化的势

① 拉纳尔德-C. 米奇(Ranald C. Michie)：《伦敦证券交易所：历史》，牛津大学出版社1999年版。
② 凯恩(P·J·Cain)、安东尼·杰拉尔德·霍普金斯(Anthony Gerald Hopkins)：《绅士资本主义帝国》，名古屋大学出版社1997年版。
③ 杰佛瑞·邓肯·琼斯(Jeffrey Duncan Jones)：《跨国经营讲义》，有斐阁2007年版。

力范围，最终其规模呈现螺旋式缩小的趋势[1]。

另一方面，如果人们面向国内市场生产，总会带来不平等问题，因为在这种经济条件下，企业经营者都会面临找不到客户购买本公司产品的窘境。

于是，公司员工也不由分说地被老板当作顾客对待，否则企业经营就会陷入举步维艰的困境，因此20世纪30年代的美国就出现了通用汽车公司（GM）下决心提高工资的举措。

随后在1937年，通用汽车公司在强调“与美国水平相称的工资标准”的前提下，跟全美汽车工会缔结了协定。因为他们的行动开辟了一条大量消费的通路，所以具有划时代的历史意义。由于这个举措的实施，占该公司员工55%的家庭都购置了汽车。

事实上，每个家庭拥有汽车已成为生活的基本模式，从前那个被保护在封闭空间里的自己也可以凭借汽车自由地移动了，因此它是一种让人享受自由的宝物。

当时，经济自由和产业自由等社会理念确保人们可以拥有工作岗位，从而获得稳定的生活；而且它还被允许发挥工会集体交涉权的作用，以便减轻员工惧怕解雇的心理压力；为营造稳定的就业环境，企业曾推广先来者优先（Seniority）制。然后通过财富的再分配，美国终于恢复了昔日繁荣的景象。

如是，在工业化时代，美国以国际竞争力为背景培育出一个体魄健全的中产阶层。

三、美国的恩赐性霸权已经演变为金融性霸权

20世纪30年代的经济大萧条给人们带来的另一个教训是，为了防止金融机构因破产而引起经济体系崩溃的结局，政府、中央银行一定要成为“最后的债主”。虽然国家有关当局应该保护自由贸易体制，但是正如我们从英国产业全球化过程所看到的那样，绝对不能因资金流通性过剩而导致经济危机的恶果。

于是，立足于这种自我反思的基础之上，美国采取的相应对策就是构建国际货币基金组织（IMF）以及关税及贸易总协定（GATT）体制。金德尔伯格（Charles Kindleberger）在美国经济学会上发表会长演说时，曾把这种体制形容

---

① 查尔斯·金德尔伯格(Charles Kindleberger)：《1929—1939年的世界经济大萧条》（石崎昭彦、木村一郎译），东京大学出版社1982年版。

为“恩赐性霸权”。

至于旧国际货币基金组织(IMF),其实就是美国大包大揽世界经济的一种形式。总之,美国通过马歇尔计划,最终帮助欧洲经济走上复兴之路,让全世界都看到他们在暗中游刃有余地导演了一出被皮凯蒂称之为“辉煌的 30 年”的经济喜剧。

然而,欧洲复活后,由于日本以及德国刚出现经济抬头的趋势,货币的流通量就会陷于经常不足的状态,这种施加在美元上的压力,必然导致“恩赐性霸权”面临崩溃的局面。事实上,这种压力就是切断美元与黄金之间拥有链接关系的措施,即所谓的尼克松危机。

尽管如此,发达国家还是经历了被皮凯蒂称之为例外时期的“辉煌的 30 年”。

可以肯定,只有经济合作与发展组织(OECD)才能够将美国为帮助欧洲复兴而建立的国际组织改为发达国家俱乐部。在这样的国际环境中发展起来的日本,荣幸地在这个充满荣誉的发达国家俱乐部中被添置末席。

事实上,当今霸权大国即使已经错过鼎盛时期,却依然没有失去主导地位。笔者将这种最终局面命名为“金融霸权时代”[①]。美国的恩赐性霸权转向金融霸权的契机,显然是出现在尼克松危机的时期。世界经济自旧国际货币基金组织(IMF)崩溃后,从自由贸易方面来看,虽然关税及贸易总协定(GATT)以世界贸易组织(WTO)的形式姑且得到强化,但不久之后,我们发现世界范围达成的国际协议日益丧失效力,以超过世界贸易组织(WTO)为目标的自由贸易协定(FTA)正在朝着一种板块化经济发展。

此外,在为资金提供国际流通性方面,依靠美国的经常收支赤字而产生出来的美元,可以被转化成融资的形式,此外,还有层出不穷的金融技术革新,其结果必然导致充裕或者过剩的美元充斥于市。

若说美元到底充裕丰富到什么程度呢?假设汇兑的交易金额代表货币交易,世界贸易金额代表实物交易,我们一旦将两者之间的关系进行比较就可以推算出,在旧国际货币基金组织(IMF)的体制下,尽管各国时常意识到汇兑不充足,但结果却总能勉强维持在 1 比 1 的水平上。

当时,这类货币交易在变成浮动汇率机制后,居然一气暴涨 10 倍乃至 20 倍,最终引发了石油危机。事实上,在 20 世纪 90 年代曾经达到 30 倍的水平,但是进入到 21 世纪后竟然飙升到 60 倍左右,几乎增加了 1 倍。

---

① 高桥琢磨:《金融中心的兴亡》,日本经济新闻社 1990 年版。

这样形成的货币流通性致使国际经济规模不断扩大、深化，促进了以中国为首的新兴国家的迅速崛起。

当英国处在自家营造的全球化时代时，有美国步其后尘，直至美国置身于恩赐性霸权主义的光环下，又有日本以及德国追随响应，而在尼克松危机之后的全球化潮流中更有中国、印度等新兴国家的崛起。

在霸权主义的世界经济结构中，每当金融市场即将超越它的承受能力时，世界经济总是由霸权战争转向金融危机，但是只要市场容量在其承受力限度以内，那些成员国就能够提高收入水平。

日本在美国营造的恩赐性霸权之下蒙受到的平等化恩惠，使得1亿人口的国民都增加了收入，甚至加入到发达国家的行列中来，至于中国，竟然把13.6亿人口的人均收入提升到8 000美元的水平，缩小了与发达国家的差距。

如果说在美国营造的恩赐性霸权主义之下，日本企业能够提供物美价廉的产品，那么在紧随其后而来的金融霸权的环境下，由于中国提供的廉价物品可满足市场需求，价格便宜、质量尚可的产品比比皆是，从而为我们带来的是经济环境极其稳定(Great Moderation)，更不会引起通货膨胀的局面。

四、由于全球化停滞不前而出现的问题

我们如果进一步追溯这种结构机制的根源所在，就会得出这样的结论，英国抬头、换言之，即产业革命也是在进行对外贸易、国际金融等活动中受到巨大刺激的结果。

村上泰亮先生主张，马克思主义经济学与近代经济学(新古典派)其实是同根同源的。虽然本书作者的立场也是想对马克思主义经济学与新古典派学说进行评说，但是村上先生的主张之一却是开发主义，虽然人们总是习惯性地认为，英国正是经历过17世纪的清教徒革命、名誉革命的洗礼，才最终成就了产业革命这种“民主化→产业化”的模式，但是笔者却怀疑，难道那真的是“民主化→产业化”的模式吗？

实际上，收益递增理论正是支持村上先生提倡开发主义的经济理论。他主张特别是在解决像经济增长那样的长期性问题时，必须依据具有极限费用递减倾向的数据进行分析研究。

国际经济的威力已经在美国引起与“黄金时代”相似的不平等问题。

总之，这可是超大型银行的利益取代以往资本家富裕阶层利益的结果，与干部们的高额报酬相对照的是中产阶层的没落。

然后，民主主义面临危机，国家主权的一部分逐步丧失。我们可以认为金融危机是在金融全球化发展过程中发生的。

既然如此，我们应该如何看待这种功罪纠结的全球化问题呢？普林斯顿大学高等研究院教授丹尼·罗德里克(Dani Rodrik)强调，"全球化""民主主义"和"国家主权"这三者不能同时存在[①]。

这种情况在国际金融的世界里，其实被叫做"国际金融的三种抉择"，即"汇率稳定""独立自主的金融政策"和"资本的自由转移"这三者不能同时实现的制约性国际政治模式。总之，如果政府想要操控汇率市场，我们就会像在上述金本位制时看到的那样，金融政策所能容忍的自由必然会被剥夺。

经济学者卡尔·波拉尼(Karl Polanyi)针对"生活经济"与"交换经济"进行的比较研究中指出，因为全球化的出现，交换经济日益蚕食生活经济，所以本来具有阻止功能的"社会防卫"系统必然会进入发动状态。

对于这种现象，法国历史学者费尔南·布劳岱尔(Fernand Braudel)曾提出三个层次的理论，他认为，与其把物质文明当作生活经济概念来理解，还不如从生活的基本常识入手去掌握，他还主张广义的交换经济应该被划分为"市场经济"与"资本主义"两个范畴。

假设布劳岱尔学派的市场经济属于等价交换的世界，那么所谓资本主义则是技术革新垄断的世界。

如果通过技术革新能够实行资本垄断的话，为了继续维持这种状态，最安全的选择必然是采取投机的方式。

当然，这个投机空间就是已经被转移为金融的世界。布劳岱尔模式包含的反全球化主义观点与波拉尼的立场不同。他强调，资本主义一定会过渡到保护市场经济，即金德尔伯格所说的"恩赐性霸权"的阶段。罗德里克之所以对美国的恩赐性霸权拍手称颂，就是因为他在布劳岱尔学派中发现了世界经济的发展规律吧。

无论是在波拉尼的论述里还是在布劳岱尔学说中，都指出全球化的起源可追溯到近代社会崩溃时期。果真如此的话，所有因全球化的停滞不前而引发的

---

① 丹尼·罗德里克(Dani Rodrik)：《全球化悖论：世界经济民主与未来》(柴山桂太、大川良史译)，白水社 2014 年版。

问题，只有回归近代社会才能加以解决。根据波拉尼学派主张的“重新构建共同性认识体系”与布劳岱尔学派提出的“确保反垄断的交通空间”等理论而产生的，肯定是所谓“新近代”，即帝国主义世界。

当我们站在这种框架中俯瞰全球性世界时，我们姑且不论报道焦点都聚集在发达国家的经济合作与发展组织（OECD）劳动新闻，不过国际货币基金组织（IMF）对包括发展中国家在内的数据分析也只是截取全球性世界的一个侧面而已，也许不能从地缘政治学的角度来俯瞰不平等的问题。

所谓皮凯蒂称之为“辉煌的 30 年”，到底是对谁而言的辉煌呢？

其实，这种情况在彼此心照不宣中其立场已经受到牵制。若是带有偏见地说，新古典派经济学主要是相互默认了解的关系，以完全就业的经济形态为前提，然而在全球经济中适用这个原则时，例如中东伊斯兰国家的年轻人的失业率是 50%，实际上就意味着人们不会设想有这样的世界存在。

当我们从全球化的角度看到的不平等问题，即全球化、落后于技术进步的教育、包括工会在内组织脆弱化的政治体制保守化、财富集中引起自律性不平等问题扩大化等，把这些现象放在全球化世界中进行印证时，就可以找到不平等扩大的重要原因。

由于金融全球化，不平等现象不仅发生在美国国内，而且还出现在拥有适合外来加工技术能力的中国人与不具备这种能力的中东伊斯兰各国的年轻人中间。

在此，笔者打算通过全球性不平等问题集中探讨一下中东和中国的问题。那么，我们先概述一下全球储蓄过剩理论（Global Saving Glut），即在皮凯蒂的论述中被定义为主权财富基金（Sovereign Wealth Fund）的中国以及产油国的巨大储蓄现状，然后还打算研究和分析位于世界性民族不平等的另一个极端，即中东和中国的不平等问题所涉及的内情缘由等现象。

第二节　全球化发展的世界反响

一、发展中国家不断积蓄发展，发达国家出现赤字

笔者认为，亚洲金融危机让中国在东亚摆脱了并列发展的境况，走上了追求独自发展模式的道路，结果使得以东亚各国为首的诸多国家都转为经常收支赢

利国，而且其外汇储蓄也呈现出增长趋势。

然而，可以说这些国家之所以能够维持经济高度增长率，是因为有外汇做后盾可以供给国内充分的货币。尤其是BRICs(巴西、俄国、印度、中国)的崛起，结果美元过剩被各国当作问题看待，而且影响越来越明显。事实上，美国的金融霸权正是促成BRICs(巴西、俄国、印度、中国)在世界舞台上崛起的主要因素。

于是，当时以美国联邦储备委员会(Federal Reserve Board, FRB)主席本·伯南克(Ben Shalom Bernanke)的讲演为基础，让我们来比较一下，经常收支模式在亚洲金融危机一触即发时的1996年与美国的经常赤字开始增加时的2003年各自呈现的变化趋势。

因为日本和德国习惯把巨大赢利计入在经常收支内，当然并不是所有国家都有如此做法，但除美国之外，还有澳大利亚、英国和意大利等国家也把巨大的经常赤字计算其中，所以全体发达国家的赤字总和为3 423亿美元。

然而遗憾的是，当时希腊也出现对国内生产总值比率高达7.3%的大幅度经常收支赤字。当然，这个赤字数据并没有囊括引发欧盟金融危机的罪魁祸首，即PIGS(财政状况恶化的葡萄牙、意大利、希腊、西班牙)等国家。

这些国家利用流入的外国资金发行国债，这些国债与日本的国债在利率方面往往高于名义经济增长率不同，结果居然达到很高的名义经济增长率，甚至几乎可抵偿国债利率。

当时，经济合作与发展组织(OECD)成员的经济学者们都认为，当今社会并不契合皮凯蒂提出的“r＞g”命题，而是采用“g＞r”模式已经实现国外投资风险溢价负增长，因此他们曾经判断这种情况不会按照因国债堆积成山而破产的设想发展下去。

且说同一时期，发展中国家的经济状况却发生巨大改变，由1996年的875亿美元经常赤字到2003年一口气转换为2 050亿美元的经常结余。之所以连拉丁美洲或者苏联势力圈等国家也能够扭亏转盈，可以说那是因为政治体制与经济结构发生变化的结果。中东地区因石油价格暴涨而带来的赢利扩大现象也正在受到关注。

我们看到如今的发展中国家一面储蓄一面向工业发达国家投资的局面正在形成。伯南克主席也认为，即使美国持续经常收支赤字、储蓄严重不足，只要其他国家还有“过剩储蓄”，可持续性经济就会万无一失。

然而，次贷危机发生，势必会对人们曾经视为乐观无忧的过去追究一番责任。有人认为,美国创造出来的这种国际金融结构恰恰是危机发生的原因所在。伯南克勉强为自己开脱说:“也许那是对的。不过如果没有国家间的合作,就不可能改善经济环境,这一点也是确定无疑的。”尽管如此,但希腊危机发生后,他们无论如何也逃脱不了舆论的谴责。

现在,这些经济学者出尔反尔,即使主张美国霸权主义正在走向终结的哈佛大学教授尼尔·弗格森(Niall Ferguson)也采取向前看的态度。他指出,新中心的形成以及周边关系都趋向于美中关系,我们比伯南克更加拥护这种资金流通量,美中关系才应该受到世界的关注。

美国如果把储蓄率从5%降低到0,中国依然可以一边提升15个百分点填补亏空,一边生产出自2000年后世界经济增长份额的一半,如今两国共占世界国内生产总值的1/3、人口的1/4。无论是从两国对于世界作出贡献的情况来看,还是从两国蜜月关系的表现来看,都应该称之为“中国+美国”(Chimerica)的关系。

曾几何时,日本成为美国的摇钱树,人们也曾把这种关系叫做“美国+日本”(Ameilpon),但是从美中关系具有的世界性重要意义来说,在此必然会诞生“二十国财政部长和中央银行行长会议(G20峰会)”这种强有力的国际组织。

现在的全球经济危机正如《金融时报》(Financial Times)的社论主编马丁·沃尔夫(Martin Wolf)指出的那样,“过剩储蓄”引起经常收支出现重大不平衡,可以把它当作是酿成全球经济危机的罪魁祸首[①]。自从亚洲危机以来,直到2008年年末为止,世界外汇储备的增加额竟然高达5.1万亿美元。这个外汇储备曾给美国经常收支的累积赤字提供5.9万亿美元的资金。剩余美元是为对冲基金提供投资机会的,与此同时也是给发展中国家经济增长提供金融贷款的资金。

在此,笔者将结束对比论证有关中东和中国拥有巨大的过剩储蓄资金财富与后来中东以及中国出现的经济增长和不平等与分配问题等这两个现象。

二、新兴国家的年轻人对于强制实行全球民主主义感到不满

皮凯蒂在论述中指出,产油国家通过石油资产,按照不等式“r>g”的机制吸

① 马丁·沃尔夫(Martin Wolf):《移动与冲击》(远藤真美译),早川书房2015年版。

引取之不尽的资本积蓄,世界的贫富差距日益扩大的趋势呈现持久化。总之,可以说,无论是财富还是有关权力都极有可能沦落为少数人掌控的社会结构的一部分。

当然,中东伊斯兰国家的年轻人失业率超过50%的现象绝非寻常。假如把35岁以下的人定义为年轻人的话,那么占中东人口70%的他们早已被丢置一旁,一直陷于没有充足的就业机会、连结婚都做不到的窘态中不能自拔。

为什么只有伊斯兰国家处于这种屈辱的状态中呢?怎样做才能消除他们的焦躁不安情绪和憋在心里的怒火?这种情况下,伊斯兰激进派的基地组织打着"反美"的旗号,结果把年轻人的愤恨不满都引入到尖锐对立的战争中去了。其表现方式就是"9・11"事件。

"9・11"之后,乔治・W・布什政权决心坚持"正义",拉开了侵占伊拉克的战争序幕。为什么会引起他们的过度反应呢?其实,这是因为以"9・11"恐怖事件为契机,应该称为美国的原教旨主义新版本思潮已经在社会上冒头的缘故。

这个宗教保守派与新保守主义互相接近,他们在布什政权体制中开始发挥重要作用的时机正是伊拉克战争期间[①]。总之,美国认为,由于冷战结束,共产主义思想消亡,世界各国应该实现民主化。美国政治学者弗兰西斯・福山(Francis Yoshihiro Fukuyama)先生把这种倾向表现为"历史的终结"。因此,美国在这个逻辑原理之下,正如第二次世界大战之后,教育改造日本,令其成为民主国家一样,认为伊拉克也能够脱胎换骨变成一个民主国家。

于是,美国为什么那么固执地坚持民主主义的理念呢?这个问题正如历史学家理查德・霍布斯达特论述的那样:"并非是以国家名义拥有思想意识形态,因为形成思想意识形态的本身就是我们的宿命。"从这个定义来看,美国是独立战争以来诞生的第一个国家。

柯林顿・伊斯威特(Clinton Eastwood Jr)导演拍摄的电影《美国狙击手(American Sniper)》改编自克里斯・凯尔自传,它描写的主人公是被称为"传奇"的克里斯・凯尔,这个故事讲述当时他作为美国海军特种部队的狙击手,曾在2003—2009年前后4次奔赴伊拉克战场执行任务,一共射杀160人的经历。在这部电影中,我们听到从克里斯的口中频繁地说出"保卫祖国""坚持正义"等词句。

---

① 藤本龙儿:《美国的公共宗教》,NTT出版公司2009年版。

克里斯归国后也依然因自己陷入过度自我防卫状态而内心倍感煎熬，对他的状况感到担心的妻子让他去求助精神分析心理医生。于是，克里斯对“你射杀160人之多，有没有后悔?”的提问，回答说:“毫不后悔。”还说:“如果后悔的话，本来可以得救的人也救不出来了。”后来他是因为帮助心理患有战争伤害后遗症的复员兵惨遭战友枪杀不治身亡的。

电影最后还放映了当时在得克萨斯的体育场举行隆重葬礼的情景和克里斯·凯尔财团撰写的结尾字幕。对于美国来说，克里斯是一位英雄，是一位热爱家庭、珍惜朋友的市民。然而，伊斯威特导演在这部电影中却描写了美国的真实，突出地刻画出那种异常性。令人恍然大悟，原来伊拉克战争是一场不需要的战争。村上先生提倡“产业化→民主化”模式。可是，在一个连实现产业化、培育民主化土壤都没有的地方如何才能移植民主主义呢?作为霸权国家的美国之所以受挫的原因肯定是次贷危机刮起的金融风暴所带来的后遗症。但是，比这个影响更严重的结果是本来就没有必要介入的伊拉克战争。

福山先生通过对伊拉克战争进行反省深思之后，事实上撤回了自己的著作《历史的终结》。然而，具有讽刺意味的是，美国已经丧失对中东的关心，就在中东刚出现一种空白的时空中，“阿拉伯之春”的竟然爆发了。

阿拉伯之春可以说是年轻人针对全球化带来的失业、收入差距、食品和能源价格暴涨等社会问题提出抗议的行动。本来这是由基地组织代表发起的一场高举反美旗帜的过激抗议行动，却在中途发生了性质上的突变。由突尼斯的茉莉花革命拉开序幕的阿拉伯之春，实际上是谷歌公司职员埃及人瓦伊尔·戈内姆以悼念在示威游行中不幸身亡的人们为契机，呼吁参加示威抗议活动，之后络绎不绝的民众大多涌向埃及的塔利尔广场(解放广场)，于是他们的行动迅速传播到全国各地。

德国的社会学者格纳尔·海索恩试图从人口构成比例不均衡的角度概观世界的未来格局，想以年轻人口比例膨胀(Youth Bulge)的社会现象为线索阐述恐怖行动和战争的原因[①]。然而，中东的年轻人在阿拉伯之春的斗争中并没有采取自杀式攻击，而是向执政者掀起讨伐的抗议声浪。

尽管如此，至少中东的年轻人们毕竟还是在政治层面上缺乏组织能力，难以达到反映自我主张的目的。如今从一般意义上来说，中东各地在一定程度上可

① 古纳尔·海佐恩(Gunnar Heinsohn):《年轻人的自杀式攻击》(猪股和夫译)，新潮社2008年版。

以进行公正自由的选举，被世人称之为保守派的伊斯兰政教制度内部改革派已经崭露头角。但在此之前，制度内改革派曾被禁止公开参加政治活动，因为他们本身不具备统帅才能，所以暴露出能力不足和效果不佳的致命弱点。

事实证明，虽然突尼斯勉强诞生了多少还残留一些茉莉花革命气息的政权，但是埃及和其他国家却遇到了反动潮流的大逆袭。即使在伊拉克，也因为采取若不是宗教把持的政党就不能注册选举这一明目张胆的方式进行议会选举，结果导致什叶派议员垄断议会的局面，因此马利基政权的正统性迅速丧失。

三、全球化导致伊斯兰过激派的产生

虔敬的伊斯兰教徒，无论置身在世界的任何地方，他们都具有一个超越国家和民族而归属伊斯兰共同体的意识。例如，即使自己身处异国，如果发现遭受异教徒统治国家，他们就认为有义务奔赴战场参加“圣战”去解放那里。这就叫做“国际圣战”。

这种行为与第一次世界大战和苏联—东欧同盟关系解体时，在南斯拉夫发生的情况相同，可以看作是一场民族自决运动。因为英国的中东政策是以本国方便获得石油专利权的形式来划分那里的国境线的，从根本上就无视自然地域和宗教派别、部族的关系等要素，套用皮凯蒂式的偏激说法，所以他们设定了“强调中东分配不公平的国境线”。

众所周知，通过无视这种国境线划分的方式，以伊拉克＝约旦的基地组织为核心形成的是激进派组织 IS(伊斯兰国)。

美国对叙利亚的敷衍态度是导致中东产生 IS 的重大原因。可以说，导致中东陷入混乱的背景根源主要是，本来美国之前一直大力参与该地区的安全保障活动，如今在奥巴马总统的领导下，却试图把结束伊拉克战争当作自己执政期间的历史遗产，即由于美国削弱了自己对中东的干预力量，从而导致这一地区在政治上出现空白的局面。

特别是由于奥巴马总统在应对叙利亚阿萨德政权时，表现过于幼稚拙笨，结果中东政治格局开始出现混乱迷茫的势头。奥巴马总统对叙利亚在围绕化学武器的使用进行制裁问题上，一边强调如果使用化学武器就属于红线越位，一边热衷于配合俄国撤除化学武器的计划。岂止如此，他还明确表态美国已经“不再是世界警察”。

他在叙利亚问题上采取绥靖政策之后，又对出现的各种状况处理得不尽如人意，致使美国权威坠落，无论是竞争对手还是同盟国，看来他们都给美国参与外国事务的决心画上了一个大大的问号。所以庆应义塾大学教授细谷雄一先生认为这恰恰与英国首相张伯伦(Chamberlain)在围绕苏台德地区(Sudetenland)所采取的对策相媲美的一大失策。

无论是欧洲还是日本，都必然要共同承受美国在中东失败的苦果。因为在伊斯兰势力圈内，激进派组织 IS 已经耀武扬威地向世界扔出了挑衅性的战书。目前，欧盟各国正在加强国境警备力量，竭力控制难民人数的增加势头，制定风险指标，争取在国门口阻挡住那些受过战斗训练的激进分子入境生事。但是，难民一旦进入欧盟管辖领域，就可以在各国自由往来，因此各国接受移民的政策也将陷入进退两难的窘困局面。

四、信息化社会把所有人都带入全球化

所谓全球化现象即是每个人的全球化。虽说美国的种族问题、移民问题使不平等问题进一步复杂化，然而，即使在一贯主张接受移民的欧洲，全球化的影响也显而易见。

前不久，法国发生过一起伊斯兰教激进分子袭击巴黎讽刺漫画新闻社查理周刊(Charlie Hebdo)的恐怖事件，结果证明欧洲为促进经济增长而采取的移民政策却适得其反。为了在宗教上采取中立化的立场，法国推行的是所谓把宗教彻底相对化(政教分离)的政策。虽然人们觉得政教分离也可以成为世界在 21 世纪共存的原理，但是现实状况却与这种想法背道而驰，事实上，人们继基督教、佛教和伊斯兰教之后，对可以称为第四大宗教的特定宗教早已失去了宽容心。

以前一直接受大量难民的瑞典，在 2014 年的大选中反对移民的极右政党民主党获得 49 个议席，从原来的 20 个议席基础上增加了 1 倍以上，一举跃居为第三政党，手中握有裁决权，无疑这种议会格局有可能使政治陷入麻痹状态。目前，社会民主劳动党等三个在野党的左派阵营获得超过执政党保守右派四党联合的议席数，从而组阁执政。

但是，社民党的斯蒂凡·洛夫文(Stefan LÖfven)首相排除民主党，与保守右派四个在野党在确保稳定政治的框架基础上达成合意。自 2015 年 4 月起，到 2022 年的大选期间，两大阵营不反对政府预算案，即使在围绕退休金以及防卫、

能源等政策方面也共同探索协作的途径。

虽然民主党现象一开始被视为地方性问题，但是难民人数却在持续增加，已经达到临界点。1980 年外国人占人口比例为 4.5%，诞生在移民父母家庭的孩子人口比例竟然增加到 20%。

无论以什么理由迁徙移居而来，政府不仅要进行瑞典语教育，连大学教育都免费提供，甚至提供住宅。我们可以肯定这样的接受系统，即“包容理论”总是让人们推导出相反的结论[①]。他们一定会感到疑问，为什么拼命劳动缴付的税金不是为自己，反而优先用于外国人？

全球化潮流促使伊斯兰世界的人口流动起来，事实证明它是培养 IS 这种组织核心的温床。虽说如此，为什么是 IS 这种组织呢？为什么稳健派的阿拉伯之春变革居然蜕变为激进分子的圣战行为？

笔者认为，由于在阿拉伯之春变革中登上政治舞台的保守派输掉了这场自己与军队和官僚之间的斗争，看起来这种局面正是民众对他们失去信赖和期待，反而对国际圣战等激进分子的信赖与期待相对上升的结果。

国际关系研究所特别顾问多明科·莫伊斯(Dominque Moisi)指出，假设从“恐怖”“屈辱”和“希望”中选择一种心结来形容这种状况的话，毫无疑问阿拉伯世界正在被“屈辱”的感情所支配。

伊拉克基地组织的残余分子之所以能够如鱼得水地湧入叙利亚，是因为他们担心自由叙利亚军在得到西欧援助的情况下取代阿萨德政权，所以参加攻击敌人的作战，在战略上选择与阿萨德政权生死与共的命运。于是，他们抢占油田地区，夺取石油资源卖给阿萨德政权，终于获得经济独立，甚至建立起自己的行政组织，完成了国家结构的统治雏形。简单地说，这就是 IS 横空出世的来龙去脉。

电视广播(函授)大学教授高桥和夫先生指出，众所周知的 IS，就是一面根据国际圣战精神组成的义勇军，另一面在占领区建立统治体系划分领土，以最快的速度构筑起近似于国家的组织结构，因此他们的存在与之前单纯的恐怖组织有一条泾渭分明的分界线[②]。

尽管如此，IS 难道不是眨眼间就突然出现在人们面前的吗？他们为什么能够在这么短暂的时间内组织起来？

---

① 冈泽宪芙著《瑞典的政治模式：国家在实践中达成协议》，东京大学出版社，2009 年出版。

② 高桥和夫：《伊斯兰国家的野心》，幻冬社 2015 年版。

东京大学尖端科学技术研究中心副教授池内惠先生认为，那是因为基地组织及时调转船舵，利用互联网模式发挥号召力的结果，所以他们才可能迅速聚集起来①。

可以说，这种战略上的转换是因为美国动用军事、警察和司法等力量倾尽全力彻底摧毁了基地组织后，他们在穷途末路中，由约旦出身的阿布·穆萨布·扎卡维设想出来的黔驴之策。

虽然创建者本人在炮制这种基地组织的新战略时曾经认为，眼前的状况不可能具备"解放阵线"开展活动的条件，但是当时正逢亦被人们称为脸书革命的"阿拉伯之春"兴起，形成了一个利用互联网号召有志者，并促使他们自发性地参加示威抗议活动的组织系统。

五、不平等问题在互联网上的传播引起年轻人的反响

在社会网络服务(social networking service, SNS)正式亮相之前，阿拉伯世界业已率先拉开信息革命的序幕。其中具有划时代意义的产物就是1996年开始播送的泛阿拉伯世界新闻专门电视台，即半岛电视台卫星频道。

这个电视台属于卡塔尔国营机构，在此之前，人们只限于收看各国的独裁政权认可并管制的电视新闻节目，或者英语播送的BBC(英国广播公司)电视节目，而现在半岛电视台能够使用阿拉伯语一气呵成、纵横恣意地报道事实真相的新闻和评论节目，可以说他们的创举给信息空间带来了一场革命。半岛电视台因为坚持自己的中立立场，不论对阿拉伯之春还是IS的诞生来说，说到底都是他们可能利用的新闻资源，已经成为一个极其有效的阿拉伯语的宣传阵地。于是，在这种信赖的基础上，社会网络服务应运而生，业已发展成熟起来。

这种情况也与IS制定的战略密不可分，他们通过网络招募那些对激进的圣战战略举双手赞成的年轻人，并成功地征募到3万人左右的士兵。虽然IS的领导人阿布·贝克斯·巴格达迪自称暗含是先知穆罕默德的"哈里发"，但这也是获益于网络恩惠的缘故。

因为有关古兰经(伊斯兰教圣典)和圣训(Hadith，先知穆罕默德的言行录)的释义，只有精通过去积累下来的、数量庞大的文献才能做到，所以曾几何时，这个领域都是由那些接近各国政权中枢的伊斯兰法学者垄断的。而且这些法学者

---

① 池内惠：《伊斯兰国家的冲击》，文艺春秋出版社2015年版。

总是对这些经典教科书做出比较温和折衷的解释。

然而，最近主要文献已经被贴到互联网上面，所以即使有人做出最激进的解释，也能通过网络上的文献证明其观点的正统性。结果那些对现状感到不满的年轻人也因此能心安理得地去参加圣战。

另一方面，恐怖主义问题的咨询顾问、意大利人洛雷塔·那普勒欧尼(Loretta Napoleoni)在论述中指出，IS最大限度地利用社会服务网络(SNS)建立虚拟国家的情形，难道不是一种新型国家的形态吗？他从中暗示这种国家形态的可持续性[①]。假设中东位于霸权主义国家业已消亡的“零世界”顶端，那么在第二次世界大战中，以英国石油政策为基准被划分的国境线，或许也有可能改换以宗教和民族为基准划分的国家形状吧。

总而言之，假设由于这种激进主义行动原理的缘故，反而能够加强以美国为中心形成的包围网，并攻下他们与阿萨德政权生死与共的空间，那么在这个前提下，即使IS灭亡的可能性很高，如果他们那里依然存在着不平等问题，国际圣战者通过网络组织吸引阿拉伯年轻人的现象也不会从此销声匿迹的吧。

从全球化水平来考虑平等与自由的问题时，让笔者感同身受的是池内先生在推测那些从欧美来参加IS的士兵们的心情时所做的有关记述。

他指出，许多人都是来自伊斯兰各国的移民第二代或者第三代，也许他们越来越难以承受西欧那种把“自己应该做什么”的责任与义务任由个人的自由意志决定的理念重负吧。

如果遵从一个具有权威性的领导人，自己就没有必要决定行动与否。这种现象借用社会心理学者埃里希·弗罗姆(Erich Seligmann Fromm)在分析那些放弃自我判断的自由、允许纳粹德国抬头的人们心理时讲过的一句话来形容的话，因为他们正想方设法“从自由当中逃走”。

六、率先实行民主化的印度与率先实行产业化的中国

中国在邓小平制定的改革开放政策的指导下，经过30年以上的励精图治，经济发展一直维持着“g>r”的状态，他在冷战后提出的让一部分人先富起来的

① 萝雷塔·纳波利奥尼(Loretta Napoleoni)：《伊斯兰国家，当恐怖分子建立国家的时候》，文艺春秋出版社2015年版。

方针也对提高经济增长率起到了承前启后的作用。总之,中国依靠自身力量取得这样大的成就,安然无恙地克服了亚洲金融危机,结果通过这种经验竟然衍生出中国模式的向心力。可以说中国现象凸显人们对国际货币基金组织(IMF)和世界银行等国际机构要求贷款方遵守纪律原则(Discipline)和华盛顿共识(Washington Consensus)等做法持有怀疑的态度。

然而,笔者认为即使国际货币基金组织(IMF)业已在2014年大幅度更换方针政策,但比较分析一下所谓平等优先的印度模式与截然相反的中国发展模式也是有价值的工作。

事实上,这个比较主要对比中国发展战略被认为也是遵循"产业化→民主化"程序和印度沿着"民主化→产业化"的途径探索发展等两种模式,自然而然会涉及质疑村上先生论述的开发主义命题,即发展模式究竟应该走"产业化→民主化"道路还是走"民主化→产业化"道路这个问题。

所谓开发主义,村上先生把它界定为人们总是诉求畅通无阻且迅速发展的空间,并为此有效地积蓄资本,构建一个对准理想的领域进行投资的机制。事实上,中国采取的立场则是国家强制性进行资本积累,政府一面仿照发达国家的发展模式,另一面虽然也利用市场经济,却认为应该维持能够分配有效资源的政治支配体制。

此外,印度经济学者阿马蒂亚·库马尔·森(Amartya Sen)主张应该在经由民主主义道路的前提下,促进经济开发。他通过对印度社会的观察,在现实中亲眼看到饥馑并非因食物不足产生的,而是由于社会不平等引起的结果。

总之,孟加拉发生饥馑时,由于人们惊慌失措地抢购、囤积、盗取等行为,导致食品价格暴涨,物资从市场中骤然消失一空。然而,我们如果调查一下统计数据,就会发现孟加拉当时拥有充分的食物。

假如民主主义发挥作用,不出现无理降低工资和失业等现象,而且具有有效的流通系统,那么就不会导致物资囤积,孟加拉饥馑肯定能够防患于未然。他指出饥馑问题与穷人的购买力不足密切相关,是市场经济失败的苦果,并对发展经济提出了具体的建议,即主张民主主义是构建公平分配食物体制的先决条件。

在库马尔·森先生的学说理论化之前,印度虽然已经过渡到民主体制的国家,但是依然采用苏联模式的"计划经济"机制。他提出在克服贫困方面,并不是仅仅依存提高生产力的结构系统,还必须构建公平的分配系统。笔者认为这个主张具有一定的稳妥性。

其实，无论是中国也好还是印度也罢，当初都把共产主义当作社会的基本理想。他们认为共产主义是克服资本主义经济危机的手段。为此，在苏联东欧乃至中国诞生的共产主义政治支配体制成为对峙强调自由的民主主义和建立在市场制度基础上的资本主义的法宝，军事方面也出现了东西对立的局面，总之，那时世界已经形成冷战结构的时代。

但是，苏联、东欧的经济崩溃，共产主义模式从政治意识形态的类型中脱离出去，各国开始赶超拥有民主主义和市场体制的诸发达国家，现在他们那里只有这种赶超模式被当作分析研究的对象保留下来。

无论印度还是中国的发展模式都是从修正共产主义理论的基础上诞生出来的，假定这是一个促使他们向民主主义和市场体制过渡的发展过程，那么人们必然会对“利用市场制度发展起来的中国”与“利用民主主义体制发展起来的印度”进行比较研究吧。如果我们把“市场经济和计划经济”当作竖轴，“独裁制和民主制”作为横轴划分四个象限，就会发现盎格鲁撒克逊模式和共产主义政治支配体制（旧苏联体制）必然位于第一象限和第三象限两个相反的极点上（见图 14）。

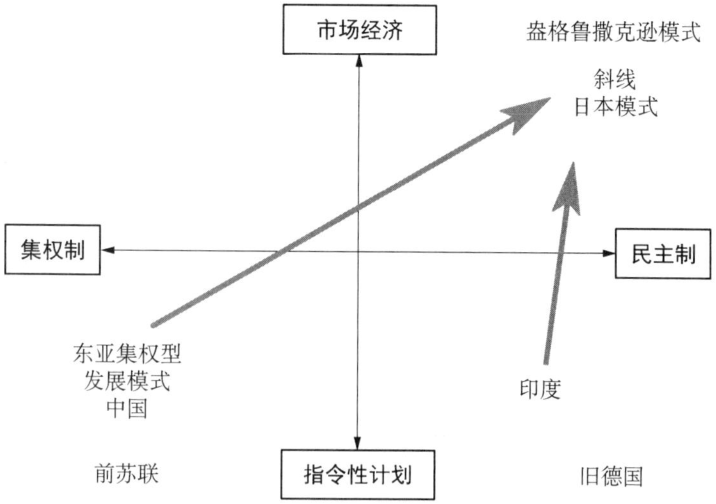

图14　以“市场、指令性计划”与“集权制、民主制”为基轴绘制的社会结构图

资料来源：本书作者绘制。

假如在这张图表上添加上印度，我们可以看到尽管他们采用民主政治体制，但以往认为计划经济优越的印度在赶超发达国家时选取的手段，居然也开始走上经济自由化发展的道路，所以这个箭头表示开始发展的方向吧。

于是，中国的情形如何才能描画出来呢？虽然政治改革遇到挫折停滞不前，但他们依然坚持采用村上先生所说的"产业化→民主化"模式，可以说中国模式是战后日本提出的并列形态模式的终极版。

现在的印度在纳伦德拉·莫迪（Narendra Modi）首相的领导下，看来正在重新摸索"产业化→民主化"的途径。虽然在第二次世界大战后的大部分时间里，世界最大的民主国家印度一直是沿着"民主化→产业化"的道路发展起来的，但其经济效益却说不上有什么吸引人的魅力。

即使之前的苏联，为了摆脱混乱状况，也曾采用信息公开等措施，结果却一败涂地。这种后果也足以说明，长期以来使用的战时体制这种组织系统本来就缺少奖励机制，尽管能够提高开发效益，也不会将这些效益都保留在用于以后投资的系统结构当中。

第二次世界大战后，由于日本在经济发展中取得成功经验，结果日本政府就以发达国家为模式，制定应有的理想型产业结构，大书特书将强行储蓄投资到战略性领域的效率含义。由此可见，只有战后的日本才能幸运地发现一边导入市场制度，一边实行弱势独裁统治这样的经济机制[①]。

在前面带头奔跑所承受的身心负担，即使是速滑运动员也深有体会。虽然前文提到对美国来说，"恩赐霸权"带来的负担是巨大的，但是通过"开发→民主化"为世界做出榜样的日本也一定会拥有民族自尊心和承当相应的负担吧。所以村上先生高度强调产业化的重要性，主张"产业化→民主化"途径具备卓越前景。

① 尽管乔瓦尼·阿利齐（Giovanni Arrighi）在其著作《亚当·斯密在北京：二十世纪的谱系》中提出了"难道这不正是亚洲经济发展的主流模式吗？"的假说，尽管阿利齐在这部著作中"奉承"史无前例的中国发展模式，但是也暗示了日本在亚洲所起到的带头作用。

后记

关于非法盈利法的现状

牛津大学的彼得·伯克斯教授于1985年出版了《恢复原状论》，继2003年又出版《非法盈利》的初版，这本书在他去世后的2005年经过大幅度修订再次出版第二版本，由此可见，他的一生都献给了非法盈利问题研究。

所谓非法盈利法是源于罗马法担负市场社会公平的论点。像日本民法第703条也采用这个依据规定："然则无法律上的原因，却依靠他人财产或者劳动获益之事。获益者（接受利益之人）对于遭受损失之人，在利益残存的限度（现有利益）内，负有归还非法盈利的义务"。例如，但凡是请求消费者金融（高利贷的一种）归还过度偿付利息的诉讼案件，总是运用取消违法合同的方式。

罗马法认可的个别非法盈利范畴，主要是受到近代自然法的影响，在德国法律体系中以公平理念为基础的统一制度中加以确立。然而，随着时代不断推移，人们在实际运用过程中，或者考虑把个别案例类型化，或者从那些案例中再重新探讨一般性非法盈利的论点，因此法律理论总是按照螺旋曲线轨迹不断进化。

伯克斯教授的研究虽然直接影响了许多人，但是这个论点逻辑却一直都在发生变化。所以，有人说，非法盈利法变幻无常，有时也被称为极端富有迁移性的法律。

不过，笔者之所以对非法盈利法感兴趣，是因为除了前面论述的它构成信托法背面的理由以外，还针对为什么在实行贵族制度的英国，平等论竟然如此兴盛等问题，也反复做过一些如下思考。

对世上的任何人来说，公平之法都是不可能存在的。皮凯蒂在涉及法国人权宣言时分析指出，虽然第一条中的第一句就全面要求“自由与平等”，但是在第二句里却说现实存在的不平等必须是基于“共同利益”之上的认可方式，力求规定平等权利可扩大的范畴。

由此可见，我们必然得到的结论是，但凡涉及“共同利益”的问题时，基本人权和物质利益总是在很大程度上限制那些权利以及机会最少的人获益，所以理应最大限度地涵盖千百万人的需求。

英国虽然一直号称自己是市民革命的先驱者，却不动声色地把旧时的阶级制度一直保存下来。总之，他们不喜欢皮凯蒂所说的纯理论式讨论，认为自人类社会初始，自由与平等就是一种互不相容的关系，也许人人都单纯地觉得应该自由优先，但还是愿意尽可能实现平等吧。

如果说大规模地实施被世人称颂为“从摇篮到墓地”的社会福祉制度的是英国的话，那么发起撒切尔保守革命的国家也是英国。苏格兰属于劳动党占绝对优势的地盘，相反英格兰各地多属于保守势力。由此可见，这个跷跷板也就在两块地盘之间上下移动。显然在 2014 年近期实行的总选举中，围绕苏格兰独立的全民投票运动已经成为苏格兰一边最大限度地利用这个跷蹊板游戏结构为自己造势，一边把它当作筹码竭力让自己处于有利地位的手段。

姑且不论这种跷跷板游戏效果如何，而英国在朝着平等的方向前进的途中也留下坚实的足迹。英国实施平等法已有 10 年。在那之前，他们曾整理归纳诸如这个平等、那个平等多达 116 种法律为一个统一的法律，人称新平等法。这 116 种法律当中，按年龄段等因素产生的雇佣歧视等 9 个内容为中心分门别类进行整理归纳，因为每当行政当局为完成本职任务而执行战略决策时，总是要求法律制度考虑减少社会经济的不平等因素。

本来，自由与平等并非是自己争取来的日本，由于没有像美国或法国那样经历过那种纠结的情结，所以在某些方面与英国类似。因此，在立法的平等问题等方面，很多地方都是跟英国学习的。

例如，安倍首相时常挂在嘴边提倡的“法律支配”原理，即出自牛津大学教授艾伯特·戴西(Albert Venn Dicey)于 1885 年出版的著作《宪法序说》，这本著作被视为法学圣经。他认为，所谓民主主义就意味着公民拥有主权，公民的意愿要通过议会加以确立，主张法的支配是构成议会主权、民主主义的基本原则。国民也可享受公平审判的权利①。

日本与按照自己的意愿选择行政国家的新加坡相比，更应该是“法律支配”下的法治国家，但是与诞生戴西的英国相比，却具有较为强烈的行政国家色彩。

然而，有人会在法院质疑“公平”的问题吗？交易一旦在法院受到质询，必然涉及非法盈利的法理范畴，在这种情况下，法官们总是依据从实际业务中总结归纳的类型化方式设立一个系统化的假说进行审理。

在判断包含各种适用情况在内的非法盈利问题之际，公平的概念暧昧不明，所以法官在所有个别场面中对人们以为它毫无实用性的批判性辩护不得不疲于应付，从理论与实际业务的均衡关系中寻找解决对策，也许他们通过那些判例试行过伯克斯的理论化模式吧。

《恢复原状论》只提到英国的案例，在英国法的文章逻辑中组织展开论点论证。因为相当于最高法院的司法委员会下达了适用这个法律理论的判决，于是以此为契机，这个法理宛如河水决堤一样被广泛应用于各个角落。

在这种判决案例的积累过程中，伯克斯对非法盈利论进行了认真的研究。他在著作中仔细思考有关案例进入法庭审理程序时适用本法理的问题，一边判定那个是错误的分类还是不恰当的区别等案例，一边致力于研究非法盈利的一般性理论问题。例如，关于把债务法分类为“契约、非法行为、恢复原状”等类似问题，其中必然出现包含混同事实原因和法律效果在内的情况。

因为在伯克斯的论文里，被人们引用最多的段落是“拥有财富与权利的人总是把某种不确定性向自己有利的方面解释，所以为了公平，我们应该使用准确无误的语言表达。人们一直习惯地把非法盈利法叫做原状恢复法，其实这种说法是错误的②。”

一旦正确地使用术语表达，那么会出现什么情况呢？恢复原状法以被害者的损失为基准，至于非法盈利法关注的问题点是基于获益者得到利益所应负的责任范畴。此外，unjust enrichment 这个英语专用语具有使用非法手段积累财富的词义效果。

伯克斯指出获益者基于获得利益应负的责任范畴有两个类型。

---

① 田岛裕：《议会主权与法的支配》，有斐阁 1979 年版。

② 彼得·博克斯(Peter Birks)：《现代法中的衡平法：分类学中的一项练习》，《西澳大利亚大学法律评论》杂志，1996 年出版。

其一，是“相抵事例”类型，例如这种案例是因为原告的差错，被告根据履行契约获得的金钱被法庭命令恢复原状的场合。

其二，是被告因为违法行为获得的“盈利退出”，原告的损失与被告的获益之间不需要有直接的因果关系。比如案例是由于违反信任与承诺义务获得利益的场合。

伯克斯的《非法盈利第二版》好像被许多专家拒绝接受，那是因为他们主张即使不存在法律上的原因也应当归还盈利。但是，这个主张在罗斯福新政时代的美国，只是在整理《恢复原状法：第一次重修英美法系汇编(Restatements of Law)》时所遵循的法律精神、法理而已。

因为非法盈利法的法理适用范围扩大化，所以要求归还的不止限于直接被害者。例如，通过网络让谣言处于非特定多数人能够阅览的状态，为此，投资家大量购买那个股票、或者抛售牟利时，他的行为被视为非法盈利。于是，这些投资家必定被课以罚金，股票被没收用于公益事业。银行把非特定多数的搁置账号当作利润处理也构成非法盈利行为。

日本曾有把这些搁置存款用于救济东日本大地震的迹象，而英国在2004年把15年当中一直没有交易记录的银行账号，移交给搁置账号管理基金组织进行管理运用，成立了援助社会性组织的公益抽奖运营的非营利事业(NPO)法人、和给帮助支援单位筹集资金的大型社会银行(Big Society Bank)捐款的组织系统。此外法院还有命令把未使用的信用卡充当公共财产的判决案例。

笔者主张通过虚拟碳税开发未利用的山林，使之成为公共财富，而政府提出要确保山林的开发利益也与此法理同出一辙。

美国于2011年出版了《恢复原状、非法盈利法：第三次修订英美法系汇编(Restatements of Law)》。这部法典虽然依据英美法系(Common Law)修订，但是又从移民国家的特点出发，不是仅以判例的堆积敷衍了事，而是概括归纳了判例的伦理性来展开论证。

这部法典是由美国法律协会修订汇编的。书中收集、整理了国内外数量庞大的判例和理论学说，因为各个条文都附加注释，所以堪称一部规模庞大的资料集和研究参考工具书。因此直到出版问世为止，前后花费了15年的时间。

其中一点是在标题处写明第一次修订时被删除的“非法盈利”字样，另外一点是当事人要求归还非法盈利之际，未必需要法律上的原因等，里面内容大量地采用伯克斯的主张。

虽然在没有法律上的原因面前要求根据，但是这种没有合法根据的判决，到底能否成为肯定恢复原状义务的直接的、本源的理由？目前尚不明确。

加拿大法律界研究运用“非法盈利法”的领军人物、后来成为伦敦大学教授的雷纳奥尔·史密斯是伯克斯的学生，他对这部法典寄予期待地说，《恢复原状、非法盈利法：第三次重修英美法系汇编》必将是“非法盈利法”领域再次恢复生机的起爆剂。

本书至此论述了日本的社会现状缺失平衡感的前因后果，但是这些案例都有非法盈利法的理论依据可寻，笔者认为，这难道不是可以证明自己的主张将融入世界的潮流中去吗？

图书在版编目(CIP)数据

二十一世纪的不平等：只有这样做日本才会走向新生 / (日)高桥琢磨著；张同林，杨理亚译. —上海：上海社会科学院出版社，2017
ISBN 978-7-5520-2135-6

Ⅰ.①二… Ⅱ.①高…②张…③杨… Ⅲ.①分配制度—研究—日本②收入分配—平等(经济学)—研究—日本 Ⅳ.①F131.347

中国版本图书馆 CIP 数据核字(2017)第 239032 号

二十一世纪的不平等 ——只有这样做日本才会走向新生

著　　者：[日]高桥琢磨
译　　者：张同林　杨理亚
责任编辑：杨　国
封面设计：黄婧昉
出版发行：上海社会科学院出版社
　　　　　上海顺昌路 622 号　邮编 200025
　　　　　电话总机 021-63315900　销售热线 021-53063735
　　　　　http://www.sassp.org.cn　E-mail：sassp@sass.org.cn
照　　排：南京前锦排版服务有限公司
印　　刷：上海崇明裕安印刷厂
开　　本：710×1010 毫米　1/16 开
印　　张：13.25
插　　页：2
字　　数：223 千字
版　　次：2017 年 9 月第 1 版　　2017 年 9 月第 1 次印刷

ISBN 978-7-5520-2135-6/F·487　　定价：58.00 元